Judaïsme et droits de l'Homme

Collection *La Librairie des Libertés* dirigée par
Marc Agi

Déjà paru :

Islam et droits de l'Homme, collectif sous la direction de Marc Agi, janvier 2007.

À paraître dans la même collection :

Christianisme et droits de l'Homme, collectif sous la direction de Marc Agi, mai 2007.

Des Idées & des Hommes
Éditeur : Véronique ANGER
102, avenue des Champs-Élysées – 75008 Paris
www.desideesetdeshommes.com

Sous la direction de
Marc Agi

Judaïsme et droits de l'Homme

Des Idées & des Hommes

Sommaire

Avant-propos

En cette époque de médiatisation généralisée, tout semble fait pour empêcher les gens de se mêler de ce qui les regarde. Le prêt-à-porter, le prêt-à-manger, le prêt-à-penser… font florès. Le citoyen d'aujourd'hui n'a plus la possibilité de prendre la moindre initiative. Il n'est que l'ombre de ce qu'il était à ses débuts, il y a vingt ou trente siècles.

C'est qu'en réalité aucun pouvoir, fût-il authentiquement démocratique, n'a jamais vraiment toléré les gens qui se posaient trop de questions ; et lorsque le citoyen obtient quelquefois l'usage de certaines libertés, c'est à la condition que ce soit dans un cadre préalablement bien défini.

Pour sortir de l'impasse, il fallait d'abord avoir l'audace de briser ce cadre, de se désobéir à soi-même, à ses coutumes, à ses ancêtres, à son milieu. La première nécessité, la plus urgente, était de comprendre qu'on pouvait, au nom de principes supérieurs, sortir de soi avec intelligence.

Ce fut l'honneur du Judaïsme que d'avoir tenté le premier cette aventure : il sortit de lui-même quand il sortit d'Égypte, et, après quarante années d'errance purificatrice, ce qu'il comprit d'abord fut que sa liberté ne pourrait véritablement s'exprimer que s'il parvenait d'abord à cohabiter avec ses ennemis.

En inventant le « tu ne tueras point », en remplaçant la soif de vengeance par le regret de s'être mal conduit, il créa une situation radicalement inédite — puisqu'il se considérait soudain comme responsable de ses actes : « Le fils ne portera pas la faute du père, dit Ézéchiel[1], ni le père la faute du fils ; la justice du juste est imputable au juste, la méchanceté du méchant au méchant. »

Mais épargner ses ennemis n'était pas suffisant, il fallait aussi faire un pas désintéressé dans leur direction. « Tu aimeras ton prochain (ton *lointain*, disent certains) comme toi-même. » Devant un ordre si incongru, la première réaction fut évidemment de tourner les talons — à moins que cette injonction ne vînt soudain d'une puissance supérieure, d'une sorte de « père » universel...

On trouve encore la trace de cette « puissance paternelle » dans des textes très récents, comme la Déclaration universelle des droits de l'Homme de 1948 : dès la première phrase du 1er considérant, les rédacteurs désignent en effet l'humanité comme représentant « les membres de la famille humaine » — ce qui implique pour le moins une commune ascendance ; ils poursuivent d'ailleurs le parallèle de façon encore plus explicite en invitant les hommes à œuvrer dans « un esprit de fraternité » (art. 1). Or il n'y a de frères que si c'est un même père qui les a engendrés...

Il existe donc une morale universelle, à présent détachée de ses racines, mais dont les deux faces (la religieuse et la laïque) continuent, comme on le verra dans la diversité des textes présentés ici, à s'exprimer pleinement dans la pensée juive. Pratiquants ou non — et en cela les antisémites n'ont jamais

[1] XVIII, 20.

vraiment fait la différence[2] —, les Juifs, depuis des millénaires, se montrent généralement fidèles à cette morale à deux faces.

Bizarrement, des trois « religions du Livre », c'est la plus ancienne qui est la moins connue — sans doute parce que les deux plus récentes ont tour à tour jugé indispensable de l'empêcher de s'exprimer, parfois avec une grande violence, pour mieux asseoir leur autorité toute neuve.

C'est ainsi que le Christianisme s'est longtemps enorgueilli de se construire sur ses « ruines » : sans même évoquer l'Inquisition, dénommer le Livre sacré des Juifs *Ancien* Testament par rapport au *Nouveau*, c'était l'affubler d'un signe de péremption qui, au fil des générations, finit par s'imposer dans l'esprit des Chrétiens. Ce n'est que depuis Jean XXIII et le concile de Vatican II, au milieu des années 60, que le Judaïsme a peu à peu commencé à retrouver sa place.

Quant aux Musulmans, ils ne se sentent pas très à l'aise face à un mouvement de pensée qui a pu déboucher sur un véritable programme d'indépendance nationale, le *Sionisme*, doctrine honnie par les plus radicaux d'entre eux. Pour ce qui est des modérés, ils semblent emprunter le même chemin que les Chrétiens naguère. On peut donc espérer que lorsque les luttes fratricides se seront apaisées, un moment viendra où tous se rendront compte que rien ne pourra jamais faire que ce « frère aîné » n'ait pas existé — tant il est vrai que toutes les tentatives d'effacer ses propres racines ont toujours été vouées à l'échec.

Marc Agi
Ancien membre de la Commission nationale consultative des droits de l'Homme.
Président de l'Académie internationale des droits de l'Homme.

[2] Parmi les victimes des persécutions nazies, combien y avait-il de Juifs « croyants » et combien de « non croyants » ?

Préface

Droits de Dieu et droits de l'Homme

L'ouvrage qui est présenté aujourd'hui au public, *Judaïsme et droits de l'Homme*, nous interpelle. Il nous conduit à méditer sur une vérité paradoxale : jamais les droits de la personne humaine, *Joyau de la Création*, n'ont été aussi ouvertement bafoués, et cela, sur la terre entière. Pourtant, on n'a pas cessé de disserter sur les droits de l'Homme au cours du siècle tragique qui vient enfin de laisser la place au nôtre, lequel, nous l'espérons tous, apportera, après tant de violences, de destructions et de retours vers la barbarie, une ère de fraternité et de respect des droits de l'Autre, créé comme moi-même à l'image de Dieu. N'oublions jamais que cet Autre attend la réalisation de l'amour spontané et gratuit que chacun éprouvera pour son prochain.

Des conférences internationales se réunissent périodiquement pour adopter solennellement des résolutions qui, trop souvent hélas, restent lettre morte. Promenez votre regard sur l'Europe, sur l'Orient, proche ou lointain, sur l'Afrique, au nord et au sud du Sahara, sur l'Amérique latine, et vous vous rendrez compte combien les droits de l'Homme ont besoin d'être, non pas réaffirmés une fois de plus — à quoi bon ? — mais effectivement appliqués. C'est que l'on a oublié l'essentiel. Et l'essentiel ne saurait être que les droits de Dieu.

Dieu a créé l'homme à Son image, conférant ainsi une distinction suprême à cette *poussière de la terre* dans laquelle Il a insufflé un *souffle de vie*. Cette image de Dieu qui est dans mon prochain, que la Bible m'adjure d'*aimer comme moi-même*, implique pour moi des devoirs imprescriptibles. C'est pour avoir méconnu cette vérité élémentaire que l'humanité se trouve dans la triste situation qu'elle connaît aujourd'hui. Dieu, en m'accordant le bien suprême, la liberté, m'a donné aussi ce pouvoir de *choisir* entre le bien et le mal, entre la vie et la mort, tout en m'indiquant : *Tu choisiras la vie*, la vie pour toi, la vie pour ton « prochain », la vie pour ton « lointain », la vie dans la dignité, dans le respect mutuel et fraternel, dans la liberté.

Mais les droits de l'Homme ne représentent que peu de chose si en face ne sont pas formulés les droits de Dieu, ou si l'on préfère une transposition laïque de ce concept : les devoirs de l'Homme.

La tradition juive souligne que dans l'ordre de la Création, l'Homme n'est pas à mi-chemin entre l'ange et la bête (comme le croyait Pascal) mais supérieur à l'ange car lui seul est doué de liberté. Plus encore, il est le *partenaire de Dieu*. Le début du chapitre II de la Genèse souligne que, à la fin des six jours de la Création, « Dieu vit que tout était très bon... Il cessa, le septième jour, l'œuvre qu'Il avait menée à bien... *afin de la parfaire*. » L'homme, créature de Dieu, a pour mission de *travailler la terre et de la protéger*. Cependant, parce qu'il est doué de liberté, l'homme est faillible et il en a conscience, mais, trop souvent hélas, avec un temps de retard, un temps très long...

Ainsi donc, face aux droits de l'Homme existent des droits de Dieu, des responsabilités de l'homme qui mésuse de sa liberté, des règles fondamentales qui s'imposent à lui.

Quels sont ces droits de Dieu ? Les rabbins en donnent une définition claire.

Pour l'ensemble des habitants de notre planète, qui tous, selon la Bible hébraïque, descendent de Noé puisque toute l'humanité fille d'Adam et Ève a disparu au moment du Déluge, à l'exception de Noé, son épouse et ses enfants, Dieu n'exige que l'observance de sept lois. En voici la liste : ne pas adorer d'idole ; ne pas blasphémer ; ne pas tuer ; ne pas commettre d'inceste ni d'adultère ; ne pas voler ; se soumettre à la juridiction des tribunaux ; ne pas manger d'un animal vivant (entendez : ne pas faire souffrir les animaux).

Ainsi donc, six milliards et demi d'êtres humains observent, pour la plupart, les lois *noahides* (c'est-à-dire celles qui concernent les descendants de Noé) comme *Monsieur Jourdain faisait de la prose*.

Il existe pourtant un peuple qui, au moment de la Révélation du Sinaï, a accepté librement de recevoir la Torah. C'est le peuple hébreu descendant des patriarches Abraham, Isaac et Jacob. C'est ce que l'on appelle en général « l'élection d'Israël », mais cette élection ne comporte que des devoirs. Nul privilège, nul droit ne sont attachés à cette élection ; le peuple prêtre de l'humanité a pour mission d'implorer le pardon de Dieu pour les fautes commises et d'apporter la bénédiction au monde. Hélas ! cette bénédiction se fait attendre depuis des millénaires. La paix, la fraternité, l'amour du prochain et la justice universels ne sont pas encore au rendez-vous.

C'est dire d'une autre manière que nous ne respectons pas — j'ose espérer : nous ne respectons pas encore — les droits de Dieu, et les conséquences pour l'humanité deviennent gravissimes. Souhaitons que nous arrivions enfin à rétablir l'équilibre entre les droits de Dieu — c'est-à-dire les devoirs vis-à-vis de notre Créateur et vis-à-vis de notre prochain — et les droits de l'Homme, et à les respecter sans réserve.

René-Samuel Sirat
Grand rabbin du Consistoire central.

Sources Hébraïques

Alain GOLDMANN
Grand rabbin du Consistoire israélite de Paris.

LES SOURCES JUIVES DES DROITS DE L'HOMME

Pour traiter de ce sujet si important et si actuel, les sources et les textes auxquels nous pouvons nous référer sont très nombreux et variés. Il est évident que des choix s'imposent. Pour ne pas rester trop abstrait, il convient de citer les textes se rapportant aux points essentiels de ce que nous pensons devoir s'appliquer aux droits de l'Homme.

Remarquons tout d'abord que ce terme de « droits de l'Homme » ne se trouve nullement indiqué sous cette forme dans nos traditions écrites ou orales.

Mais il suffit de lire la Bible pour se rendre compte que chacune de ses pages, à travers de multiples prescriptions religieuses, traite de ce problème.

Il semble nécessaire de s'arrêter plus particulièrement sur certains points par lesquels nous verrons plus clairement la position du Judaïsme sur les « droits de l'Homme ».

Ceux-ci concernent le droit à la vie, à la liberté et au respect de l'être humain. Le tout est conditionné par ce principe bien connu : « Tu aimeras ton prochain comme toi-même[1]. »

---

[1] Lévitique XIX, 18.

Il n'est pas étonnant de lire dans le préambule de la Déclaration des droits de l'Homme de 1789 que « tous les hommes naissent libres et égaux en droits ».

C'est ce que nous apprenons déjà du texte de la Genèse[2] : « Dieu créa l'homme à son image, c'est à l'image de Dieu qu'Il le créa ; mâle et femelle furent créés à la fois. »

La Torah veut ainsi nous enseigner que l'homme, dans l'œuvre de la Création, marque le point culminant.

Et c'est à propos de l'interdiction de procéder à un meurtre qu'un peu plus loin la Torah répète[3] que l'homme fut créé à l'image de Dieu. Le texte du *Traité des Pères* s'en sert pour nous enseigner que « c'est en vertu d'un amour particulier que de sa création à l'image de Dieu il lui fut donné connaissance[4] ».

Ce fait donne donc à l'être humain l'importance suprême dans l'économie de l'univers. Cela signifie, entre autres, qu'un seul être humain est égal à l'ensemble de la Création[5] : « C'est la raison pour laquelle l'homme fut d'abord créé en un exemplaire unique, pour que l'on sache que quiconque supprime une seule existence, c'est comme s'il avait détruit le monde tout entier[6]. »

Dans le Judaïsme, l'Homme, image de Dieu et résumé de l'univers, a une noblesse, une grandeur incomparables. Mais ce qu'il y a de plus remarquable encore, c'est que les prérogatives dont parle la Bible ne sont pas seulement reconnues à l'homme juif, mais à tous les hommes, quelles que soient leurs croyances.

En conséquence, puisque les hommes sont formés à la ressemblance divine, ils sont tenus de garder cette vérité présente à leur esprit au cours de leurs relations mutuelles. Ainsi, une offense infligée à l'homme frappe Dieu *ipso facto*.

[2] I, 26-27.
[3] Genèse IX, 6.
[4] Pirkei Avoth III, 14.
[5] Avoth de rabbi Nathan, 31.
[6] Sanhédrin IV, 5.

Nous avons déjà cité le verset par lequel la Torah prescrit : « Tu aimeras ton prochain comme toi-même. »

À ce sujet rabbi Akiba enseigne[7] : « C'est un grand principe dans la Torah. » Et Ben Azzaï dit[8] : « Ceci est l'histoire des générations de l'humanité. »

Pour le premier de ces maîtres, ce principe d'amour s'applique surtout à ceux que nous côtoyons, tandis que pour Ben Azzaï, toutes les générations depuis Adam portent l'empreinte divine et doivent être traitées avec le même respect.

Ce principe leur rappelant sans cesse que l'homme fut créé à l'image de Dieu, que chaque vie humaine est précieuse comme l'univers tout entier, les hommes sont invités à imiter Dieu, en donnant des vêtements à ceux qui en ont besoin[9], en visitant les malades[10], en réconfortant les affligés[11] ; rabbi Hama bar Hanina dit[12] qu'il faut « imiter les vertus de Dieu qui a rendu visite aux malades, et a revêtu ceux qui étaient nus ».

Par ailleurs, le droit à la vie implique aussi le droit à l'égalité des hommes, comme nous l'enseigne la Michna[13] : « L'homme fut créé en un exemplaire unique, afin que nul ne dise à l'autre : mon père est supérieur au tien. »

Le droit de chacun à la vie fait l'objet d'une mention très importante à propos des procès criminels. En effet, le Talmud nous apprend que la vie du plus bas criminel est en tant que vie humaine aussi essentielle et précieuse aux yeux de Dieu que notre propre existence[14].

---

[7] Sifra Kedochim, 4-12.
[8] Jérusalmi Nédarim IX, 3.
[9] Genèse III, 21.
[10] *Ibid.* XVIII, 1.
[11] *Ibid.* XXV, 11.
[12] Sota, 14 a.
[13] Sanhédrin IV, 5.
[14] Sanhédrin, 74 a ; Pessakhim, 25 b ; Yoma, 82 b.

Un de nos maîtres, Rabba (ou Rava, selon une autre version), fit remarquer à quelqu'un : « Qui dit que ton sang est plus rouge que celui de ton voisin ? »

Le droit à l'existence n'exclut pas pour autant le droit à la différence entre les individus. Toujours selon la Michna[15] déjà citée, il y a eu un moule unique dans lequel fut formé le premier homme, mais chaque être est cependant différent de l'autre. S'il en résulte que chacun doit se dire que le monde fut créé pour lui seul, aucun homme ne peut prétendre avoir des droits supérieurs à ceux d'un autre. Nous en tirons par conséquent la leçon qu'il y a égalité de valeur pour toutes les vies humaines.

Cette valeur humaine trouve son expression classique dans les paroles du psalmiste, selon lesquelles l'homme est couronné avec gloire et honneur, et est chargé de dominer toutes choses dans le monde.

Et pour montrer l'égalité des hommes, leur faisant ainsi devoir de respecter les droits de chacun, rappelons ici ces questions posées par Malachie[16] : « N'avons-nous point tous un seul père ? Un seul Dieu ne nous a-t-il pas créés ? Pourquoi chaque homme devrait-il agir en traître envers son frère ? »

Avant d'aborder un autre point de notre exposé relatif à la liberté, en complément de ce que la Torah pense du droit à l'existence et à l'égalité des hommes, il faut dire que la ressemblance avec Dieu vient surtout du fait que l'homme a été doté d'une âme. Celle-ci lui donne une affinité avec Dieu et une supériorité sur les autres créatures. Rappelons toutefois que cette supériorité ne nous donne pas le droit d'agir avec cruauté envers les animaux. Nombre de textes nous le prouvent, et le Judaïsme est à cet égard bien en avance sur les sociétés de protection des animaux. Il est évident que la Torah ne cesse de nous rendre attentifs au respect de toute chose créée, ce respect

[15] Sanhédrin IV, 5.
[16] II, 10.

étant encore davantage souligné pour ce qui est de l'homme, comme nous le verrons un peu plus loin.

Parler des droits de l'Homme, c'est, entre autres, concevoir que la vie qui lui a été donnée comme le bien le plus précieux n'est en fait possible que si sa liberté lui est garantie dans le monde où il vit.

Cette liberté est essentielle pour nous. Nous savons que le peuple juif s'est constitué dans l'esclavage d'Égypte. Il y a dans ce rappel historique une résonance et une signification spirituelles profondes. Sans cesse, la Bible nous ramène à cet événement, en nous recommandant par exemple d'aimer l'étranger : « Vous aimerez l'étranger, car vous étiez étrangers dans le pays d'Égypte[17]. » La Torah nous explique qu'il est impossible d'imaginer les effets de la privation de liberté et de l'oppression si l'on ne les a pas d'abord éprouvés soi-même. Nous étions en Égypte un peuple esclave auquel on avait nié les droits humains les plus élémentaires. Ceux qui agissent de manière à priver quelqu'un de liberté le font au mépris des droits de l'Homme, dans lequel on refuse de voir l'image de Dieu puisqu'on fait de l'homme opprimé un être inférieur.

C'est donc en hommes libres que les Hébreux ont reçu la Loi au mont Sinaï. Par ce don librement accepté, ceux qui restent fidèles au message divin lancé au Sinaï manifestent ainsi qu'ils sont maîtres de leur propre destinée. Depuis cette lointaine époque, on constate que le Judaïsme nous invite à un effort considérable, afin d'enrichir la morale de toute l'humanité.

En affirmant que tous les hommes sont égaux, le Judaïsme refuse le concept de race supérieure ou inférieure. Il n'y a ni maîtres ni serviteurs par droit de naissance ou d'origine.

Le Lévitique dit[18] en effet : « Car ils sont mes serviteurs, à moi, qui les ai fait sortir du pays d'Égypte, ils ne doivent pas être vendus à la façon des esclaves. » Rappelons, à propos de ce verset,

---

[17] Deutéronome X, 19.
[18] XXV, 42.

ce que nous rapporte le Talmud[19] d'une discussion entre rabbi Yochia et rabbi Johanan. Il s'agit du problème de la prise d'otages, question, hélas ! trop souvent d'actualité.

Le premier est d'avis que l'interdiction de la prise d'otages est formulée dans le huitième Commandement du Décalogue : « Tu ne voleras point. » Le second maître est d'avis que c'est dans le passage du Lévitique que nous venons de citer que se trouve l'interdiction de la prise d'otages, puisqu'il est écrit : « Ils ne doivent pas être vendus. »

À partir du principe de la liberté, le Talmud dégage un certain nombre d'autres principes ayant pour but non seulement d'assurer la sécurité de la vie, mais aussi de la préserver contre tout ce qui la menace. Il s'agit de garantir pour tous un minimum vital et une distribution plus équitable de la richesse. Le droit de la personne, dès lors que sa liberté lui est assurée, est de sauvegarder son honneur, de le protéger contre toute calomnie. Le Talmud va même jusqu'à condamner toute atteinte à l'amour-propre comme étant comparable à une effusion de sang. Il en tire d'autres conséquences, telles que le mensonge, la haine, parce que haïr son prochain, c'est en quelque sorte haïr son Créateur[20].

Enfin, en rappelant qu'il est interdit de se venger ou de garder rancune, nous aurons résumé les prescriptions contenues dans le célèbre chapitre XIX du Lévitique et dont l'application nous permet de nous rapprocher de l'idéal de sainteté que nous recommande la Torah : « Soyez saints, car je suis saint, moi l'Éternel votre Dieu. »

On ne peut terminer ces réflexions consacrées à la liberté sans parler de la liberté d'opinion. Car au-delà de notre liberté physique que veut garantir la Torah, il y a aussi la liberté de conscience, de pensée ou de religion. En se fondant sur ces

[19] Sanhédrin, 86 a.
[20] Voir Lévitique XIX, 17.

principes, nul ne doit être persécuté ou poursuivi à cause de ses idées, de ses opinions personnelles ou de croyances religieuses différentes de celles de la majorité ambiante. En évoquant cela, on ne peut s'empêcher de songer avec tristesse à toutes les périodes de notre histoire, et plus encore à notre période à nous, où tant d'hommes ont été privés de liberté, parce qu'ayant professé des idées ou pratiqué une religion non tolérée par des régimes totalitaires ou de type féodal.

Quand on analyse la longue histoire du peuple juif, on s'aperçoit que, du temps de son indépendance politique, il n'y eut pratiquement pas d'individus ou de groupes qui aient été condamnés pour leurs idées ou pour leurs opinions. L'exemple le plus clair de cette liberté d'expression et d'opinion dont jouissait le peuple juif, nous le trouvons magnifiquement et clairement illustré par l'état d'esprit prévalant au temps des prophètes. Songeons par exemple au prophète Jérémie, qui n'hésitait pas à faire des discours menaçants contre le roi, alors que le peuple était engagé dans un violent combat pour la liberté.

S'il est un domaine dans lequel nous pouvons et devons le mieux réaliser ce respect, c'est dans celui qui régit nos relations avec ceux que la nature et la Providence n'ont pas favorisés, c'est-à-dire les pauvres.

Dans le monde où nous vivons, on voit bien le grand fossé qui sépare ceux qui sont nantis de ceux qui sont dépourvus du strict minimum. La Torah dit[21] : « À la vérité, il ne doit pas y avoir d'indigent chez toi. » Tel est l'idéal de la société et la bénédiction divine qui en résulterait si la pauvreté et l'indigence pouvaient totalement disparaître. Mais la suite du texte[22] nous apprend « qu'il y aura hélas ! toujours des pauvres ». Les pauvres sont l'objet d'un double devoir : positivement, ils doivent être aidés,

---

[21] Deutéronome XV, 4.
[22] *Ibid.* XV, 11.

assistés et maintenus[23], et négativement, ils ne doivent pas être opprimés[24].

À partir de ces textes, le Talmud[25] nous recommande de ne pas embarrasser le pauvre en lui donnant le sentiment qu'il est en train de recevoir la charité ; mais on doit la lui transmettre discrètement, ou même secrètement. « Un présent glissé furtivement fait tomber la colère. »[26]

Il n'est pas étonnant dès lors de constater que la Bible nous interdit d'être partial en faveur du pauvre dans son procès ou de « fausser le jugement contre le pauvre[27] ».

Pour éviter même l'apparence d'une discrimination, le devoir d'assister et de soutenir le pauvre est imposé indifféremment au riche et au pauvre[28]. En nous inspirant de la Bible, nous devons lutter pour l'égalité des hommes, créés à l'image de Dieu. En conclusion, voici ce qu'a écrit Élie Benamozegh : « L'homme, créé à l'image de Dieu, est le roi de la Création. Tout doit lui obéir, afin qu'il puisse tout ennoblir, tout spiritualiser, imprimer partout la trace de cette image divine qu'il porte en lui-même[29]. » II faut dire aussi que ces doctrines sont comme toutes les merveilles du monde, comme la terre et le ciel : à force de nous entourer, de frapper continuellement nos sens et notre intelligence, elles finissent par devenir tellement familières que nous ne nous en apercevons plus.

S'il est un droit que l'on doit garantir à l'homme, c'est sa liberté religieuse, comme nous le rappelle la Bible à propos de l'esclavage en Égypte. Les paroles que Dieu met dans la bouche de Moïse sont significatives : « Laisse aller mon peuple afin qu'il puisse me rendre un culte. » Dans l'esclavage, même sous forme

23 Lévitique XXV, 35 ; Deutéronome XV, 7-8.
24 Exode XXII, 24 ; Deutéronome XXIV, 14-15.
25 Ketouboth, 67 b ; B. Bathra, 10 a-b.
26 Proverbes XXI, 14.
27 Exode XXIII, 3 et 6.
28 Guittin, 7 b.
29 *Morale juive et morale chrétienne*, p. 150, Éditions La Baconnière, 1946.

insidieuse, la première liberté à être étouffée est la liberté religieuse, parce qu'il est bien connu que la religion joue un rôle libérateur dans l'individu, comme nous l'enseignent les *Pirkei Avoth*[30] : « Il n'y a de réellement libre que celui qui s'adonne à l'étude de la Loi. » Cette même idée se retrouve sous une autre forme dans le même texte[31] : « Celui qui se soumet aux lois religieuses sera délivré du joug des exigences politiques et sociales. »

Quand on analyse l'histoire des Hasmonéens illustrée par la fête de Hanoucca, on se trouve incontestablement en présence de la révolte d'un peuple pour reconquérir l'une des libertés les plus précieuses, la liberté religieuse. Celle-ci est aussi un droit imprescriptible de l'Homme.

Cette liberté, quelle que soit son appellation, physique, morale, religieuse, est une valeur absolue et indivisible, elle est un idéal en soi et elle traduit le droit inaliénable des individus et des peuples à se régir eux-mêmes.

Disons-le, là encore, de nos jours, et dans trop de pays, nous assistons à la négation de ces principes et de ces libertés fondamentales de l'Homme. Il semble bien que ce concept de l'Homme créé à l'image de Dieu ait été oublié. À la loi d'amour et de justice s'est substituée une sorte de loi de la jungle selon laquelle seules la violence, l'insolence et la vexation semblent être la règle générale, autant d'attitudes en violation flagrante avec ce que nous enseignent la Bible et le Talmud concernant les droits de l'Homme.

Au début de notre exposé, nous avions pris soin de faire remarquer que, sur cette question, l'on devait s'attacher aux points essentiels relatifs aux droits de l'Homme à travers la Bible et les textes traditionnels.

---

30 VI, 2.
31 III, 6.

Après avoir abordé les problèmes du droit à la vie et à la liberté humaine, il convenait encore de traiter ce qui paraît également fondamental, à savoir le droit au respect de l'Homme.

Le devoir de respecter la créature humaine est tellement important qu'il est permis d'enfreindre un précepte explicitement énoncé dans la Loi, qui se trouverait en opposition avec lui. C'est ce que nous apprenons dans *Berakhot*[32] ou encore dans *Derekh Eretz Zouta*[33] : « Respecte tout homme. »

Il faudrait donc que les hommes vivent selon cette doctrine et la mettent réellement en pratique. Le Judaïsme se veut le guide de l'humanité dans cette voie, visant à donner à l'homme la place qui lui revient : « Et les peuples marcheront à ta lumière, les rois à l'éclat de ton aurore[34]. »

Malheureusement, le monde n'a pas encore beaucoup évolué. Les hommes sont toujours victimes de l'intolérance politique, raciale et religieuse. L'image de Dieu ne cesse d'être foulée aux pieds dans un monde désacralisé, où le droit du plus fort est la règle quotidienne. La force prime le droit. On se refuse à reconnaître la force réelle du droit.

C'est pourquoi, plus que jamais, l'enseignement de la Bible est d'actualité. Traduisons cela en actes, pour que les droits de l'Homme n'en restent pas à de simples déclarations d'intentions.

---

32 19 b.
33 Chapitres 1 et 2.
34 Isaïe LX, 3.

Henri BARUK (1897-1999)
Membre de l'Académie nationale de médecine.

DROITS ET DEVOIRS DANS LA TRADITION HÉBRAÏQUE

Dans une conférence faite à la faculté de droit de Paris, un professeur de Tel-Aviv, spécialiste des études bibliques et talmudiques, à qui l'on demandait quels étaient les droits de l'Homme dans la tradition hébraïque a répondu : « Dans cette tradition il est, avant tout, question des devoirs et non des droits. »

Tout le problème est là. Deux thèses s'opposent : d'un côté l'affirmation des droits sans les devoirs, et de l'autre l'affirmation des devoirs qui garantissent les droits.

La première position est celle que nous voyons se développer à notre époque avec les résultats que nous savons.

Prenons quelques exemples, en les noircissant à dessein. Voici une école, ou un lycée. Les familles s'organisent pour réclamer les droits des enfants. Par exemple, un enfant a une mauvaise note pour un problème de mathématique raté. Les syndicats de parents assiègent la directrice qui, au lieu de défendre son professeur, cède par peur. On décide d'avance que le professeur qui a mis une mauvaise note est un malade mental. On l'envoie à l'expert avec un dossier accusateur. L'expert dit d'emblée au professeur : « Étant donné que vous êtes devenu indésirable et étant donné le dossier que j'ai reçu, je suis obligé de vous mettre en congé d'office pour maladie mentale, pour six mois. » Tels sont là des faits qui par ailleurs ont existé. On ne se demande pas si une telle mesure est justifiée, si elle est conforme à la vérité. Les droits sont affirmés par la force au mépris même du Droit.

Nous pourrions multiplier les exemples. Il suffirait pour les collectivités de reprendre la fable du loup et de l'agneau de La Fontaine et on y trouvera le droit du plus fort.

Les pires violences et les plus odieux impérialismes se font au nom des droits : Hitler réclamait son droit de s'emparer de toute l'Europe. Les ennemis d'Israël proclament leurs droits sur la Judée-Samarie, régions illustrées uniquement par Abraham, par Jacob à Bethel, par le prophétisme de Hanah et de Samuel à Shilo, par la proclamation faite à l'entrée des Juifs en Terre sainte entre le mont Garizim et le mont Heibal de suivre la Torah, d'avoir une attitude correcte, d'éviter les perversions sexuelles, de ne pas frapper son prochain dans l'ombre, d'avoir pitié de l'aveugle, etc.

Tout ce pays est illustré par l'histoire juive uniquement. De quel droit veut-on en chasser les Juifs ?

On peut prendre l'organisation humaine de deux façons : ou bien on prescrit de respecter ses parents, de respecter et d'honorer le vieillard, de soutenir ceux qui tombent, de soigner les malades, de libérer les opprimés, de payer ses serviteurs, etc., et si toutes ces conditions ne sont pas remplies, on admoneste ceux qui violent ces principes sacrés comme l'a fait le prophète Élie devant le roi Achab qui, par un faux témoignage, voulait s'emparer de la vigne de Naboth. C'est là le prophétisme hébreu.

Ou bien on reste indifférent devant les violations de la justice et de l'humanité, et au lieu d'admonester et de réclamer le respect du Droit, ou *Michpat*, on organise la résistance des victimes qui menacent leurs oppresseurs. Les malades pourront alors faire un syndicat pour menacer leurs médecins, les serviteurs un syndicat pour menacer leur patron, les élèves des groupements pour menacer et tyranniser leurs professeurs. C'est alors la loi de la force et de la vengeance. À la dictature d'en haut on oppose la dictature d'en bas, plus redoutable et plus féroce encore. La société devient un charnier et finit par être détruite comme l'a été l'Empire romain.

Ce choix de la force contre le Droit, ce mépris de la Vérité et de la vraie Justice constituent la négation outrageante de la Loi céleste inspirée aux patriarches et à Moïse, qui proclame le respect du vrai Droit et de la Vérité par les uns et les autres devant une autorité supérieure et rigoureusement juste, le Dieu d'Abraham d'Isaac et Jacob.

Quand ce Dieu a fait sortir les Juifs opprimés en Égypte en défendant le Droit, et quand après avoir organisé le *Michkan*, le sanctuaire de Sa résidence, pour le conduire en Terre d'Israël, les explorateurs de la Terre sainte, les *Meraglim*, ont refusé ce Don divin, ont découragé ce peuple, ont insulté ceux qui croyaient en Dieu, comme Caleb et Josué ainsi que Moïse, et ont proclamé la révolte. Ils l'ont payé par leur mort dans le désert. Mais c'est là ce qu'en hébreu on appelle le *Pouranout*, l'attitude échevelée, révoltée, agressive, substituant la menace et la vengeance au droit, terme qui veut dire révolte, idolâtrie, calamité, malheur, terme qu'on emploie pour la période de deuil qui précède le 9 Ab, l'anniversaire de la destruction du Temple, et qui symbolise l'affirmation arbitraire des Droits avec le refus des Devoirs, source de tous les malheurs dans notre époque et de la menace qui s'étend sur la civilisation occidentale.

En conclusion, les droits ne valent que par l'accomplissement des devoirs, et les malheurs actuels devraient susciter un revirement, de même qu'après les jours de deuil vient la *Shavouah Hanehama,* la semaine des Consolations par la reconnaissance des Devoirs qui seuls garantissent les Droits dans le monothéisme hébreu.

Pourquoi parle-t-on tant des droits de l'Homme à notre époque ? Parce que notre époque marque le retour à la torture, à l'arbitraire, aux méthodes de propagande et d'imposition par la force, au manque de respect de la créature humaine.

Cette triste évolution est en grande partie la conséquence de la suppression de tout interdit et de la réclamation de la liberté totale et de la satisfaction de tous les caprices. Si on abolit les Dix Commandements, qui interdisent de tuer, de voler, de faire de faux témoignages, de convoiter, on pourra impunément tuer, voler et torturer l'être humain. Certains réclament aussi le droit au suicide, le droit au viol, le droit aux perversions sexuelles, etc.

En un mot, il s'agit de l'abolition des principes moraux avec les terribles conséquences qui en résultent. Il faut tenir compte de la férocité humaine possible que l'on voit parfois se manifester avec sadisme dans les sévices effectués sur des sujets faibles ou sans défense, dans les pensionnats, les écoles, etc., quand il n'y a pas d'autorité juste qui y mette fin.

Ces principes moraux essentiels ont été apportés au monde par les inspirés hébreux. Qu'on relise le texte de la prière essentielle des 18 bénédictions (du *Schimné ezri*), on y trouvera que « Dieu soutient ceux qui tombent, guérit les malades et libère les opprimés. » Une certaine logique sociale, développée depuis Darwin jusqu'à Carrel et ceux qui ont suivi, veut que l'intérêt de la société élimine ceux qui tombent, écrase les faibles et les malheureux au profit des forts.

Tout le problème réside dans l'opposition de ces deux doctrines, la première est la seule qui garantisse vraiment les droits de l'Homme.

L'évolution que nous venons de souligner n'a pas échappé à un certain nombre d'auteurs. Le président Cassin, le maître en la matière, a bien souligné les devoirs face aux droits. À l'Académie des sciences morales, Jean Rivéro a récemment écrit :

« On sait depuis Ésope que deux regards différents portés sur le même objet peuvent y voir la meilleure ou la pire des choses. Ainsi des nouveaux droits de l'Homme : la prolifération que j'évoquais tout à l'heure, et dans laquelle certains voient un signe de la victoire des droits de l'Homme, me paraît, quant à moi, lourde des plus graves menaces pour le concept même », et il ajoute : « Le problème majeur ici est la confusion qui tend à s'établir entre les droits de la personne et les droits des peuples. » Il ajoute encore : « L'essence même de l'idéologie des droits de l'Homme c'est l'affirmation de la dignité de la personne humaine et de sa transcendance. »

D'autre part, dans la même séance, le grand rabbin Jacob Kaplan estime, comme M. Rivéro, « qu'il convient de ne pas galvauder le mot "droits" ». Et il rappelle à cet égard que si le Décalogue ne contient que l'énoncé de devoirs, l'énoncé des droits s'y trouve implicitement : « Tu ne tueras pas » implique que tout homme a droit à la vie, « Tu ne voleras pas », que tout homme a droit à la propriété. Il en est de même des Commandements bibliques qui ne figurent pas dans le Décalogue[1].

Dans son exposé, M. Rivéro estime que la déformation des droits de l'Homme vient de l'extension des droits de l'individu à ceux des peuples. Cela est vrai, mais la notion même des droits de l'individu ne tient debout que dans une atmosphère morale propice.

Si l'opinion reste indifférente au scandale de la condamnation d'un innocent, on ne verrait plus le mouvement ardent des droits de l'Homme qui s'est levé lors de l'affaire Dreyfus. Si l'opinion reste indifférente aux internements arbitraires, on ne verrait plus les dispositions si sages de la loi de 1838 pour défendre la liberté individuelle et prévenir l'arbitraire. Si l'opinion reste indifférente à la personne et ne s'intéresse qu'aux biens matériels, on voit

[1] *Bulletin de l'Association pour la fidélité à la pensée du président Cassin* (Conseil d'État, Palais Royal, pp. 14-17, 1983).

réapparaître, comme cela a été le cas après la néfaste loi de 1968 sur « les incapables majeurs », des personnes âgées dépouillées injustement par leurs héritiers, et des confiscations atroces sur le plan humain et trop souvent sans recours.

L'évolution des sociétés dépend des idées qui les animent. On connaît les terribles dangers actuels déclenchés par le haschich qui, comme l'a montré Moreau de Tours, peut provoquer toutes les maladies mentales et en particulier la dissociation psychique de la schizophrénie ; on sait que ces dangers sont issus, il y a de nombreux siècles, en Chine et dans l'Inde, d'une tendance à l'évasion de la réalité vers le « nirvana », alors que plus tard, l'inspiration hébraïque, biblique, a fait descendre sur terre le Dieu de la charité et de la justice, le Dieu du *Tsedek*, qui dirige et règle les évolutions humaines en vue d'améliorer les rapports sociaux et de créer une société fraternelle.

Si on abandonne cette orientation et cette foi, on risque de voir revenir le désespoir, la perte du sens de la vie, l'appel de l'évasion et du suicide, comme cela a eu lieu lors de l'effondrement de l'Empire romain. Aussi la vitalité des véritables droits de l'Homme apparaît-elle liée au monothéisme hébreu.

Lazare LANDAU
Président des Amitiés judéo-chrétiennes de Strasbourg.

JUDAÏSME ET DROITS DE L'HOMME

Après les horreurs commises par les dictateurs fascistes avant et pendant la Seconde Guerre mondiale, les droits de l'Homme sont entrés dans les lois pour marquer l'orientation politique des pays de démocratie libérale. On les voit reconnus aujourd'hui, en règle générale, par la quasi-totalité des États démocratiques du globe. Les constitutions nationales, dans leur diversité, s'appuient sur leurs prescriptions.

Aux droits de l'Homme tels que nous les voyons, on peut reconnaître plusieurs racines. Ils incarnent d'abord la théorie des droits naturels. Les régimes anciens qui dominaient, tant l'Europe que l'Amérique, se fondaient sur l'inégalité et l'arbitraire. La violence fournissait l'argument décisif à leur pouvoir. Par opposition, les régimes nouveaux tirent leurs justifications de la liberté et de la dignité humaine retrouvées.

Ces idées s'expriment ensuite dans la Déclaration d'indépendance des États-Unis de 1776 et la Déclaration des droits de l'Homme et du citoyen votée par l'Assemblée constituante française du 17 au 21 août 1789.

Dans la recherche des sources, nous sommes en droit de remonter plus haut. Les droits de l'Homme n'apparaissent-ils que dans la philosophie des Lumières du XVIIIe siècle ou bien peut-on les retrouver en des temps plus anciens ? Ceux de la Bible et du Talmud, par exemple, qui édictent des préceptes et orientent leur application. Dans l'optique des Montesquieu, Spengler, Valéry, Toynbee, les civilisations sont mortelles. Dans l'optique juive, c'est lorsque les « nations du monde » atteignent, par le mal, le comble de la mesure qu'elles meurent.

Le Juif « monte et descend » comme sur l'échelle de Jacob, mais, grâce à son « Alliance », sa chute reste toujours provisoire. Endolori, il peut redevenir lui-même, se ressaisir et se retrouver debout alors qu'il paraît à bout de forces. Il faut au Juif cette exceptionnelle capacité de renouvellement pour affronter tous les outrages que subissent ses droits, pourtant proclamés, avec ceux de tous les hommes, par les plus grandes nations civilisées.

Dans cette perspective, les déclarations des droits, américaine et française, présentent bien des points communs. Ce sont, d'abord, les droits défendus. Les encyclopédistes ont défendu les droits inaliénables de l'Homme : liberté, droit de penser à sa guise. Rousseau, lui, fait appel à la volonté générale pour défendre les droits de l'individu. Montesquieu croit les défendre efficacement par la séparation des pouvoirs. Voltaire, enfin, veut élever une barrière contre l'arbitraire de la justice et de la police.

Dans ces projets divers, on relève d'essentiels points communs que l'on retrouve formulés, à une époque bien plus ancienne, par la tradition juive. Dans son optique de création et de destin commun, le fondement des droits réside dans la paternité divine aussi bien que dans la fraternité des hommes.

L'expression la plus saisissante de ces idées, nous la trouvons dans le Talmud : l'homme a été créé à l'image de Dieu. Rabbi Yehoshua Ben Levi commente : « Lorsqu'un homme marche sur la route, une troupe d'anges le précède, proclamant : Faites place à l'image du Saint béni Soit-Il[1] ».

[1] Sanhédrin, Talmud de Babylone XXXVIII, a.

Sur cette conception se fonde l'idée d'une souche commune à toute l'humanité. La Michna dit[2], dans cette optique : « L'Humanité est issue d'un seul ancêtre, Adam, poussière des quatre coins du monde. Il est le Père commun à tous. »

Il est logique qu'à partir de cette idée la Michna condamne toute atteinte à la personne humaine, toute atteinte aux droits d'autrui : adultère, vol, convoitise, faux témoignage[3].

Le respect de ces droits ne vaut pas seulement pour les Juifs mais pour toutes les nations. Amos s'écrie : « N'êtes-vous pas comme les enfants des Éthiopiens pour moi, dit le Seigneur. N'ai-je pas fait sortir Israël du pays d'Égypte comme les Philistins de Caphtor et les Araméens de Kir ?[4] » Lorsque Isaïe annonce quels sont les peuples qui composent l'héritage divin, il précise : « Rien d'autre que l'œuvre de mes mains[5] ». Michée, enfin, exprime ce que Dieu attend de chacun : « Rien d'autre que le respect du droit et l'amour de la fidélité[6] ».

Il y a plus. Dans la tradition juive, les devoirs envers l'homme passent avant les devoirs envers Dieu. Le *Midrash* raconte l'anecdote suivante : Siméon Ben Schetah était occupé à préparer du lin. Ses élèves lui dirent : « Maître, arrête, nous t'achèterons un âne et tu n'auras pas besoin de travailler si dur. » Or, son travail était destiné à lui permettre de vivre tout en étudiant. Ils achetèrent un âne chez un Arabe. Voici qu'ils trouvent une perle sur la bête. Ils vont dire à leur maître : « À partir de maintenant, tu n'auras plus à travailler. — Pourquoi ? — Nous t'avons acheté un âne et trouvé une perle sur lui. — Est-ce que le vendeur le sait ? — Non. — Alors, allez lui rendre la perle. — Mais, Rav Houna n'a-t-il pas dit : “Celui qui trouve le bien d'un païen peut le

---

[2] *Ibid.* IV, 5.
[3] *Ibid.* LVII, 2.
[4] Amos IX, 7.
[5] Isaïe XIX, 25.
[6] Michée VI, 6-8.

garder" ? » Le maître répond : « Tu n'opprimeras pas ton prochain. Ton prochain c'est ton frère. »

Les devoirs envers l'homme passent donc avant toute considération. Le respect du prochain, de sa vie, de ses proches, de sa fortune ne dépend ni de sa religion ni de sa philosophie. Il émane du plus profond de nous-même, de notre cœur comme de notre raison.

Le Judaïsme prévoit — comme les déclarations modernes des droits — la défense de l'Homme contre l'injustice et l'arbitraire. La pratique de la justice passe avant même la pratique religieuse. Dieu préfère la justice à des sacrifices[7]. Contre l'arbitraire, on peut relever cette interprétation que donnent les Maîtres du Talmud de Jérusalem[8] : « Ils m'abandonnent et n'observent pas une loi. » Les Maîtres de la Guemara expliquent : « Peu importe qu'ils m'aient rejeté, pourvu qu'ils persévèrent dans le respect de la Loi.[9] »

C'est dire que le respect de la Loi, incarnation de la justice, doit se signaler par une extrême rigueur. Le Deutéronome souligne[10] que la justice doit obéir à des règles très strictes, auxquelles Moïse, maître de toutes les générations, se soumet, comme tout autre juge. La Genèse[11] montre dans la justice un attribut primordial de Dieu. Le juge devra s'abstenir de prendre en considération, de quelque façon que ce soit, la situation des personnes qui se tiennent devant lui. Il n'infléchira la justice ni au profit du riche, ni au profit du pauvre, par pitié[12]. L'homme désireux d'accomplir son devoir s'efforcera d'imiter le modèle de justice absolue[13].

[7] Proverbes XXI, 3.
[8] XVI, 11.
[9] Haguiga I, 7.
[10] XVI, 20.
[11] XVIII, 25.
[12] Exode XXIII, 2.
[13] Deutéronome XIII, 5.

Hors du domaine du tribunal, il apportera sans réticence son aide au pauvre, qui a des droits sur lui ; il est un Commandement positif qui s'exprime par le terme de *Tsedaka* (charité) qui vient de la même racine que *Tsedek* (justice). Toute l'histoire commence et finit par des actes de justice de cette nature[14]. L'aide au pauvre rétablit la justice sociale mise en défi par la misère.

Le mot « Tsedek » se réfère aussi bien à la justice divine qu'à la justice humaine. Accomplir une œuvre de bonté envers autrui est considéré comme œuvre de justice qui concrétise un droit du bénéficiaire[15]. La justice peut s'accompagner d'un complément personnel qu'exprime le *hessed*[16] (grâce). La tradition veut voir cette justice inhérente à notre nature.

L'évocation des problèmes rituels n'a pu repousser dans l'ombre les droits sociaux qui occupent de nos jours le premier plan de l'actualité. En de multiples passages, la Torah s'élève contre les privilèges de caste : les Commandements sont destinés à tout le peuple. Devant la Loi tous sont égaux. La Torah se présente comme « l'héritage de la communauté de Jacob ». D'où cette injonction « Ne dis pas "prêtres, Lévites ou Israélites", mais "la maison de Jacob" » : c'est dire que nul ne peut se tenir au-dessus de la Loi.

Cette Loi ne se réduit pas à l'horizon d'Israël : elle affirme le droit de vivre des nations. Ainsi, le *Midrash* souligne que la chute de pluie est plus importante que le don de la Torah. Car la Torah ne profite en principe qu'à Israël, alors que le monde entier a besoin de la pluie.

En un temps de violence où abondent coups de force et actes de terreur, il convient de souligner que le Judaïsme enseigne le respect absolu de la vie. Ainsi, l'interdiction de verser le sang revient très souvent dans les textes bibliques et rabbiniques.

---

14 Talmud Exode Rabbah 30,1.
15 Cf. Exode IX, 27 ; Proverbes XI, 25 ; Psaumes XVIII, 21-25.
16 Cf. Isaïe XLV, 19 ; Psaumes CIII, 17 et *sqq*.

Dans cette perspective, la Loi enseigne que la vie d'un homme ne peut être sacrifiée pour servir celle d'un autre homme.

Ainsi, les droits fondamentaux de l'Homme, dignité, liberté, égalité, propriété, sont formulés et prescrits par la tradition juive, dans la Bible et le Talmud. Simplement, il manquait à cette tradition de les organiser en un système d'ensemble logique et cohérent ; ce sera la contribution essentielle des Constituants américains et français au XVIIIe siècle. Pourtant, les deux déclarations des droits du XVIIIe siècle ne visent que la protection des intérêts de la bourgeoisie cultivée et propriétaire. Les prescriptions du Judaïsme pourraient jouir d'un plus large retentissement car elles intéressent et protègent tous les hommes, sous toutes les latitudes.

Marc AGI
Ancien membre de la Commission nationale consultative des droits de l'Homme.
Président de l'Académie internationale des droits de l'Homme.

JUDAÏSME ET UNIVERSALITÉ DES DROITS DE L'HOMME

À s'en tenir au sens habituel des mots, lorsqu'on évoque les droits de l'Homme, on se réfère en réalité, et qu'on le veuille ou non, à la notion d'État — seule entité en principe capable de mettre en œuvre nos libertés et quelquefois de les protéger. Cette notion de droits de l'Homme telle que nous l'utilisons n'a cependant été formulée qu'au XVIIIe siècle, en même temps justement que celle de l'État moderne. Or, dans le dessein de protéger nos libertés, cet État a besoin d'user de la force et peut par conséquent être tenté d'en abuser. À cet instant précis naît aussi la Terreur, et l'on pourrait dire, en schématisant, qu'au temps de Danton, de Robespierre, de Mirabeau ont simultanément pris naissance les droits de l'Homme, la Terreur et l'État, que tous ces termes recouvrent une seule et même réalité politique puisque lorsque les droits de l'Homme prévalent au sein d'un État, cet État est démocratique et que, lorsque c'est la Terreur qui domine, cet État est totalitaire.

Mais les droits de l'Homme ne sont pas miraculeusement apparus à un moment précis de notre histoire ; ils constituent quelque chose de beaucoup plus vague, de beaucoup plus général et surtout de beaucoup plus ancien, qui résume en quelque sorte, comme le font par exemple les Dix Commandements, la Déclaration universelle des droits de l'Homme de 1948 ou la Convention européenne de sauvegarde de 1950, à la fois toutes les expériences et toutes les espérances de l'humanité ; ils représentent pour ainsi dire l'idéal moral qu'elle s'est peu à peu forgé au cours de ces cinquante ou soixante derniers siècles.

Or cet idéal moral repose en réalité sur un tout petit nombre de valeurs permanentes, qui sont comme le noyau dur des droits de l'Homme, le plus grand commun dénominateur entre toutes les civilisations et toutes les cultures, et dont le Judaïsme constitue, il est quelquefois utile de le rappeler, l'une des sources primitives les plus riches et les plus limpides. Il suffira, pour s'en convaincre immédiatement, de comparer par exemple quelques extraits du chapitre XX de l'Exode[1] et de la Déclaration universelle, comparaison qui témoigne, par-delà les différences normales de formulation dues aux trente siècles qui séparent les rédacteurs, d'une étonnante permanence[2] : « Tu n'auras pas d'autre dieu que moi », dit le verset 3 du chapitre XX de l'Exode. Dieu y est par conséquent considéré comme le père de tous les hommes : la Déclaration universelle évoque de son côté la « famille humaine » (1er considérant), c'est-à-dire l'unité de l'humanité et du devoir de « fraternité » entre les individus qui la composent (art. 1).

« Le septième jour (...) tu ne feras aucun travail » (v. 10) : « Toute personne a droit au repos et aux loisirs » (art. 24).

« Tu ne tueras pas » (v. 13) : « Tout individu a droit à la vie » (art. 3).

« Tu ne voleras pas » (v. 15) : « Toute personne a droit à la propriété » (art. 17 § 1)...

[1] Les textes de la Bible hébraïque et du Talmud (commentaires des rabbins sur la Bible) ont été rédigés entre le XIIIe s. avant J.-C. et le VIIe après J.-C.

[2] Nous reprendrons ces citations dans notre article consacré à « La judéité de René Cassin ».

Mais il y a plus. Ce qui semble caractériser le Judaïsme, ce n'est pas seulement qu'il ait su formuler un des tout premiers une doctrine de morale universelle, mais plutôt qu'il se soit efforcé, avec une opiniâtreté sans exemple, de mettre effectivement en pratique ce noyau dur des droits de l'Homme, d'élaborer en quelque sorte à l'échelle du quotidien un « modèle » (au sens technique du terme) à la fois particulier et universel de comportement. Or c'est justement là que le bât blesse et que les allergies à son égard se manifestent. Comment un peuple particulier, ni meilleur ni pire que les autres, peut-il en effet s'arroger le privilège exorbitant de se poser en « modèle » à la face des autres et avoir l'air de leur prodiguer des leçons de morale ? Au nom de quel orgueilleux principe un particularisme quelconque peut-il se prétendre assez exemplaire sans en même temps éveiller le soupçon que son message apparemment universel ne dissimule en réalité une stratégie impérialiste et ne représente le signe visible du trop fameux « complot juif international » ?

Comment parvenir à montrer que cette tentative juive de moralisation du monde est en fait authentiquement désintéressée — puisque, sans être tenus de se convertir au Judaïsme, il suffit que les non-Juifs observent les lois noahides pour être sauvés[3], car c'est seulement lorsque Israël aura accompli sa mission[4] que le Messie viendra et qu'Israël lui-même sera sauvé ? Le peuple juif a donc tout intérêt à ce que grâce à son aide les autres peuples soient sauvés, puisque son salut à lui dépend directement de leur salut à eux. Position éminemment difficile à tenir et propre à dérouter bien des hommes de bonne volonté.

Pour échapper à la difficulté, on parle quelquefois de la « centralité » d'Israël. Mais tout peuple est central, surtout dans la mesure où il se montre lui-même capable d'instituer un modèle à la fois particulier et universel de comportement. Toute culture

---

[3] « Les pieux des nations du monde, dit le Talmud (Tosefta Sanhédrin XIII, 2), qui observent les sept préceptes de Noé hériteront le monde à venir, comme Israël. »
[4] Qui est de contribuer au parachèvement moral de la Création.

se situe en effet dans un va-et-vient constant entre particularité et universalité, va-et-vient qui peut, dans certains milieux, aller d'un côté jusqu'à l'exclusivisme le plus radical et le plus fermé, jusqu'à l'oppression souvent même terroriste de ce que nous appelons aujourd'hui identité nationale, ou de l'autre jusqu'à la fusion suicidaire de l'individualité dans une sorte de Grand Tout de type nazi ou intégriste.

La franche audace du peuple d'Israël est d'avoir voulu rendre possible l'impossible, c'est-à-dire l'existence d'un moyen terme, d'une sorte d'équilibre entre particularité et universalité, en affirmant que toute tentative de moralisation du monde ne pouvait se situer que dans l'établissement de cet équilibre, autrement dit dans le respect universel réciproque de toutes les identités — y compris de la sienne propre, car, comme le demandait Hillel[5] dans le *Traité des Pères*[6] : « Si je ne m'occupe pas de moi, qui le fera ? Et si ce n'est maintenant, quand ? Mais si je ne m'occupe que de moi, *que* suis-je[7] ? »

Ce type de projet semble apparemment toujours de la plus sensible actualité puisque, au sein des instances internationales aujourd'hui, la suspicion demeure encore la même : au nom de quoi le particularisme occidental, blanc et judéo-chrétien, s'arroge-t-il le droit de vouloir répandre, au mépris affirme-t-on des autres cultures, sa conception soi-disant universelle des droits de l'Homme si ce n'est au nom de son ethnocentrisme conquérant et colonisateur ? Comme si les libertés que nous avons acquises avec notre courage et avec notre sang et que nous voulons faire connaître aux autres n'étaient pas justement le seul moyen de leur permettre aussi de conquérir eux-mêmes, là où

[5] Hillel l'Ancien, né à Babylone vers 70 avant J.-C., est mort à Jérusalem vers 10 après J.-C. Il est très souvent considéré comme plus grand des Sages de la période du second Temple.

[6] *Pirkei Avoth* I, 14.

[7] Et non pas « *Qui* suis-je ? » Le pronom relatif neutre laisse entendre que si je ne m'occupe que de moi, je ne suis pas même un homme, je ne suis rien. Pour être un homme, il faut se préoccuper simultanément et avec autant d'intérêt de soi que d'autrui.

ils sont et en économisant leur sang, leurs propres libertés — à moins que l'esclavage et la servitude ne représentent effectivement l'idéal moral de ces autres cultures, ce que personne ne parviendra à nous faire sérieusement admettre.

Or, ce que bon gré mal gré on se résout à accepter venant d'institutions internationales, on ne peut que le refuser venant du seul particularisme juif, surtout si celui-ci ne réussit pas toujours à se comporter d'une façon absolument irréprochable, surtout si une part de lui-même s'est organisée en État de structure moderne et que, jetée dans la jungle des souverainetés jalouses, cette part est tenue de se comporter, sous peine d'être dévorée, parfois aussi durement que les autres États. Mais il ne s'agit pas ici de dresser seulement l'inventaire des manquements du peuple juif à ses propres devoirs (à quoi une infinité de gens se livrent constamment : la critique et l'autocritique n'ont jamais fait défaut au peuple d'Israël, et c'est même son étonnante capacité à tirer la leçon de celles-ci qui explique pour une large part sa pérennité). Il s'agit plutôt d'essayer de nous retremper quelques instants dans la fraîcheur des anciennes sources, de retrouver le contenu effectif de cette pensée qui constitue le socle même du monument que nos générations sont aujourd'hui en train d'élever, malgré les vicissitudes et les régressions, à une protection universelle des droits de l'Homme.

Et pour mettre de l'ordre dans la profusion des textes issus (entre le XIIIe siècle avant l'ère chrétienne et le VIIe après) de cette quête juive de la justice, nous nous sommes résolu, un peu schématiquement, à les organiser en deux grands groupes de réflexions, le premier destiné à montrer en quoi cette pensée juive constitue l'un des fondements essentiels de l'idée d'universalité, elle-même fondatrice du concept moderne des droits de l'Homme, le second à souligner comment ces droits, les Juifs se sont efforcés, dès le début, malgré les difficultés et peut-être en partie grâce à elles, de les exercer dans leur vie quotidienne particulière.

Pour le Judaïsme, l'humanité « descend » comme on sait tout entière d'un seul et même ancêtre, Adam. Au-delà des querelles historiques, cette affirmation comporte une dimension symbolique clairement morale, d'ailleurs souvent énoncée dans le Talmud[8] : « Pourquoi Adam a-t-il été créé unique ? C'est, entre autres raisons, aussi en vue de préserver la paix entre les hommes ; en effet, de la sorte, personne ne peut se permettre de dire à son prochain : mon ancêtre était plus grand que le tien. » Cette fraternité était déjà fortement soulignée dans la Torah elle-même[9] : « Tu n'auras pas l'Iduméen en abomination, car il est ton frère. » Tout être humain est concerné par tout ce qui arrive à l'Homme, même si c'est aux confins de la terre — témoin ce texte[10] formulé trois mille ans avant l'invention des médias : « De l'eau fraîche sur un corps fatigué, telle est une bonne nouvelle venue d'un pays lointain. »

Aux yeux du polythéisme, le bien et le mal sont des notions relatives à la puissance respective des divinités. Pour les Hébreux au contraire, puisque l'humanité est une, le bien et le mal sont des notions universelles — ce qui implique un type de relation immuable entre l'Homme et Dieu puis, par voie de conséquence immédiate, entre l'homme et l'homme. Créé à l'image de Dieu, tout humain résume en lui-même tout l'humain de l'humanité : « Un seul être a été créé, dit encore le Talmud[11], afin de nous montrer que si quelqu'un fait périr un seul être humain, cela lui sera compté comme s'il avait fait périr tout un univers, et que si quelqu'un a sauvé un seul être humain, cela lui sera compté comme s'il avait sauvé tout un univers. » Le premier de tous les droits est donc celui à la vie.

[8] Par exemple, Sanhédrin, 37 a.
[9] Deutéronome XIII, 8.
[10] Proverbes XXV, 25.
[11] Sanhédrin, 38 b.

Et ce tout premier droit peut d'abord s'exprimer par le droit à la légitime défense : « Si quelqu'un veut te tuer, prends les devants pour le tuer[12]. » Il peut s'exprimer ensuite par le sacrifice de soi pour le salut d'une autre personne[13] : « Un homme vint trouver Rabba et lui dit : "Le gouverneur de ma ville m'a ordonné de tuer une certaine personne ; si je refuse, il me tuera moi-même." Rabba lui répondit : "Laisse-toi tuer et ne tue pas ; crois-tu que ton sang soit plus rouge que le sien ? Peut-être est-ce le contraire." » Mais ce droit à la vie peut aussi s'exprimer, dans certains cas tragiques, par le choix du salut de toute une collectivité : « Si des païens[14] disent à un groupe de Juifs "Désignez l'un de vous pour que nous le mettions à mort ; sinon, c'est vous tous que nous allons tuer", tous doivent souffrir la mort plutôt que de livrer l'un d'entre eux. Mais si les païens ont demandé un individu nommément spécifié, qu'on le leur livre : puisque lui et eux tous seraient tués, qu'ils abandonnent la victime unique et n'aillent pas tous à la mort. »

Au prix de l'existence, toute loi peut être abolie, tous les préceptes enfreints — sauf évidemment ceux qui interdisent l'idolâtrie, l'inceste et le meurtre. « Plus grand doit être le respect des créatures[15] que celui des interdictions énoncées dans la Torah » ; et ailleurs : « Là où la vie est en danger, repousse les interdictions du shabbat[16] » (...) « car le shabbat est quelque chose qui a été remis entre vos mains, mais vous n'avez pas été remis entre les mains du shabbat[17]. » L'assistance à personne en danger de mort est strictement impérative : « Celui qui voit quelqu'un se noyer dans la rivière, ou bien être entraîné par une bête fauve, ou bien attaqué par des brigands, c'est une obligation

[12] Talmud, Sanhédrin, 72 a.
[13] Talmud, Pessakhim, 25 b.
[14] Talmud, Tosefta Teroumoth VII, 20.
[15] Talmud, Berakhot, 19 b.
[16] Talmud, Yoma, 84 b.
[17] *Ibid.* 85 b.

pour lui de le sauver[18]. » Et encore : « Celui qui poursuit quelqu'un d'autre pour le tuer, on doit le préserver de commettre son crime, même au prix de sa propre vie[19]. » Rabbi Akiba[20] se montrait résolument partisan de la suppression de la peine de mort : « "Un tribunal[21] qui condamne à mort une fois en sept ans mérite le nom de meurtrier" ; rabbi Eléazar, fils d'Azariah, dit : "une fois en soixante-dix ans" ; rabbi Tarphone et rabbi Akiba disent : "si nous avions fait partie du sanhédrin, jamais personne n'aurait été condamné à mort." » Le Talmud stigmatise[22] à ce propos l'absurdité évidente de la vengeance pure et simple en ces termes : « Si un homme se coupe une main avec un couteau, se vengera-t-il en coupant l'autre main qui a fait la blessure ? »

Le respect de la vie humaine se manifeste également lorsqu'il s'agit de réprouvés, comme les meurtriers involontaires, les prisonniers de guerre, mais aussi les esclaves. Ainsi que l'exigera plus tard la convention de Genève de 1949, les prisonniers de guerre doivent être renvoyés repus à leurs maîtres. Élisée dit[23] : « Tu ne frapperas pas les prisonniers (...). Mets devant eux du pain et de l'eau, pour qu'ils mangent et boivent, et s'en retournent auprès de leur maître ! » Allant plus loin dans le domaine du droit d'asile que la Déclaration universelle des droits de l'Homme, la Torah institue des villes refuges pour les meurtriers en cas d'homicide par imprudence[24] : « Alors Moïse mit à part trois villes, au-delà du Jourdain, à l'Orient, pour que s'y réfugie le meurtrier qui aurait tué son prochain sans

[18] Talmud, Sanhédrin, 73 a.
[19] *Ibid.*
[20] Partisan de la révolte de Bar Kokhba contre les Romains (132 après J.-C.), rabbi Akiba (50-135) fut emprisonné pour avoir défié leur édit en enseignant ouvertement la Torah. Il fut torturé à mort, écorché vif par des peignes de fer. Pendant toute la durée de son supplice, il ne cessa de réciter la prière du « Shema, Israël » et il vocalisait encore sur la dernière syllabe en expirant. (Encyclopédie Universalis)
[21] Michna, Makkoth I, 10.
[22] Nedarim, 6 a.
[23] II Rois VI, 22.
[24] Deutéronome IV, 41-42.

préméditation, alors qu'il ne le haïssait ni d'hier ni d'avant-hier, et que, en se réfugiant dans l'une de ces villes, il ait la vie sauve. » Il faudra en tout cas attendre l'*Habeas Corpus Act* de 1679 pour que soit à nouveau formulée une disposition légale préservant l'individu de toute arrestation arbitraire.

Quant aux esclaves, si répandus en ces époques de pénurie que les seuls Juifs eussent eu bien du mal à les affranchir, le peuple hébreu, sans doute en souvenir de son propre esclavage en Égypte, est le seul à leur consacrer une longue liste de lois humanitaires. Contrairement aux Grecs et aux Romains, par exemple, les Juifs ne se donnent pas le droit de vie et de mort sur les esclaves : « Quand un homme frappe son esclave ou sa servante avec un bâton et qu'il ou elle meurt sous sa main, on les vengera[25]. » « Quand un homme frappe l'œil de son esclave[26] ou l'œil de sa servante et le gâte, il lui donnera la liberté en compensation de son œil. Et s'il fait tomber la dent de son esclave ou la dent de sa servante, il lui donnera la liberté en compensation de sa dent. » Contrairement au Code d'Hammourabi — dont la rédaction est antérieure de plusieurs siècles à celle de la Torah —, dans lequel est condamné à mort celui qui vient en aide à un esclave, la Bible hébraïque[27] enjoint de le protéger : « Ne livre pas un esclave à son maître, s'il vient se réfugier de chez son maître auprès de toi. » Pour les Hébreux, l'esclave n'est pas uniquement un moteur à deux pattes ; il garde sa dimension humaine — puisque, grâce par exemple à l'institution du Jubilé, l'espoir d'une libération ne lui est pas interdit : « Vous sanctifierez cette cinquantième année en proclamant dans le pays la liberté pour tous ceux qui l'habitent[28]. »

Ce droit à la vie est lui-même fondé sur le caractère absolument unique de chaque être humain[29] : « L'homme frappe tant et tant de monnaies en utilisant un seul coin et toutes se ressemblent

[25] Exode XXI, 20.
[26] *Ibid.* XXI, 26-27.
[27] Deutéronome XXIII, 16.
[28] Lévitique XXV, 10.
[29] Talmud, Sanhédrin, 38 a.

parfaitement entre elles ; mais l'Éternel a formé tous les hommes du sceau d'Adam, le premier homme, et il n'en est pas un qui ressemble à l'autre. » Mais par ailleurs, ce « droit à la différence », pour employer une formule récente, n'est effectivement possible que s'il repose sur une égalité réelle des êtres humains devant la loi, quelle que soit leur condition sociale, de fortune ou d'origine : « Une seule et même loi régira l'indigène et l'étranger demeurant au milieu de vous[30]. » Il n'y a pas non plus, devant la loi civile, de discrimination basée sur le sexe : « Il est écrit[31], dit le Talmud[32], "Voici les lois que tu *leur* donneras." Il s'ensuit que la femme est l'égale de l'homme, pour toutes les lois de la Torah. »

Pour que cette notion d'égalité apparaisse dans toute sa vigueur, il suffit de rapprocher[33] deux textes très connus, que l'on ne rapproche habituellement pas. Le premier est dans le Lévitique[34], le second dans l'Exode[35] : « Tu aimeras ton prochain comme toi-même » et « Œil pour œil, dent pour dent ». Grâce à ce rapprochement, on voit, dans ce « comme toi-même », une identification pour ainsi dire charnelle entre mon prochain et moi. Dans la relation humaine, il ne suffit pas de s'en tenir au seul niveau de l'imaginaire et de l'abstrait, où mon prochain est en réalité un lointain dont je peux, en cas de danger et toujours au niveau de l'imaginaire, supprimer à volonté l'existence. Il faut au contraire que sa présence en moi soit pour ainsi dire aussi forte, aussi concrète, aussi proche que la mienne propre. Or je ne peux me figurer concrètement cette présence que si je parviens à prendre conscience que mon œil à moi ne vaut pas plus cher que le sien, quelles que soient nos conditions sociales respectives,

[30] Exode XII, 49.
[31] Exode XXI, 1.
[32] Baba Kama XV, 1.
[33] À la suite du professeur Henri Baruk dans *Civilisation hébraïque et science de l'Homme*, p. 58, Paris, Éditions Zikarone, 1965.
[34] XIX, 18.
[35] XXI, 23-25.

et que j'en prenne conscience en me figurant concrètement l'éventualité de perdre cet œil à moi qui me permet de voir. On se rappelle ce que répondit Hillel à un païen qui voulait se convertir au Judaïsme à condition de l'apprendre debout sur un pied : « Ce qui t'est odieux, ne le fais pas à ton prochain. Cela est toute la Torah, et le reste n'est que commentaire[36]. »

Le véritable respect de la dignité d'autrui — qu'on appelle généralement « amour » dans un raccourci assez discutable puisqu'il fait basculer dans le vocabulaire du sentimental une notion qui trouve mieux sa place dans celui du raisonnable — ne peut s'instituer que s'il se fonde sur une égalité réelle entre les hommes, au sens où chacun d'eux comporte, ainsi que nous le disions plus haut, la même quantité d'humanité que tout autre. C'est pourquoi il n'y a pas de société sans reconnaissance mutuelle, sans réciprocité, sans solidarité ; sinon, il y a seulement une juxtaposition de solitudes.

Aussi la grande originalité du Judaïsme est-elle dès le début qu'il ne s'est pas contenté de formuler de grands et beaux principes, mais justement qu'il s'est efforcé de les réaliser. « Ce n'est pas l'étude qui est l'essentiel, mais la pratique[37]. » C'est sur cette Terre que doit s'accomplir l'œuvre de l'Homme, sur cette Terre peuplée d'individus à la fois égaux et inégaux, bons et méchants, heureux et malheureux, qui incarnent toutes les cultures et toutes les particularités. Rendre vivable ce monde-ci, là est le difficile, là est le passionnant, là est toute l'aventure humaine.

On comprend de ce fait l'extraordinaire débilité mentale de ces grands uniformisateurs totalitaires, capables seulement de concevoir qu'un monde n'est gouvernable que s'il se compose d'êtres interchangeables. La distinction idéologique entre droits individuels et droits collectifs — qui opposait naguère les

---

36 Shabbat, 31 a.
37 *Pirkei Avoth* I, 17.

principaux systèmes politiques actuels, les uns accordant (et bien souvent au détriment de la justice sociale) la primauté aux libertés individuelles, les autres accordant (au détriment des libertés individuelles) cette primauté à un égalitarisme de type collectiviste, les premiers débouchant sur une atomisation excessive de la société, les seconds sur son uniformisation —, cette distinction demeure tout à fait étrangère au Judaïsme puisqu'il s'appuie essentiellement sur l'unité de l'Homme, non seulement au sens où à ses yeux l'humanité est une, mais aussi à celui où l'homme social et l'homme individuel ne font qu'un et ne peuvent, sous peine de mort, être séparés. La position actuelle de ceux qui s'efforcent, au sein des instances internationales, de faire prévaloir l'idée — comme l'a fait toute sa vie René Cassin, par exemple — que la synthèse est possible entre droits individuels et droits collectifs, et non seulement au niveau de textes comme la Déclaration universelle des droits de l'Homme, mais aussi à celui de la vie quotidienne, fait en réalité prévaloir une idée remarquablement proche de cette conception spécifiquement juive de l'existence.

« La vie en société ou la mort » dit le Talmud[38], et Hillel : « Ne te sépare pas de la communauté[39]. » Ce qui cimente la société humaine, c'est l'égalité, la réciprocité ; mais ce qui la rend possible, c'est la liberté, c'est-à-dire la responsabilité. Nul ne peut être utile à autrui s'il n'est d'abord effectivement comptable de lui-même. Comme dit Ézéchiel[40], « le fils ne portera pas la faute du père, ni le père la faute du fils ; la justice du juste est imputable au juste, la méchanceté du méchant au méchant ». Mais cette maîtrise de soi doit s'appuyer sur une autonomie effective de la personne, c'est-à-dire une autonomie finalement économique. C'est pourquoi le travail, en tant précisément que générateur de liberté, apparaît non seulement comme un droit,

[38] Taanith, 23 a.
[39] *Pirkei Avoth* II, 5.
[40] XVIII, 20.

mais même comme la plus noble des obligations : « Si tu es en train de planter un olivier, disait rabbi Yohanan Ben Zaccaï[41] et qu'on t'annonce l'arrivée du Messie, achève de planter l'olivier et va ensuite accueillir le Messie. » Si c'est le travail qui donne à l'Homme sa véritable dignité sociale, il est de ce fait criminel de ne pas enseigner un métier à ses enfants. « Tout homme qui ne fait pas apprendre un métier à son fils, c'est comme s'il lui apprenait à voler. »[42]

Mais le travail à son tour ne doit pas être un esclavage. Il doit permettre à l'homme de reconstituer régulièrement ses forces physiques et morales, d'avoir le loisir de laisser reposer son corps tout en donnant à son esprit l'occasion de s'enrichir, de s'approfondir. Le Judaïsme est le premier à avoir créé l'institution du repos hebdomadaire — ce que reprendront, après d'autres[43], les rédacteurs de la Déclaration universelle des droits de l'Homme de 1948 (article 24). La Bible hébraïque condamne par ailleurs sans la moindre équivoque « l'exploitation de l'homme par l'homme » : « Ne commets point d'extorsion sur ton prochain, dit le Lévitique[44], point de rapine ; que le salaire du journalier ne reste point par devers toi jusqu'au lendemain » ; et Ézéchiel[45], « Malheur à qui fait travailler son prochain pour rien, sans lui donner de salaire. » L'employeur est tenu par ailleurs de veiller à de strictes normes de sécurité : « Quand tu bâtiras une maison neuve[46], tu établiras un appui autour du toit, pour éviter que ta maison soit cause d'une mort, si quelqu'un venait à en tomber. » Des indemnités sont prévues en cas d'accident : « Si quelqu'un, ayant creusé une citerne, ne la couvre

[41] Avoth de rabbi Nathan B 31.
[42] Talmud, Ketouboth, 29.
[43] Léon Blum et le Front populaire en 1936.
[44] XIX, 13.
[45] XXIII, 13.
[46] Deutéronome XXII, 8.

point, et qu'un bœuf ou un âne y tombe, le propriétaire de la citerne doit payer[47]. »

Le droit à la propriété comme fruit d'un travail honnête est strictement protégé par la loi ; mais il doit l'être aussi par tout un chacun : « Que les biens de ton prochain, dit le Talmud[48], te soient aussi chers que les tiens. » Le client ne doit pas être trompé sur la marchandise : « Ayez des balances exactes, des poids exacts » commande le Lévitique[49]. Les profiteurs sont mis au ban de la société — dans Amos[50] par exemple : « Couchés sur des lits d'ivoire, étendus sur leurs divans, nourris d'agneaux choisis dans le troupeau, de veaux mis à l'engrais (...), ils boivent du vin à même les amphores, se frottent d'huile de choix et ne s'affligent guère du désastre des fils d'Israël. » Les spéculateurs sont condamnés : « Accaparer le blé, c'est se faire maudire du peuple ; mais ses bénédictions vont à qui le met en vente[51]. » Les thésauriseurs sont stigmatisés, ainsi que les promoteurs immobiliers sans scrupules : « Malheur à vous, s'écrie Isaïe[52], qui annexez maison à maison, qui ajoutez champ à champ, sans laisser un coin de libre, et prétendez vous implanter seuls dans le pays ! »

Cette passion brûlante pour la justice sociale devait nécessairement déboucher sur une méticuleuse organisation du système judiciaire. Et d'abord du point de vue de l'intégrité des juges. Il faut que celle-ci soit irréprochable. C'est pourquoi les juges doivent être « élus par leurs concitoyens[53] », et non désignés par le pouvoir. Ils n'ont pas le droit de recevoir d'honoraires[54]. Ils doivent être sains de corps et d'esprit. « On ne fait siéger dans le sanhédrin ni un vieillard, ni un eunuque, ni un homme qui

[47] Exode XXI, 33-34.[47] Exode XXI, 33-34.
[48] *Pirkei Avoth* II, 17.
[49] XIX, 36.
[50] VI, 4-6.
[51] Proverbes XI, 26.
[52] V, 8.
[53] Sanhédrin, 88 a.
[54] Berakhot IV, 6.

n'a pas d'enfants, ni un homme au tempérament cruel », dit le Talmud[55]. Les juges ne doivent faire preuve ni de sévérité excessive, ni d'apitoiement inconsidéré — de peur que même le pauvre ne puisse tirer injustement parti de sa propre faiblesse et ne continue à mal faire. « Ne sois point partial pour le pauvre, dans son procès » dit l'Exode[56].

Mais pour qu'un jugement soit équitable, encore faut-il que les faits incriminés soient établis avec une minutieuse précision. Le fameux précepte du droit romain *testis unus, testis nullus* se trouve déjà dans le Deutéronome[57] : « Un témoignage isolé ne sera pas valable contre une personne, quel que soit le crime ou le délit, quelque faute qui lui soit imputée : c'est par la déposition de deux témoins, ou de trois, qu'un fait sera établi. » La tradition condamne sans appel le faux témoignage dans les crimes de sang. L'exigence de justice est si forte que la moindre velléité de violence illégitime se trouve dénoncée : « Celui qui a seulement levé la main sur son prochain, lit-on dans *Sanhédrin*[58], bien qu'il ne l'ait pas frappé, mérite d'être appelé méchant. »

Un système judiciaire bien organisé et équitable s'appuyant sur une parfaite responsabilité des citoyens, tels semblent être les principaux piliers d'une société juste et harmonieuse. Encore faut-il que son fonctionnement soit lui-même convenablement réglé. Comme le fera plus tard la Déclaration des droits de l'Homme de 1789, le Judaïsme trouve le fondement de la liberté dans la connaissance — et la pratique — de la loi : « Il n'y a de réellement libre que celui qui s'adonne à l'étude de la loi[59]. » « Les lois ont été données à l'homme pour qu'il en vive, non pour qu'il en meure[60] » — observation étonnamment actuelle si l'on réfléchit un instant au nombre de victimes qui conti-

[55] Sanhédrin, 36 b.
[56] XXVII, 3.
[57] XIX, 15.
[58] 58 b.
[59] *Pirkei Avoth* VI, 2.
[60] Talmud, Avoda Zara, 27, b.

nuent, d'un bout à l'autre de la Terre, de mourir du fait de lois injustes. La loi est bonne, certes, mais non n'importe quelle loi. Il faut qu'elle constitue la source même des libertés, non de l'oppression. Témoin ce cri d'Isaïe[61] : « Malheur à vous qui rendez des ordonnances iniques, et à vous scribes, qui transcrivez des sentences perverses, refusant justice aux indigents, frustrant de leur droit les pauvres de mon peuple, considérant les veuves comme leur proie et dépouillant les orphelins ! » Le gouvernement cependant est un mal nécessaire car, comme disent les Proverbes[62], « faute de direction, un peuple s'écroule ; son salut réside dans la multitude de ses conseillers ».

On croit voir ici, comme à Athènes, les prémices de la démocratie[63]. À l'heure où les voisins d'Israël sacrifient leurs enfants à Moloch, les rabbins affirment[64] : « Nous ne devons pas établir un chef de la communauté sans avoir d'abord consulté celle-ci. » Dans le Talmud palestinien[65], à Moïse qui lui demande de lui faire connaître sa « décision finale sur chaque article de la loi », Dieu répond : « Il faut suivre la majorité. Quand elle la déclare interdite, cette chose n'est pas admise. » Cependant il faut distinguer : la majorité peut bien décider de ce qu'il faut faire dans telle ou telle occasion, mais elle ne décide pas de ce qui est vrai. Parfois la majorité se trompe et se comporte mal, quand elle met par exemple à sa tête un dictateur sanglant. Parfois aussi un seul, comme le prophète, peut avoir raison contre tous. On se rappelle à ce propos la mise en garde de l'Exode[66] : « Ne suis point la multitude pour mal faire ; et n'opine point sur un litige dans le sens de la majorité pour faire fléchir le droit. »

---

61 X, 1-2.
62 XI, 14.
63 Il n'est pas indifférent de souligner que la composition des Proverbes (Ve s. avant J.-C.) est contemporaine du Siècle de Périclès, « inventeur » de la démocratie.
64 Talmud de Babylone, Berakhot, 55 a.
65 Sanhédrin, 22 a.
66 XXIII, 2.

L'homme est au fond parfaitement capable d'organiser au mieux sa vie sociale. Toutes les cartes sont entre ses mains. Encore faut-il qu'il ait la sagesse de ne pas sacrifier le présent unique et irremplaçable à d'hypothétiques lendemains qui ne chantent jamais. « Va, dit l'Ecclésiaste[67], mange avec joie ton pain et bois ton vin de bon cœur (...). Jouis de la vie avec la femme que tu aimes, tous les jours de ton existence éphémère (...), car c'est là ta meilleure part dans la vie et dans le labeur que tu t'imposes sous le soleil. Tout ce que tes propres moyens permettent à ta main de faire, fais-le, car il n'y aura ni activité, ni projet, ni science, ni sagesse dans le Shéol[68], vers lequel tu te diriges. » L'être humain n'est pas une créature désincarnée : « Chacun aura à rendre compte dans l'Au-delà, dit le Talmud[69], de tous les plaisirs permis dont il se sera abstenu. »

On trouve dans le Deutéronome[70] des dispositions sociales d'une étonnante fraîcheur, faites pour présenter, même lorsque le pays est sur le point d'entrer en guerre, les moments les plus miraculeux du bonheur individuel : « Si quelqu'un a bâti une maison neuve et n'en a pas encore pris possession, qu'il parte et s'en retourne à sa maison ; car il pourrait mourir dans la bataille, et un autre en prendrait possession. Si quelqu'un a planté une vigne et n'en a pas encore acquis la jouissance, qu'il parte et s'en retourne chez lui ; car il pourrait mourir dans la bataille, et un autre acquerrait cette jouissance. Et si quelqu'un a promis mariage à une femme et ne l'a pas encore épousée, qu'il parte et s'en retourne chez lui ; car il pourrait mourir dans la bataille, et un autre homme l'épouserait. »

Le progrès humain ne peut s'instaurer sur des bases qui nient la dignité de la personne humaine ; il ne peut s'effectuer qu'homme par homme, instant par instant. Cela explique

67 IX, 7-10.
68 L'Au-delà.
69 Quidouchin IV, 2.
70 XX, 5-7.

aisément pourquoi la notion de « mérite » est si intimement liée à la pensée juive. « Il y a trois couronnes, disent les *Pirkei Avoth*[71], celle de la Torah, celle du Sacerdoce et celle de la Royauté. Mais la couronne d'une bonne renommée les surpasse toutes. » Un peu plus loin[72], on lit : « Au moment de la mort, ce qui accompagne l'homme, ce ne sont ni son or, ni son argent, ni ses perles, ni ses pierres précieuses, mais uniquement la loi et le bien qu'il a fait. » Quand il tue, l'assassin commet en réalité un triple crime : celui de faire disparaître un être créé à l'image de Dieu ; celui de faire disparaître en lui-même ce qui lui conférait sa propre dignité d'homme, la liberté qu'il avait de s'abstenir de tuer ; celui enfin — et c'est là peut-être le plus irréparable — de faire disparaître tout le bien que sa victime aurait pu accomplir s'il ne l'avait empêchée d'aller au terme de ses jours. Mais il y a une chose au moins que tous les assassins du monde ne pourront jamais, malgré la multitude de leurs crimes, réussir à faire disparaître, c'est l'interdiction même de tuer, c'est la loi morale elle-même.

Car ce qui différencie la créature humaine des autres créatures, c'est justement sa capacité à faire pénétrer cette loi morale dans la réalité vivante : « Là où il n'y a pas d'hommes, disent les *Pirkei Avoth*[73], efforce-toi d'être un homme. » Et non seulement de la faire pénétrer dans la réalité vivante, mais aussi et surtout de la perpétuer en l'inculquant à ses enfants. D'où la place fondamentale de l'éducation dans le Judaïsme : « Le monde n'existe qu'à travers le souffle des écoliers[74]. Nous n'avons pas le droit de suspendre leur instruction, fût-ce pour reconstituer le Temple. Une ville où ne se trouverait aucun écolier serait détruite. » Et il ajoute : « Si Jérusalem a été détruite, ce fut uniquement parce que les gens négligeaient d'envoyer leurs enfants à l'école. »

[71] IV, 13.
[72] VI, 9.
[73] II, 6.
[74] Talmud, Shabbat, 119 b.

Si la tâche d'Israël est en effet de contribuer de toutes ses forces à apporter au monde la droiture, cette tâche paraît en quelque sorte avoir été facilitée par la dispersion momentanée de ses fils à travers le monde — comme si la destruction de Jérusalem avait été le moyen cruel choisi par Dieu pour universaliser le message confié à Moïse. Cette situation à la fois d'universalité et de singularité lui procure une sorte d'étrangeté par ailleurs bien lourde à assumer.

Aussi la question se pose-t-elle de savoir pourquoi Dieu n'a pas choisi le plus fort et le plus nombreux des peuples de la Terre pour répandre son message, mais au contraire le plus faible de tous. C'est qu'il n'a pas voulu imposer le droit et la justice par la force, dont l'usage pervers peut justement à l'instant les annuler. On connaît le texte du prophète Isaïe[75] : « Voici mon serviteur, que je tiens par la main, mon élu en qui mon âme se complaît ; sur lui j'ai répandu mon esprit, pour qu'il révèle aux nations ce qui est juste. Il ne crie pas, n'élève pas la voix et ne fait pas entendre ses clameurs dans la rue. C'est en toute vérité qu'il proclame le droit. Il ne se lassera ni ne se rebutera qu'il n'ait établi la justice sur la Terre (...). Moi, l'Éternel, je l'ai appelé pour la justice et je le prends par la main ; je le protège et je l'établis pour la fédération des peuples et la lumière des nations ; pour dessiller les yeux frappés de cécité, pour tirer le captif de la prison, et du cachot ceux qui vivent dans les ténèbres. »

Or ce choix, cette « élection » pour employer un mot généralement utilisé à contresens, ne saurait en aucune manière rendre le peuple d'Israël supérieur aux autres peuples. Il faut citer ici le fameux passage du Talmud[76] où l'on rapporte que, au moment où les Égyptiens se trouvent engloutis dans la mer Rouge, les Anges veulent entonner un hymne ; alors Dieu leur dit : « L'œuvre de mes mains est en train de sombrer dans la mer et vous chanteriez un cantique devant moi ! » Il ne s'agit donc

[75] Isaïe XLII, 1-7.
[76] Sanhédrin, 39 b.

pas de supériorité, mais au contraire d'une plus grande responsabilité. Et si les malheurs continuent de s'abattre sur le monde, c'est qu'Israël n'a pas encore convenablement rempli sa mission : « Il n'y a pas de désastre dans le monde qui ne vienne d'Israël », dit encore le Talmud[77]. L'œuvre à accomplir est immense. Il ne suffit pas en effet de savoir que le bien est possible ; encore faut-il l'aider à advenir. Le « faire » est donc au moins aussi important que le « croire », l'accomplissement de la Loi plus fondamental peut-être que la simple mystique de la foi.

Dans son préambule, la Déclaration universelle affirme que rien ne sert d'adopter des textes sur les droits de l'Homme si l'on ne s'efforce d'en conserver le contenu « constamment à l'esprit ». « Ces paroles que je te mande aujourd'hui, disait déjà le Deutéronome[78], elles seront gravées dans ton cœur. Tu les inculqueras à tes enfants et tu en parleras, quand tu seras assis dans ta maison et quand tu iras par les chemins, quand tu te coucheras et quand tu te lèveras. » Car les préceptes sont lettres mortes s'ils restent dans les livres sans monter jusqu'aux lèvres, si l'Homme ne leur communique son être et son courage, s'il ne prend la peine de les incarner jour après jour.

L'humanité a été créée pour sécréter elle-même son propre progrès, instituer les conditions de son salut. Mais ce salut n'est pas dans la réalisation sur Terre de je ne sais quelle utopie rationnelle et totalitaire. Un jour certes viendra où « le loup séjournera avec l'agneau, et le tigre reposera avec le chevreau[79] », où les hommes « de leurs glaives forgeront des socs de charrue et de leurs lances des faucilles », et où « un peuple ne tirera plus l'épée contre un autre peuple[80] ». Mais ce jour-là sera celui où l'humanité aura pu retrouver son unité perdue grâce au juste

[77] Yebamoth, 63 a.
[78] VI, 6-7.
[79] Isaïe XI, 6.
[80] *Ibid.* II, 4.

respect de toutes les dignités, grâce au respect réciproque et universel de toutes les identités particulières.

Malgré les tempêtes et les malentendus, le peuple juif semble garder l'espoir qu'un jour l'humanité fera tout à fait sien le message dont il est le messager. C'est à nos yeux sa confiance impénitente en l'homme qui constitue l'apport décisif de la pensée juive aux droits de l'Homme. Car dès l'instant où l'homme est apte à concevoir qu'il lui serait possible de cesser d'être un loup pour l'homme, le devoir de servir au mieux l'humanité lui devient un impératif qui ne le laisse plus en repos.

En attendant, Juifs et non-Juifs, nous avons bien des hommes à qui dire qu'une juste liberté est possible et qu'elle est là tout près, à portée de leurs mains.

Points d'histoire

E.-M. LAPERROUSAZ
Professeur honoraire à la section des sciences religieuses de l'École pratique des hautes études.
Ancien pensionnaire de l'école biblique et archéologique française de Jérusalem.

Les Esséniens étaient-ils misogynes ?

Pour tenter de répondre à cette question, nous allons faire appel, successivement, au témoignage des auteurs anciens puis à celui des Esséniens eux-mêmes.

Le témoignage des auteurs anciens

Si l'on en croit les « Notices » des auteurs anciens, ceux-ci étaient misogynes.

C'est ainsi que l'historien juif Flavius Josèphe a écrit, dans son ouvrage intitulé *Guerre des Juifs*, qui date du dernier tiers du Ier siècle de notre ère :

« Les Esséniens répudient les plaisirs comme un mal, et ils tiennent pour une vertu la continence et la résistance aux passions. Ils dédaignent, pour eux-mêmes, le mariage ; mais ils adoptent les enfants des autres à un âge encore assez tendre pour recevoir leurs enseignements : ils les considèrent comme de leur parenté et les conforment à leurs propres mœurs.

« Ce n'est pas qu'ils abolissent le mariage ni la propagation de l'espèce qui en est la conséquence, mais ils sont en garde contre le dévergondage des femmes et convaincus qu'aucune d'elles ne conserve sa foi à un seul homme. »[1]

Dans ses *Antiquités judaïques*, un peu plus tard, le même Josèphe fournit un témoignage assez voisin de celui-là : « En outre, ils ne prennent pas d'épouses, et ils n'acquièrent pas d'esclaves ; ils estiment, en effet, que ceci constituerait une injustice, et que cela amènerait la discorde. Ils vivent donc entre eux, et ils remplissent l'un envers l'autre les offices du serviteur.[2] »

Si, dans un autre passage de la *Guerre des Juifs*, Josèphe signale des différences d'attitude, parmi les Esséniens, à l'égard du mariage — qu'il s'agisse d'époques ou d'établissements esséniens différents —, du moins ne relève-t-il pas l'existence de sentiments bien positifs, à l'égard des femmes, chez les uns et les autres, rapportant ceci, au sujet des Esséniens partisans du mariage :

« Il existe encore un autre ordre d'Esséniens, qui sont d'accord avec les autres pour le genre de vie et les us et coutumes, mais qui s'en séparent sur la question du mariage. Ils pensent, en effet, que les gens non mariés retranchent une part très importante de la vie, à savoir la propagation de l'espèce, d'autant plus que, si tous adoptaient la même opinion, le genre humain disparaîtrait très vite.

« Toutefois, ils examinent leurs femmes durant trois [mois] : quand elles se sont purifiées trois fois, fournissant ainsi la preuve qu'elles peuvent enfanter, alors ils les épousent. Et quand elles sont enceintes, ils n'ont pas commerce avec elles, montrant ainsi qu'ils se marient non pas pour le plaisir, mais parce qu'il faut des enfants. Les femmes prennent des bains en s'enveloppant de linges, de même que les hommes mettent un pagne. Tels sont les usages de cet ordre. »[3]

---

1 *Guerre des Juifs*, livre II, chap. VIII, §§ 120 et 121.
2 *Antiquités judaïques*, livre XVIII, chap. I, § 21.
3 *Guerre des Juifs*, même chapitre, §§ 160 et 161.

Tournons-nous, maintenant, vers Philon d'Alexandrie — philosophe juif qui naquit dans cette ville vers l'an 3 avant notre ère et poursuivit son activité littéraire au moins jusqu'en l'an 40 — et plus particulièrement, en l'occurrence, vers son *Apologie des Juifs*, livre partiellement conservé dans la *Praeparatio Evangelica* d'Eusèbe de Césarée, auteur chrétien du IVe siècle. Philon, qui n'a pas eu connaissance de la présence d'enfants parmi les Esséniens, différant en cela de Josèphe, tient par contre sur les femmes, lorsqu'il traite des Esséniens, des propos fort proches dans leur esprit de ceux que l'on vient de relever chez celui-ci ; que l'on en juge par ces lignes :

« D'autre part, prévoyant avec perspicacité l'obstacle qui risquait, soit à lui seul, soit le plus gravement, de dissoudre les liens de la vie communautaire, ils ont banni le mariage, en même temps qu'ils ont prescrit de pratiquer une parfaite continence. Nul des Esséniens, en effet, ne prend femme, parce que la femme est égoïste, excessivement jalouse, habile à prendre au piège les mœurs de son époux et à le séduire par des sortilèges incessants.

« La femme met tous ses soins à user de paroles flatteuses et de toutes sortes de masques, comme les acteurs qui sont sur la scène, puis, quand elle a fasciné les yeux et captivé les oreilles, c'est-à-dire trompé les sens qui sont comme des subalternes, elle égare l'intelligence souveraine.

« Si, d'autre part, des enfants naissent, gonflés d'orgueil et d'effronterie, ce qu'elle se contentait auparavant d'insinuer hypocritement à l'aide d'allusions, elle le déclare maintenant avec une audacieuse arrogance, et sans vergogne elle use de violence pour commettre des actes dont chacun est contraire au bien de la vie communautaire.

« L'époux, enchaîné par les philtres de sa femme ou bien préoccupé de ses enfants par nécessité naturelle, n'est plus le même pour les autres, mais il devient à son insu un autre homme, un esclave au lieu d'un homme libre. »[4]

[4] *Apologie des Juifs*, dans *Praeparatio Evangelica* d'Eusèbe de Césarée, livre VIII, ch. XI, §§ 14 à 17.

Après ces deux auteurs juifs anciens qui, dans leurs « Notices »[5] sur les Esséniens, prêtent à ces Juifs, en partie leurs contemporains, des sentiments nettement misogynes, nous citerons le naturaliste romain Pline l'Ancien. Celui-ci naquit à Côme en l'an 23 et périt lors de l'éruption du Vésuve en l'an 79. Il accompagna peut-être Titus en Palestine pendant la Première Guerre juive de 66-70 ; mais, surtout, il utilisa de nombreuses sources écrites pour rédiger son *Histoire naturelle* qui fut achevée en l'an 77. Dans les lignes de cette œuvre qu'il a consacrées aux Esséniens, on ne trouve pas trace de misogynie, comme on peut le constater :

« À l'occident [de la mer Morte], les Esséniens s'écartent des rives sur toute la distance où elles sont nocives. C'est un peuple unique en son genre et admirable dans le monde entier au-delà de tous les autres : sans aucune femme, et ayant renoncé entièrement à l'amour, sans argent, n'ayant que la société des palmiers. De jour en jour, il renaît en nombre égal, grâce à la foule des arrivants ; en effet, ils affluent en très grand nombre, ceux que la vie amène, fatigués par les fluctuations de la fortune, à adopter leurs mœurs. Ainsi, durant des milliers de siècles, chose incroyable, subsiste un peuple qui est éternel et dans lequel, cependant, il ne naît personne : si fécond est pour eux le repentir qu'ont les autres de leur vie passée ! »[6]

Le témoignage direct des Esséniens

Maintenant, on connaît les Esséniens par leur témoignage direct, grâce aux découvertes effectuées, depuis 1947, sur le site de Qoumrân — à environ douze kilomètres au sud de la ville actuelle de Jéricho, sur la rive occidentale de la mer Morte —, découvertes qui nous ont permis de connaître d'une part leur

[5] En ce qui concerne ces « Notices », on peut se reporter à notre petit ouvrage intitulé *Les Esséniens selon leur témoignage direct* (Paris, Éditions Desclée, 1982, chapitre premier).

[6] *Histoire naturelle*, livre V, chap. XVII, § 4.

établissement (bâtiments et cimetières) installé en ce lieu, d'autre part nombre d'ouvrages composés par eux et déposés dans les grottes voisines (les Manuscrits de la mer Morte).

Rien dans les bâtiments de Qoumrân ne permet d'éclairer notre jugement sur le point de savoir si les Esséniens étaient ou non misogynes, s'ils comptaient parmi eux des femmes ; et il en est de même de l'installation agricole et industrielle de Feshkha qui, à environ trois kilomètres plus au sud, n'était qu'une dépendance de l'installation centrale de Qoumrân. Il n'en est pas tout à fait de même des cimetières s'étendant à proximité des bâtiments de Qoumrân, bien que très peu de leurs tombes aient été étudiées : une cinquantaine sur un total de plus de 1200 ; dans la partie centrale du cimetière principal, l'un des squelettes dégagés — d'une tombe, à la vérité, assez sommaire — est celui d'une femme, quant aux tombes excentriques du cimetière principal et à celles des cimetières secondaires — tombes qui ne sont plus systématiquement orientées nord-sud —, elles ont livré une forte proportion de squelettes d'individus jeunes ou du sexe féminin, avec parfois, à côté de ces derniers, quelques pauvres ornements[7].

Dans le livre des Jubilés, dont les fragments d'une quinzaine de manuscrits ont été identifiés parmi les vestiges d'écrits que recelaient les grottes de Qoumrân, les Esséniens ont adopté, à l'égard des matriarches, une attitude bien intéressante pour notre présent propos. C'est ce qu'a relevé André Caquot dans son séminaire du Collège de France consacré, pendant les années universitaires 1980-1981 et 1981-1982, à une « Explication du livre des Jubilés ». Ainsi, selon le chapitre XV de cet écrit, « le portrait de Sarah est idéalisé. Elle ne conçoit aucune jalousie contre Agar, et Ismaël naît à la maison » ; puis, selon le chapitre XVI, les anges auraient fait trois visites à Sarah, celle

[7] Cf. notre ouvrage *Les Esséniens*, pp. 27-28.

dont parle la Genèse, une deuxième après la conception d'Isaac, et une troisième après la naissance de celui-ci[8].

Un peu plus loin dans les Jubilés, comme le souligne A. Caquot : « Le personnage central du chapitre XXV est Rébecca, dont le rôle est beaucoup plus important que dans la Bible. C'est elle qui admoneste et bénit Jacob. La réserve que l'auteur paraît entretenir vis-à-vis d'Isaac ne suffit pas à expliquer que la mère de Jacob reprenne une partie du rôle du patriarche. Il ne suffit pas non plus de rapprocher la tradition pharisienne sur les matriarches-prophétesses[9]. La vénération que l'auteur porte à Rébecca ressortit à cette considération particulière pour les femmes qui fait que l'auteur a plusieurs fois brodé sur la Bible en donnant les noms d'épouses de personnages bibliques. On a rappelé à ce propos la présentation parfois émouvante que donne de Sarah l'Apocryphe araméen de la Genèse [autre manuscrit de la mer Morte]. »

La rigueur de la morale essénienne n'aurait donc pas entraîné une misogynie aussi radicale qu'on l'a dit ; dans le chapitre XXVIII, de même, le portrait de Léa est « plus flatteur » que dans la Genèse, « parce qu'on ne peut laisser croire qu'une matriarche ait été privée de tout avantage » ; et en Jubilés 29, « l'épisode du vol des *teraphim* de Laban par Rachel a été omis (car il était jugé sans doute peu édifiant) », remarque Caquot ; enfin, celui-ci rapporte que : « Le chapitre XXXV a donné lieu à la discussion d'une idée de J. Bergman[10] qui veut y trouver les éléments formels et matériels d'un "testament de Rébecca" et en tire argument pour suggérer qu'il y a eu des "testaments des matriarches". Rébecca est bien au cœur du chapitre, et l'auteur a bien pour elle une considération particulière, mais, il n'a pas voulu lui prêter un testament en bonne et

[8] Cf. A. Caquot, *Annuaire du Collège de France 1980-1981*, Résumé des cours et travaux, Paris, 81e année, pp. 511-512.
[9] Bereshit Rabbah 67, 9.
[10] Cf. *Sagesse et religion*, Paris, 1979, pp. 21-50.

due forme dans ce chapitre qui est surtout destiné à préparer le récit de la confrontation entre Ésaü et Jacob. »[11]

En conclusion, il nous semble que les découvertes effectuées à Qoumrân invitent à répondre d'une manière plus nuancée que l'on n'a coutume de le faire, à la question posée dans le titre de cette brève communication.

[11] Cf. A. Caquot, *Annuaire du Collège de France 1981-1982*, Résumé des cours et travaux, Paris, 82e année, pp. 542, 543, 544 et 549.

André LARANÉ
Journaliste indépendant.
Éditeur du site d'histoire www.herodote.net, *créé en 1999.*

De l'antijudaïsme à l'antisémitisme[1]

Le mot « antisémitisme » a été inventé en 1879 par un journaliste allemand, Wilhelm Marr, pour désigner la haine des Juifs, c'est-à-dire des pratiquants de la religion développée par les Hébreux.

Wilhelm Marr publie en mars de cette année-là un pamphlet intitulé : « La victoire du Judaïsme sur la germanité considérée d'un point de vue non confessionnel ». Le 26 septembre 1879, il participe à une réunion en vue de la création d'une Ligue des antisémites (*Antisemiten-Liga*).

Dès le 2 septembre 1879, le journal juif *Allgemeine Zeitung des Judenthums* révèle le projet de Wilhelm Marr de créer aussi un hebdomadaire antisémite (*Antisemitische Wochenblatt*). C'est ainsi qu'apparaît pour la première fois un mot appelé à une sinistre diffusion.

[1] Quelques dates : 1800 avant J.-C. : Abraham père d'une multitude ; 16 mars -597 : Nabuchodonosor s'empare de Jérusalem ; 8 septembre 70 : destruction du Temple de Jérusalem ; 2 mai 73 : prise de Massada par les Romains ; 6 juin 1391 : persécutions en Espagne ; 1895-1898 : l'affaire Dreyfus ; 15 février 1896 : parution de *L'État juif* (Theodor Herzl) ; 2 novembre 1917 : déclaration Balfour sur la création d'un Foyer juif en Palestine ; 19 septembre 1935 : lois antisémites de Hitler ; 9 novembre 1938 : la Nuit de Cristal ; 20 janvier 1942 : la Solution finale ; 15 mai 1948 : naissance de l'État d'Israël…

Le mot tire son origine de Sem, fils de Noé et ancêtre d'Abraham. Selon la Bible, Abraham engendra Ismaël avec sa servante Agar, et Isaac avec son épouse Sarah. Du premier descendraient les Arabes et du second les Hébreux.

Bien avant Wilhelm Marr, les linguistes européens ont identifié une origine commune aux langues hébraïque, arabe, araméenne, assyrienne et guèze (éthiopien ancien). En souvenir de la Bible, ils ont rangé toutes ces langues sous l'épithète « sémitique ».

En employant le mot « antisémitisme » pour désigner la haine des Juifs et d'eux seuls, Wilhelm Marr et ses émules commettent cependant une double erreur :

– ils assimilent une catégorie linguistique (les langues sémitiques) à une catégorie raciale ;

– ils réduisent les usagers des langues sémitiques aux Juifs en oubliant les Phéniciens, les Arabes…

Du fait de cette étymologie déficiente, le mot « antisémitisme » suscite une question récurrente : un Arabe haïssant les Juifs peut-il être qualifié d'antisémite ? Le mot « antijuif » serait mieux adapté… mais la tradition historique s'oppose à son emploi.

Premières dissensions

On relève des manifestations d'hostilité au Judaïsme chez des auteurs païens, adeptes des religions traditionnelles de Rome et de la Grèce, dès avant l'apparition du Christianisme. Celui-ci n'a donc pas inventé l'antijudaïsme mais il l'a renouvelé.

L'opposition entre Chrétiens et Juifs remonte au Ier siècle de notre ère. À cette époque, dans l'Empire romain, le Christianisme est volontiers assimilé à une secte juive. Les communautés chrétiennes tout juste naissantes sont confondues avec les communautés juives du pourtour de la Méditerranée (la diaspora). Aussi les Chrétiens, soucieux de se démarquer de leurs aînés en religion, tendent-ils par réaction à souligner leurs différences avec les Juifs.

Devenue dominante au IVe siècle, grâce à la faveur des empereurs Constantin et Théodose, l'Église se méfie de l'influence que pourrait exercer le Judaïsme sur les Chrétiens. C'est ainsi qu'au VIe siècle, tandis que les chefs barbares anéantissent ce qui reste des institutions romaines en Occident, les Juifs perdent les avantages dont ils bénéficiaient au temps de Rome (comme la dispense de célébrer le culte de l'empereur). « Peu à peu, les privilèges juifs sont abolis, des prohibitions apparaissent. La *religio licita* devient statut d'exception. »[2]

La Treizième Tribu

En Orient, le prestige qui s'attache au Judaïsme est assez grand pour susciter la conversion d'un roi khazar, Bulan, autour de 861.

Les Khazars, d'origine turque et apparentés aux Huns, formaient un empire nomade dans la région de l'actuelle cité d'Astrakhan, entre le Don et la Volga. Beaucoup se convertissent au Judaïsme à la suite de Bulan. Un siècle plus tard, leur État s'effondrant sous les coups portés par les Russes, ils se dispersent dans les populations environnantes : Ukrainiens, Polonais, Lituaniens, Russes.

Une grande partie des Juifs occidentaux actuels, les ashkénazes, descendraient de cette Treizième Tribu (c'est le titre d'un essai d'Arthur Koestler sur cette péripétie méconnue du Judaïsme).

L'antijudaïsme chrétien au Moyen Âge

Au Moyen Âge, l'Église qualifie les Juifs de « peuple déicide » et leur reproche d'avoir mis Jésus en croix ; mais elle ne manifeste

[2] Voir Josy Eisenberg, *Une histoire des Juifs*, Bibliothèque de Culture historique, 1970.

aucun désir de les éliminer. Bien au contraire, elle a le souci de les préserver comme un témoignage vivant de l'injustice faite au Christ. Les Juifs sont ainsi les seuls non-Chrétiens tolérés en Occident. Saint Bernard de Clairvaux exprime ce point de vue au XIIe siècle : « Les Juifs ne doivent point être persécutés, ni mis à mort, ni même bannis. Interrogez ceux qui connaissent la divine Écriture. Qu'y lit-on de prophétisé dans le psaume, au sujet des Juifs ? Dieu, dit l'Église, m'a donné une leçon au sujet de mes ennemis : “Ne les tuez pas, de crainte que mes peuples ne m'oublient.” Ils sont pour nous des traits vivants qui nous représentent la Passion du Seigneur. C'est pour cela qu'ils ont été dispersés dans tous les pays, afin qu'en subissant le juste châtiment d'un si grand forfait ils servent de témoignage à notre rédemption. » Point de vue similaire chez Abélard, théologien rival de saint Bernard.

Notons qu'en Espagne, en 1150, en pleine Reconquête chrétienne, le roi Alfonso VII de Castille se proclame roi des trois religions (Christianisme, Islam et Judaïsme). À la même époque, dans l'ensemble de l'Europe, les seigneurs octroient des privilèges aux Juifs afin de les attirer dans leurs villes « pour l'honneur et la prospérité de leurs États » (selon une charte de l'évêque de Spire).

Beaucoup de Juifs se font banquiers en tirant parti de ce que l'Église déconseille aux Chrétiens le commerce de l'argent et le prêt avec intérêt, pour cause d'immoralité. Les réseaux communautaires en terre chrétienne comme en terre d'Islam leur sont d'une grande aide dans ce métier. Mais la fonction de prêteur leur vaut un surcroît de haine de la part des débiteurs chrétiens.

Dans l'exaltation qui accompagne les croisades, on assiste à partir de 1096, en maintes villes de Rhénanie ou d'Europe centrale, à de violentes émeutes antijuives (on n'emploie pas encore le mot pogrom). À l'occasion de ces drames, toutefois, les seigneurs et les évêques font en général de leur mieux pour protéger leurs sujets israélites, ne serait-ce que parce qu'ils leur fournissent taxes et impôts en abondance.

Des relations de plus en plus difficiles

La situation des Juifs européens se dégrade dans les derniers siècles du Moyen Âge, au XIIIe siècle, quand se développent les villes, et surtout au XIVe siècle, après les drames de la Grande Peste (1347).

Les Juifs se voient progressivement interdire le métier des armes et celui de la terre, ce qui les cantonne dans les occupations artisanales et commerciales. Les monarques en mal d'argent abusent de leur précarité pour s'enrichir à bon compte. C'est ainsi qu'en 1181 le roi de France Philippe Auguste fait arrêter les Juifs de Paris et les libère en échange de 15 000 marcs or. L'année suivante, il les fait expulser et saisit leurs biens. Enfin, en 1198, il leur permet de revenir à Paris en échange d'une nouvelle somme d'argent.

En 1242, un Juif converti, Nicolas Donin, assure au pape que le Talmud, livre sacré des Juifs, contient des injures contre le Christ. Une controverse a lieu à Paris entre rabbins et prêtres, à la suite de quoi le roi Louis IX (futur Saint Louis) décide de faire brûler tous les manuscrits hébreux de Paris en place publique. Le total représente 24 charrettes.

Dans le même temps, en 1269, le petit-fils de Philippe Auguste impose aux Juifs de porter sur la poitrine une « rouelle », c'est-à-dire un rond d'étoffe rouge, pour les distinguer du reste de la population et prévenir les unions mixtes. Saint Louis applique ce faisant — à son corps défendant — une recommandation du concile de Latran (1215) qui avait demandé de marquer les Juifs à l'image de ce qui se pratiquait déjà dans le monde musulman (tout en interdisant qu'il leur soit fait du mal).

En 1254, le roi bannit les Juifs de France mais, comme souvent au Moyen Âge, la mesure est rapportée quelques années plus tard en échange d'un versement d'argent au trésor royal. Les Juifs sont à nouveau expulsés de France par Philippe IV le Bel le 22 juillet 1306, rappelés par son fils Louis X le Hutin puis une fois de plus expulsés en 1394.

En Allemagne, suite à une recommandation du concile de Vienne (1267), les Juifs sont désignés par un chapeau plat surmonté d'une tige avec une boule, le « *Judenhut* ».

En Angleterre, après une campagne de calomnies, 18 Juifs de la ville de Lincoln sont pendus puis, le 12 juillet 1290, poussé par l'opinion publique, le roi Édouard Ier donne trois mois aux Juifs de son royaume pour partir. 16 000 personnes traversent la Manche et il s'écoulera quatre siècles avant que les Juifs ne reviennent en Angleterre.

En Espagne, les Juifs commencent en 1391 à être victimes de violences meurtrières. Ceux de Castille et d'Aragon, au nombre d'environ 200 000, sont définitivement bannis en 1492, quelques semaines après que les Rois Catholiques eurent chassé le dernier roi musulman de la péninsule. Au fond, on ne craint pas le Juif mais la fragilité de la conviction chrétienne.

Les communautés juives d'Europe se retrouvent peu à peu enfermées dans des ghettos d'où les habitants ne peuvent sortir la nuit (le mot « ghetto » vient d'un quartier de Venise ainsi nommé en raison de la présence de fonderies et où, pour la première fois, furent confinés les Juifs, en 1516). Dans le monde musulman, de l'autre côté de la Méditerranée, les Juifs se retrouvent de la même façon enfermés dans des quartiers réservés appelés « mellahs ».

Beaucoup de rescapés des massacres et des expulsions d'Espagne, de France ou d'Angleterre s'enfuient en Pologne où le roi Casimir III Jagellon leur accorde en 1334 le *Privilegium*, ce qui va contribuer à l'extraordinaire rayonnement intellectuel et artistique du pays aux XIVe et XVe siècles. D'autres Juifs se réfugient dans les États du pape, le Comtat Venaissin, en Avignon ou à Carpentras, ainsi qu'à Rome, où ils sont assurés de vivre en sécurité.

Antijudaïsme et antisémitisme

Au Moyen Âge, les Juifs d'Europe sont victimes d'un antijudaïsme brutal mais inconstant en raison de leur anticonformisme religieux. Ils font figure de boucs émissaires dans les périodes de crise et de doute. Toutefois, l'Église et les souverains leur laissent la faculté de se convertir à la foi catholique pour échapper à leur triste condition.

En cela, l'antijudaïsme médiéval se distingue radicalement de l'antisémitisme moderne.

L'antisémitisme moderne (XIXe-XXe siècles) néglige l'aspect religieux et, contre toute évidence, présente les Juifs comme une race à part, dotée de caractéristiques spécifiques et ineffaçables, par exemple le goût de l'argent et le mépris du patriotisme. Les prémices de cet antisémitisme se situent en Espagne à l'aube de la Renaissance avec l'importance inédite accordée à la *limpieza de la sangre*[3].

Limpieza de la sangre

À la fin du Moyen Âge, en Espagne, les faux convertis deviennent la cible privilégiée de l'Inquisition qui leur reproche de corrompre la religion catholique. Ils sont désignés avec mépris du nom de « marrane », du castillan *marrano* (porc) qui vient lui-même de l'arabe *moharannah* ou *mahram* qui signifie « interdit » et en est venu à désigner les porcs.

[3] La pureté du sang.

Le samedi 31 mars 1492, la reine Isabelle de Castille et son mari Ferdinand d'Aragon décident d'en finir. Forts de leur victoire sur le dernier royaume musulman de la péninsule, ils signent un édit par lequel ils laissent aux Juifs d'Espagne jusqu'au 31 juillet pour se convertir ou quitter le pays[4].

Beaucoup de Juifs et de marranes refusent la soumission et s'enfuient au Portugal voisin, dans les États musulmans d'Afrique du Nord, dans l'Empire ottoman, voire dans les États du pape où leur sécurité est assurée. Ils restent connus sous le nom de Sépharades, mot qui désigne l'Espagne en hébreu.

Quelques marranes du Portugal s'installeront plus tard dans le Bordelais (parmi eux les ancêtres de Montaigne), d'autres en Hollande (parmi eux les ancêtres de Spinoza).

L'édit d'expulsion exacerbe la méfiance du pouvoir à l'égard des faux convertis. Le racisme institutionnel fait son entrée dans l'histoire européenne quand les chanoines de la cathédrale de Cordoue exigent, en 1535, que l'accès au chapitre soit réservé aux personnes qui attestent de la *limpieza de la sangre*. De ce point de vue, résolument novateur, la qualité de Juif ne dépend plus du libre choix de la religion mais de la fatalité de la naissance et de l'hérédité.

Le pape Paul III repousse cette mesure infâme. Mais l'empereur Charles Quint montre moins de discernement et l'impose à l'ensemble de l'Espagne pour complaire à son clergé. Toute personne désirant un poste rémunéré en Espagne doit désormais démontrer qu'elle n'a aucun Juif ou Musulman dans sa famille depuis au moins quatre générations (cette obligation sera abrogée le 13 mai 1865).

En 1609, le roi d'Espagne couronne l'entreprise de purification nationale en expulsant enfin les Musulmans convertis sous la contrainte, les morisques. Vidé de sa substance vive et d'une

[4] Voir en annexe le texte de cet édit.

partie de ses sujets les plus dynamiques, le royaume entre alors dans une longue décadence.

Philosémitisme des Lumières

Espagne mise à part, l'Europe manifeste jusqu'au dernier tiers du XIXe siècle une grande tolérance à l'égard de ses minorités israélites. Dans le vieux Berlin, on peut encore voir la belle maison d'un célèbre financier juif dont le roi de Prusse Frédéric II avait fait son conseiller et son favori au XVIIIe siècle. Jusque dans les années 1870, on peut parler de philosémitisme pour qualifier l'attitude dominante de l'opinion occidentale à l'égard des Juifs.

En France, l'empereur Napoléon III structure la communauté juive en rassemblant ses représentants au sein d'un consistoire. Quelques mois après sa chute, un républicain d'origine juive, Adolphe Crémieux, fait octroyer la citoyenneté française à ses coreligionnaires d'Algérie.

En Grande-Bretagne, à la même époque, un avocat d'origine juive, converti au Christianisme à l'âge de treize ans, est porté à la tête du gouvernement. Benjamin Disraeli hissera la couronne britannique au firmament de la gloire.

Changement de cap

Les premiers dérapages se produisent dans les années 1880, en coïncidence avec la déchristianisation du Vieux Continent et le développement d'idéologies totalitaires dans la bourgeoisie intellectuelle, tenue à l'écart de la révolution industrielle.

Ces idéologies prennent le contre-pied des principes démocratiques hérités du Christianisme et du siècle des Lumières, qui reconnaissaient l'universalité des droits de l'Homme et honoraient les individus dans leur infinie diversité. Elles prônent l'avènement d'un Homme nouveau grâce à une intervention autoritaire de l'État et sans exclure l'extermination d'une fraction notable de l'espèce humaine.

C'est ainsi que Friedrich Engels, ami de Karl Marx, envisage comme un bienfait l'extermination des peuples arriérés d'Europe centrale ; Jules Ferry, à la tête du gouvernement républicain de la France, s'attribue le droit de soumettre les peuples d'Afrique ou d'Asie au nom de la mission civilisatrice de la France…

C'est ainsi que l'antisémitisme va s'épanouir dans les milieux nationalistes, socialistes et laïcs qui dénoncent le pouvoir de l'argent, exaltent les vertus des classes laborieuses et pratiquent le culte de la Nation. Ils opposent cette dernière au cosmopolitisme judaïque et bourgeois, à l'universalisme chrétien ainsi qu'à la royauté, qui transcende les identités nationales. La banque Rothschild, présente à Londres, Paris, Vienne et Francfort, devient pour les nationalistes comme pour les socialistes le symbole vivant du juif cosmopolite qui suce le sang des peuples.

Triomphe de la science

Plusieurs ouvrages plus ou moins scientifiques donnent à la fin du XIXe siècle un semblant de crédit aux idéologies totalitaires, racistes et antisémites.

Le premier d'entre eux, publié en 1853-1855, est l'œuvre du comte français Arthur de Gobineau. Intitulé *Essai sur l'inégalité des races humaines*, il professe de façon hasardeuse que l'humanité serait le produit impur du métissage des races originelles. Cet essai sans prétention sera exploité à satiété par les leaders racistes et notamment par Hitler.

En 1859, le prodigieux travail de recherche de Charles Darwin, *L'Origine des espèces,* reçoit un accueil enthousiaste car il comble les attentes du public. La mise en évidence scientifique de la sélection naturelle comme facteur d'adaptation des espèces vivantes à leur milieu va donner naissance à un darwinisme social qui verra dans les luttes civiles, les inégalités sociales et les guerres de conquête rien moins que l'application à l'espèce humaine de la sélection naturelle.

Des théoriciens scientistes, inspirés par la théorie de la sélection naturelle, prônent l'intervention de l'État pour améliorer l'espèce humaine. Leurs préceptes sont mis en œuvre pour la première fois en Suède en 1922 par les élus sociaux-démocrates qui autorisent la stérilisation des handicapés et des marginaux. Ils sont importés en Allemagne par Hitler dès 1933.

La défaite de la France dans la guerre franco-prussienne et la montée en puissance de l'Allemagne et de l'Angleterre inspirent en 1886 au journaliste Édouard Drumont l'ouvrage le plus abject qui soit : *La France juive, essai d'histoire contemporaine* (Marpon-Flammarion). Dans ce volumineux pamphlet, l'auteur oppose pour la première fois la race supérieure des prétendus Aryens aux Sémites (les Juifs). Il n'hésite pas à discerner l'influence juive dans tous les avatars malheureux de l'histoire de France. C'est ainsi qu'il prête à Napoléon Ier une ascendance juive qui expliquerait le désastre dans lequel l'Empereur a plongé son pays !

Dans les années 1890, Édouard Drumont étend son influence à la faveur du scandale de Panama, où sont impliqués plusieurs financiers juifs. Son journal *La Libre Parole* attise les querelles autour de l'affaire Dreyfus.

En vertu de toutes ces théories, il apparaît aux antisémites modernes qu'aucun Juif ne peut échapper à sa condition car celle-ci découle de sa race (on ne peut changer de race comme on change de religion). C'est ainsi que, par étapes successives, échelonnées du XIXe au XXe siècle, les antisémites en arriveront aux lois antisémites de Nuremberg[5] (1935) et au génocide de 1941-1945.

[5] Voir en annexe le texte de la loi de 1935.

Chassé-croisé politique

En Russie, en 1881, le tsar « libérateur » Alexandre II a été assassiné par des étudiants anarchistes d'origine bourgeoise, et ce meurtre absurde va entraîner son fils et successeur, Alexandre III, dans une politique réactionnaire brutale, appuyée sur le nationalisme grand russe.

Les communautés juives, très nombreuses dans les villes occidentales de l'Empire, qui s'expriment en yiddish et sont imprégnées de culture germanique, deviennent les boucs émissaires les plus évidents des moujiks, paysans russes à la limite du servage.

La police tsariste commet un faux grossier, *Le Protocole des Sages de Sion*, pour justifier les accusations de meurtres rituels portées contre les Juifs et encourager les pogroms. Le texte, rédigé par un agent du nom de Mathieu Golovinski, prétend relater les débats du Congrès sioniste juif mondial de Bâle, en 1897. Il plagie curieusement un pamphlet antinapoléonien de 1864, *Dialogue aux enfers,* en remplaçant l'empereur Napoléon III par les Juifs !

Beaucoup de Juifs émigrent alors vers l'Allemagne, l'Autriche, les États-Unis ou encore la Palestine pour échapper à la montée des persécutions. D'autres, dans les villes industrielles d'Ukraine et de Biélorussie, se constituent en syndicats puissants afin de résister à la police tsariste. Leur organisation, le *Bund*, devient très vite le fer de lance de l'opposition socialiste révolutionnaire au régime tsariste. C'est sur elle que s'appuiera en grande partie Lénine pour se hisser à la tête des révolutionnaires russes au début du XXe siècle.

À la veille de la Grande guerre (1914-1918), c'est encore en Allemagne que les Juifs d'Europe se sentent le mieux intégrés. Tout bascule après la Grande Guerre et la prise de pouvoir bolchevique en Russie.

Dans la Pologne du dictateur populiste Pilsudski, les Juifs sont persécutés et chassés… vers l'Allemagne. En URSS, Staline projette de les éloigner en créant à leur intention une fumeuse République autonome juive du Birobidjan, aux confins de la Mongolie et de la Sibérie.

En Allemagne, enfin, la dénonciation du « cosmopolitisme juif » et le ralliement aux idées eugénistes vont conduire Hitler à organiser la mise à l'écart des Juifs et, au bout du compte, leur extermination systématique.

L'antisémitisme survivra à la révélation de l'horreur nazie. En 1953, Staline accusera les médecins juifs d'être à l'origine du « complot des blouses blanches » et c'est seulement la mort qui l'empêchera de déporter tous les Juifs de son pays.

Léon ABRAMOWICZ[1] (1928-1994)
Professeur à Paris au Centre universitaire d'études juives.

LES JUIFS ET LES DROITS DE L'HOMME SOUS LA RÉVOLUTION FRANÇAISE QUELQUES ASPECTS DE L'ÉMANCIPATION

Les Juifs et la Révolution

Votée par l'Assemblée nationale dès août 1789, la Déclaration des droits de l'Homme a permis aux Juifs de France de quitter leur triste situation traditionnelle de sous-hommes et de parias pour devenir des citoyens à part entière. Devenant électeurs et éligibles, ils passaient de l'état d'objets à l'état de sujets politiques. Libérés des exclusions et des discriminations, pouvant enfin s'établir où bon leur semblait, admis à exercer toutes les fonctions publiques et privées, les Juifs devenaient égaux à tous leurs concitoyens. Voilà l'image idéale simple et logique de l'émancipation. Mais comme la plupart des images simples, celle d'une émancipation naturelle et quasi automatique ne correspond pas à la réalité.

Nous verrons que tout cela prit du temps et ne s'est pas réalisé sans mal.

---

[1] Léon Abramowicz est survivant du ghetto de Varsovie et du camp de concentration de Maïdanek *(Note de l'éditeur)*.

C'est, sans aucun doute, l'esprit de reconnaissance, doublé d'une immense foi dans le progrès humain — un avatar du messianisme juif — qui explique, au moins en partie, la participation progressive des Juifs aux mouvements révolutionnaires des XIXe et XXe siècles. Cette participation pouvait laisser croire que les Juifs de la fin du XVIIIe siècle avaient également pris part à l'épopée révolutionnaire. Cette idée résiste difficilement à l'analyse de la situation réelle des Juifs des trois provinces françaises, où ils étaient autorisés à résider[2].

Le Comtat Venaissin, soit la région autour d'Avignon, Carpentras et Cavaillon, appartenait au pape. Les Juifs y étaient soumis à une réglementation lourde, humiliante et discriminatoire. Aussi ont-ils compté parmi les partisans actifs du rattachement à la France. Mais ce rattachement réalisé, leur égalité était encore loin d'être acquise. J'y reviendrai plus loin.

Transfuges du Portugal, marchands influents, les Juifs de la région de Bordeaux-Bayonne jouissaient d'une situation privilégiée. Protégés par l'Ancien Régime, ils pouvaient à juste titre redouter l'affaiblissement ou la chute de celui-ci, tant pour leurs biens que pour leurs personnes. Effectivement, ils furent quelques-uns à connaître les tribunaux révolutionnaires, à subir de lourdes amendes et des confiscations. Un sieur Mendès, ayant déclaré à ses juges que leurs idées n'étaient pas compatibles avec sa religion, a même été guillotiné.

Cela n'a point empêché — peur, opportunisme ou adhésion ? — certains Juifs de participer à des comités révolutionnaires.

Enfin, les Juifs d'Alsace-Lorraine, les plus nombreux, et pour leur majorité vivant dans une situation socio-économique extrêmement difficile, nourrissaient des craintes pour d'autres raisons. Le colporteur juif qui parcourait les campagnes, du dimanche au vendredi, son baluchon sur le dos, intégrait les quolibets et quelques coups de pied au derrière parmi les avatars

[2] Je réserve le petit groupe de Juifs qui vivaient à Paris par tolérance, mais sans autorisation formelle *(Note de l'auteur)*.

de sa situation d'exclu. Mais l'autorité du Prince, qui pressurait et humiliait souvent le Juif, protégeait au moins son bien et sa personne. Or, que pouvait valoir la vie d'un pauvre Juif dans une époque troublée ou même les têtes des princes tombaient sous le couperet ?

Une autre raison qui faisait redouter la révolution aux Juifs était la suppression des cultes, qui risquait de les empêcher de vivre selon la Torah, comme ils le faisaient depuis des siècles, souvent au prix des plus terribles sacrifices.

Enfin, certains dirigeants clairvoyants ne manquaient pas de penser que la suppression de la vie religieuse et la disparition des barrières entre Juifs et non-Juifs risquaient d'entraîner l'assimilation complète, avec pour conséquence la disparition des Juifs en tant que peuple.

Voilà donc les motifs d'une extrême réserve des Juifs à l'égard de la Révolution, qui ne disparaîtront pas du jour au lendemain. Ce qui n'empêchait pas les « syndics des Juifs » et leurs dirigeants les plus éclairés de continuer de présenter aux autorités issues de la Révolution des requêtes demandant la suppression des vexations et des exclusions frappant les Juifs et leur admission à la pleine citoyenneté. En cela, ils ne faisaient que continuer avec ténacité un travail qu'ils avaient déjà entrepris sous l'Ancien Régime.

La Révolution et les Juifs

Si les Juifs étaient loin d'être unanimes à reconnaître d'emblée les bienfaits que recelait pour eux l'ordre révolutionnaire, les révolutionnaires eux-mêmes étaient extrêmement divisés sur le problème de l'égalité et de la pleine citoyenneté des Juifs.

La Déclaration des droits de l'Homme restait sans effet pour les Juifs, tant que des mesures spécifiques n'étaient pas votées pour l'appliquer. L'Assemblée mit plus de deux ans à le faire.

La violente opposition des députés de l'est de la France est connue de tous. Ceux-ci trouvaient suffisant que les Juifs soient sujets français, mais pas citoyens, ce qui excluait toute notion d'égalité. Ils n'étaient pas les seuls.

Ainsi le pouvoir révolutionnaire put-il opérer une discrimination entre les Juifs de France. Lors de la séance du 24 décembre 1790 — veille de Noël — l'Assemblée accordait la pleine citoyenneté aux Juifs de Bordeaux-Bayonne et à ceux du Comtat, ajournant sa décision au sujet des Juifs d'Alsace, les plus nombreux et les plus défavorisés.

Mais même les partisans de l'émancipation des Juifs envisageaient celle-ci sous des aspects fort différents. En effet, un Mirabeau, qui connaissait le philosophe juif allemand Moïse Mendelssohn, pouvait reconnaître à l'avance ce que l'on appelle aujourd'hui « le droit à la différence ». Mais même un esprit aussi généreux que l'abbé Grégoire partageait la conception de la grande majorité qui, sous le vocable d'égalité, sous-entendait « uniformité », ignorant apparemment le fait que, même si tous les hommes sont égaux, ils ne sont pas tous pareils.

La position de Grégoire, un personnage vraiment exceptionnel, a évolué favorablement au cours de sa vie.

Et que dire du postulat abrupt du député de Clermont-Tonnerre : « Tout aux Juifs en tant qu'individus, rien en tant que groupe » ?

Tout cela s'inscrit parfaitement dans la logique de l'État centralisateur, réducteur des particularismes et des provincialismes, propre déjà à la Monarchie et ardemment développée par les Jacobins. C'est d'ailleurs dans ce contexte d'unification de la nation française qu'il convient de placer les mesures édictées par Louis XVI, avant même la Révolution, en faveur des Protestants et des Juifs. Ainsi, même si le résultat était favorable, la démarche de l'État n'était nullement désintéressée.

Tout cela ne diminue en rien l'immense portée de l'émancipation des Juifs de France, qui servit de modèle à la quasi-totalité du monde civilisé. Il ne faut cependant pas oublier qu'il s'est écoulé vingt-sept mois, marqués de discussions animées, entre la Révolution de 1789 et la promulgation par l'Assemblée nationale du décret d'émancipation voté le 27 septembre 1791 et mis en application par le roi le 13 novembre 1791.

L'évolution de la doctrine antijuive

Il nous faut remarquer que l'antisémitisme discriminatoire n'a pas disparu pour autant. Au contraire, il sut s'adapter et se transformer pour survivre avec virulence.

Depuis leur dispersion par les Romains, au début de l'ère chrétienne, les Juifs ont eu à subir les effets d'une haine tenace.

Cette haine des Juifs, génératrice des effroyables persécutions et tueries que l'on sait, était d'essence religieuse. On pourrait donc la qualifier d'antijudaïsme.

Le siècle des Lumières et de la Révolution française apporte à cette notion une variante redoutable. En effet, à une époque où l'influence de l'Église est de plus en plus réduite, où l'emprise de la religion sur les esprits semble s'effacer, on pouvait espérer que, nourri de religion, l'antisémitisme disparaîtrait aussi. Force est de constater que le préjugé discriminatoire s'adapte constamment pour se perpétuer. Ainsi, sous l'influence du nationalisme exacerbé du XIXe siècle, l'antisémitisme (un mot du XIXe siècle) sera à base nationaliste, xénophobe et/ou économique.

L'actuelle fallacieuse distinction entre antisionisme et antisémitisme masque mal la survie de la haine du Juif. Même si tous les antisionistes ne sont pas antisémites, et même si certains antisémites sont violemment « sionistes ».

Deux siècles après la Révolution française, l'image manichéenne et négative du Juif reste très répandue, même dans les démocraties libérales. Les attentats contre des synagogues à Paris, à Rome ou à Vienne, ceux contre les enfants d'une colonie de vacances à Anvers[3] ou les consommateurs d'un restaurant à Paris[4] le prouvent suffisamment. Même si, saisie d'horreur, une partie de la population proteste dans la rue.

Intégration et différence, ou acculturation et assimilation

Les problèmes posés aux Juifs par l'émancipation cherchent encore leur solution. Tout en désirant s'intégrer dans la société française, les Juifs n'en restaient pas moins attachés à leur religion et à leurs traditions. D'autre part, ni l'influence des Lumières ni la suppression des cultes par la Révolution n'avaient annulé d'un coup dans les mentalités les effets de l'éducation antijuive de l'Église, qui avait été inculquée au bon peuple pendant treize siècles. Ainsi, de part et d'autre subsistaient des barrières, même si, éblouis par les termes de la devise républicaine, les Juifs donnèrent maintes preuves de leur enthousiasme patriotique, participant notamment à la levée en masse pour la défense du pays. Certes, çà et là surgirent quelques difficultés liées au respect du shabbat, des fêtes ou de la *cacherout*[5].

C'est donc sans surprise que l'on retrouve ces problèmes après le rétablissement des cultes et au moment des réformes napoléoniennes, sur lesquelles il y aurait énormément à dire. Observons que, créés pour faciliter l'assimilation des Juifs, les

[3] En juillet 1980, à Anvers, un attentat fut commis par des « antisionistes » arabes contre une colonie de vacances juive qui fit un mort et 17 blessés. Les auteurs de cet attentat furent par la suite arrêtés *(Note de l'éditeur).*
[4] Août 1982, attentat contre un restaurant juif de la rue des Rosiers à Paris (6 morts). Cet acte fut attribué au groupe palestinien du Fatah-Conseil révolutionnaire *(Note de l'éditeur).*
[5] Nourriture accommodée de façon rituelle.

consistoires surent maintenir et préserver la vie juive traditionnelle, malgré une proportion importante de Juifs qui se détournaient du Judaïsme, soit par indifférence, soit parce qu'ils croyaient ainsi faciliter leur intégration sociale.

Mais le tournant était pris de manière irréversible. L'émancipation des Juifs ne fut pas sérieusement remise en cause à la Restauration. Cependant, durant toute cette période, le nombre des Juifs ayant accédé à des postes de responsabilité dans le pays, et notamment dans les organismes de l'État, fut extrêmement limité. Ce n'est que sous Louis-Philippe, à partir de 1830, que cette évolution atteint des résultats notables.

Un épisode de la difficile émancipation des Juifs du Comtat Venaissin

Je voudrais rapporter ici un exemple concret de ce que pouvait être le processus d'émancipation des Juifs dans une ville de province.

Depuis le Moyen Âge, les Juifs européens étaient tenus de porter, bien visible, une marque distinctive, jugée infamante. Dès la fin du XIIe siècle, on les affubla d'un chapeau pointu, le plus souvent jaune, dont l'obligation fut périodiquement rappelée. Le Comtat Venaissin, terre du pape jusqu'à la Révolution française, n'y faisait pas exception.

Ainsi l'ordonnance de l'évêque de Cavaillon du 26 octobre 1781 rappelait-elle l'ensemble des mesures discriminatoires prises à l'égard des Juifs par toute une succession de papes. Parmi celles-ci est rappelé le port obligatoire du chapeau jaune par les hommes et d'un ruban jaune ou safran, large et bien visible, sur la coiffe des femmes. L'édit de l'évêque parut sous forme de brochure ; il fut aussi placardé sur les murs des villes du Comtat sous forme d'affiches en français et en latin.

La Révolution française, le rattachement du Comtat Venaissin à la France et l'installation d'un nouveau pouvoir ne changèrent rien à l'affaire. On excipa du principe selon lequel une réglementation non abolie reste en vigueur. Cela malgré la fraternisation entre les révolutionnaires locaux et les Juifs, qui furent parmi les ardents partisans du rattachement à la France. Le journal d'un M. Chambaud, bourgeois d'Avignon, signale même qu'en avril 1790 une manifestation de fraternisation entre Juifs et Chrétiens donna lieu à un échange de chapeaux.

Les Juifs ayant fait plusieurs démarches en ce sens, l'Assemblée représentative du Comtat, qui remplaçait les anciens États provinciaux, décréta enfin, en date du 28 octobre 1790, que « les Juifs de cet État cesseront d'être distingués d'une manière humiliante pour l'humanité par le chapeau jaune, dont ils ont été tenus de se couvrir ». Ce décret fut reproduit plusieurs fois et notamment sous forme d'affiches.

Cependant, le *Courrier d'Avignon* du samedi 6 novembre 1790 reproche à la municipalité de Carpentras de continuer d'appliquer toutes les mesures discriminatoires contre les Juifs, y compris le port du chapeau jaune. Pourtant, répondant à une demande des représentants de la communauté, faite en présence des députés des directoires des départements limitrophes, l'Assemblée représentative de Carpentras avait déjà décidé d'abolir toutes les discriminations à l'égard des Juifs.

Mais, les ayant supprimées d'une main, elle les maintenait de l'autre, en défendant notamment aux Juifs d'avoir des fenêtres sur la rue, en les forçant à assister au prêche d'un capucin qui les incitait à se convertir et dont ils devaient payer les appointements, en refermant la « carrière », c'est-à-dire « le quartier » des Juifs le soir et… en les obligeant à porter le chapeau jaune.

Ayant perdu l'espoir de devenir citoyens à part entière, certains Juifs manifestèrent alors l'intention de quitter Carpentras. La municipalité le leur interdit, arguant de leur part de responsabilité dans le remboursement des dettes contractées collectivement par la communauté juive, notamment pour la construction de la synagogue.

Dans son numéro du 18 novembre, le *Courrier d'Avignon*, déjà cité, rappelle que si l'Assemblée représentative avait bien décrété que les Juifs cesseraient de porter le chapeau jaune, ce décret n'était toujours pas mis à exécution. C'est seulement sur l'intervention des commissaires de la République des Bouches-du-Rhône, qui se plaignaient dans une lettre du maintien d'une règle contraire à la Constitution française, que l'Assemblée manda à la municipalité de Carpentras de faire exécuter le décret.

La suite ne fut pas moins étonnante : le chroniqueur rapporte que les Juifs ayant mis le chapeau noir (à cette époque personne ne sortait dans la rue sans chapeau), je cite, « des gens apostés les ont attaqués dans les rues, les ont excédés de coups, ont déchiré leurs habits. Les Juives n'ont pas été épargnées. Il n'est pas sorte d'outrages qu'elles n'aient reçue. Les Juifs se sont plaints à la municipalité », qui leur fit des réponses dilatoires et qui, pour l'essentiel, maintenait les discriminations, chapeau jaune excepté.

Les Juifs ont alors déclaré que, plutôt que de se faire molester, et de risquer d'être blessés par les cailloux qu'on leur lançait, ils préféraient encore remettre le chapeau jaune. Mais le maire et les officiers municipaux de Carpentras ne pouvaient se dédire ; ils firent donc savoir par voie d'affiches, le 25 janvier 1791, que les Juifs étaient désormais obligés de porter le chapeau noir, sous peine d'une lourde amende. Pour faire bonne mesure, les personnes qui les insulteraient ou les molesteraient allaient également être frappées d'amendes. Tout cela au nom « de la Sublime Constitution française » et « avec l'appui des gardes républicains accourus à notre secours ».

Ainsi fut résolu, un an et demi après la Révolution et après maints incidents, le problème du port du chapeau jaune par les Juifs de Carpentras.

Pierre MENDEL (1907-1989)
Docteur en droit et avocat à la cour d'appel de Metz.
Président de l'Académie nationale de Metz.
Historien des Juifs lorrains et de l'onomastique juive.

La Révolution française et les Juifs de Metz[1]

Ce n'est pas un hasard qui avait incité la Société royale des sciences et des arts de Metz, dont l'actuelle Académie nationale de Metz est le successeur, à mettre au concours pour 1787 et 1788 la question : « Est-il des moyens de rendre les Juifs plus utiles et plus heureux en France ? » On était sous l'influence des Lumières, et les membres de l'Académie dont faisaient partie Pierre-Louis Roederer, conseiller au Parlement de Metz, l'organisateur principal du concours, et Jean-Louis-Claude Emmery, avocat au Parlement, descendant d'un Juif messin converti, avaient sous leurs yeux la communauté des Juifs de Metz. Celle-ci s'était reconstituée dans la seconde moitié du XVIe siècle sous la protection des rois de France qui avaient besoin des Juifs pour assurer la subsistance de l'armée.

Les Juifs étaient installés depuis le début du XVIIe siècle à la périphérie de la ville, dans le quartier Saint-Ferroy, qui leur était assigné, sans toutefois qu'il existât une séparation rigoureuse avec les Chrétiens. Leur nombre avait diminué après le début

[1] Extrait de l'Almanach KKL de Strasbourg 5747 (1987).

du XVIIIe siècle. En 1789 la population juive n'était plus guère que d'environ deux mille individus.

Les Cahiers de doléances

Après la convocation des États généraux, les Juifs d'Alsace, de Lorraine et des Trois-Évêchés, sur l'intervention de Cerf Berr, faisant état du titre de Syndic général des Juifs de ces trois provinces, furent admis par le gouvernement royal à présenter leurs doléances et convoqués à cet effet. Ceux de Metz et des Trois-Évêchés nommèrent deux députés : Goudchaux Mayer Cahen et Louis Wolff.

Les six députés des Juifs de l'Est se réunirent à Paris et rédigèrent un cahier commun qui fut transmis à l'Assemblée nationale le 31 août 1789.

Aux demandes communes aux Juifs des trois provinces, tendant à obtenir la faculté d'exercer les arts et métiers, d'acquérir des immeubles ailleurs que dans leur quartier, de cultiver les terres, de s'établir dans toutes les provinces, sans être tenus de demeurer dans des quartiers séparés, et enfin de pouvoir exercer leur culte en conservant leurs rabbins, leurs syndics et leurs communautés, s'ajoutèrent les doléances des Juifs de Metz et de la généralité de cette ville. Ceux-ci émettaient le vœu d'être exemptés de la très lourde charge pesant sur eux depuis la régence de Philippe d'Orléans, résultant du droit de protection de vingt mille livres par an dû par eux à la famille de Brancas[2], ainsi que celui de participer aux biens communaux des lieux où ils

[2] À Metz et dans le pays messin, le XVIIIe siècle voit la légalisation définitive de la présence juive — une légalisation chèrement payée. Dès 1715, le Régent créa au profit de deux de ses favoris, le duc de Brancas et la comtesse de Fontaine, une taxe de quarante sous par ménage juif habitant à Metz et dans la généralité, taxe convertie en 1720 en une rente annuelle de 20 000 livres. La taxe Brancas greva lourdement le budget de la communauté mais mit cette dernière à l'abri de toute expulsion, ses privilèges étant confirmés par lettres patentes en 1718, des lettres fixant à 480 le nombre des ménages autorisés à demeurer en ville. Cette taxe, qui grevait lourdement le budget de la communauté, fut payée jusqu'à la Révolution. (Voir Patrick Girard : www.denistouret.net/textes/Girard_Patrick.html).

s'établiraient. Les doléances des Juifs de l'Est furent toutefois présentées trop tard à l'Assemblée nationale constituante, c'est-à-dire après le vote de la Déclaration des droits de l'Homme, le 26 août 1789, de sorte qu'il n'y eut pas lieu de procéder à leur examen devant cette assemblée.

L'Assemblée nationale et le roi avaient pris les Juifs sous leur protection. Or, malgré la proclamation des droits de l'Homme, la taxe de vingt mille livres par an due à la famille de Brancas demeurait à la charge de la communauté de Metz. Celle-ci adressa un nouveau mémoire à l'Assemblée nationale pour demander l'abrogation de cette taxe dont les bénéficiaires avaient obtenu la prorogation jusqu'en l'année 1805.

Le mémoire signé par Louis Wolff, député des Juifs de Metz et des Trois-Évêchés, fait état en particulier de la violation du principe d'égalité entre tous les Français proclamé par la Déclaration des droits de l'Homme. Les Juifs font valoir en réponse au duc de Brancas qu'ils ne sont pas aubains (c'est-à-dire étrangers), et qu'ils ne peuvent être tenus de payer les services rendus à l'État par la maison de Brancas.

Mais la question la plus importante est de savoir si l'Assemblée nationale est favorable à l'émancipation des Juifs en France. Or dès le mois de décembre 1789, il s'avère que près de la moitié de l'Assemblée est en faveur de leur émancipation immédiate. Le 24 décembre, la question est réservée devant l'Assemblée. Le 28 janvier 1790, l'Assemblée confère la qualité de citoyens aux Juifs portugais, espagnols et avignonnais du royaume, mais le sort des Juifs dits allemands, ceux de Paris et ceux de l'Est reste en suspens.

L'émancipation

Le 20 mai 1790, l'Assemblée, après s'être saisie de la grave question des dettes de la communauté juive de Metz dont le rôle de recouvrement s'élevait à plus de quatre cent quarante mille livres, avait décidé de renvoyer au directoire du district de Metz les contestations pouvant résulter de ce rôle de contributions. Mais il fallait se prononcer sur la question de savoir s'il y avait lieu de maintenir la charge écrasante pesant sur les Juifs messins.

Le 20 juillet 1790, l'Assemblée nationale est enfin appelée à statuer sur l'abolition demandée de la taxe de Brancas levée sur les Juifs de Metz et de la généralité de cette ville.

Sur le rapport et la proposition de M. de Visme, député du Vermandois, l'Assemblée décréta que « la redevance annuelle de vingt mille livres levée sur les Juifs de Metz et du pays messin, sous la dénomination de droit d'habitation, protection et tolérance est et demeure supprimée et abolie... », annulant également les redevances de même nature « qui se lèvent ailleurs sur les Juifs ». Le décret reconnaissait que les Juifs n'étaient pas des étrangers. Le 28 juillet 1790, les chefs de la communauté de Metz firent parvenir au président de l'Assemblée une adresse exprimant la reconnaissance des Juifs de la ville.

C'est finalement le 27 septembre 1791 seulement qu'interviendra sur la proposition de Duport, député de la noblesse de Paris, le décret qui « révoque tous ajournements, réserves et exceptions insérés dans les précédents décrets relativement aux individus juifs qui prêteront le serment civique... »

C'était proclamer l'émancipation de tous les Juifs de France, en particulier de ceux de Metz, de Lorraine et d'Alsace.

Du 14 décembre 1791 au 10 janvier 1792, les Juifs de Metz prêtèrent, chacun, individuellement, entre les mains du maire, en présence du Conseil de la commune, le serment civique exigé de tous les Français. Ils étaient désormais égaux à tous les autres citoyens devant la loi.

Bien entendu, « ils ne changèrent pas du jour au lendemain et ne comprirent pas tous immédiatement la portée de l'événement » (Robert Anchel). À Metz, dans leur très grande majorité, ils ne quittèrent pas leur quartier de la rue et du quai des Juifs et ils continuèrent à vaquer à leurs occupations. Certains s'engagèrent dans l'armée. Ce fut le cas d'Anchel Nordon, qui devint, semble-t-il, le premier officier juif français. Lorsque la guerre éclata en 1792, on pria pour la France dans les synagogues. Au lendemain de la victoire de Valmy, Oury Phœbus Cahen, le grand rabbin de Metz, fit chanter dans la synagogue, sur l'air de la *Marseillaise*, un cantique rédigé en hébreu par Moïse Ensheim.

Manifestations d'hostilité en 1792

Le 8 février 1792, le Conseil de la commune de Metz invita les citoyens à s'inscrire pour faire partie de la garde nationale. De nombreux Juifs se présentèrent à cet effet, mais le Conseil refusa leur inscription, car la plupart des concitoyens chrétiens manifestèrent une totale répugnance à servir avec les Juifs, en se fondant sur des « causes physiques » (*sic*). Il est vrai qu'en juillet 1793, les Juifs furent de nouveau invités à s'inscrire dans la garde nationale. Ils y furent cette fois incorporés comme les autres Messins. Il y avait toutefois une nouvelle difficulté, car les Juifs qui désiraient ne pas être obligés de prendre leur service les samedis et jours de fêtes entrèrent en conflit à ce sujet avec la municipalité. C'est ce que faisait valoir une requête présentée par la communauté au Conseil général de la commune de Metz où on lit : « Si le citoyen doit tout à sa patrie, il doit aussi à la religion, et la loi n'a exigé de personne le sacrifice des dogmes qu'il professe et des rites qui y sont attachés. » S'il en est autrement lorsque la patrie est en danger, « le service ordinaire de sûreté et de police n'a pas le même caractère et il entre nécessairement dans la classe de ces actes civils que la religion juive interdit les jours de shabbat ».

Il y eut d'autres manifestations d'hostilité à l'égard des Juifs. Le 15 février 1792, le bruit courut que les Juifs accaparaient le numéraire et agiotaient sur les assignats qui perdaient de jour en jour de leur valeur. Une véritable émeute populaire s'attaqua au quartier des Juifs dont les maisons furent saccagées, au point que l'armée, la garde nationale et le corps municipal durent voler à leur secours. Les Juifs avaient dû demander au général La Fayette, commandant la IIIe Division, d'assurer leur protection et de maintenir la sécurité dans leur quartier.

Il est rapporté que, à la suite de ces événements, curieux et « troupes de ligne » se portèrent en foule dans le quartier et remplirent la synagogue où « par leur indiscrétion » ils empêchèrent les fidèles de célébrer la Pâque avec ferveur et dignité. La Fayette y mit bon ordre.

Peu de temps après, on voit les Juifs s'intégrer dans la vie de la cité, notamment par des offrandes pour les dépenses de la guerre ou en travaillant aux remparts. Certains s'engagent dans l'armée. C'était, comme le remarque le *Journal des départements*, une preuve de la « fausseté des calomnies que les malveillants répandent sans cesse sur le patriotisme des Juifs ».

Cela n'empêcha pas de graves incidents de se produire de nouveau à la fin de 1792 et en 1793, lorsque certains fripiers juifs se virent reprocher d'avoir fait le trafic des vêtements et effets militaires, au point que le procureur de la commune fit défense « aux citoyens juifs et à tous autres fripiers de se rassembler et s'attrouper sous quelque prétexte que ce soit dans le quartier des Juifs », sous peine d'amende et de prison. Pour certains, les Juifs restaient toujours suspects d'agiotage.

Menaces pour la pratique du Judaïsme

Au commencement de l'an II (septembre 1793), après l'arrivée des Montagnards au pouvoir, c'est la pratique du Judaïsme qui se trouve menacée.

Les Montagnards entendent lutter contre « le fanatisme », c'est-à-dire essentiellement contre la religion catholique, contre les réformés et contre les Juifs.

On ferma les églises et les temples. La cathédrale de Metz fut transformée en temple de la Raison (décembre 1793), puis de l'Être suprême (mai 1794), et il fut interdit de chômer les dimanches.

Si même Robespierre et ses proches n'étaient pas antijuifs, il n'en reste pas moins que beaucoup de Montagnards étaient prévenus contre la « superstition judaïque » et n'étaient pas insensibles aux accusations d'usure et d'agiotage dont les Juifs étaient l'objet.

L'observance du shabbat fut interdite. Les deux synagogues de Metz furent fermées et confisquées. Les objets du culte le furent également.

Au moment où, le 22 novembre 1793, les commissaires de la municipalité faisaient l'inventaire des meubles et effets se trouvant dans la synagogue, ils en furent empêchés par des membres de la société populaire qui procédèrent « sur le champ à la destruction de différents objets qui se trouvaient dans cette synagogue ». Il est vrai qu'il est rapporté que la communauté avait réussi à sauver clandestinement les rouleaux de la Loi (*sefarim*) en leur substituant des rouleaux hors d'usage.

En novembre 1794, les administrateurs du département décidèrent de transformer la synagogue principale en parc à bestiaux. On y logea effectivement des bêtes jusqu'au 9 nivôse an III. Puis, à cette date, les animaux furent enlevés. La municipalité fit fermer les portes et remit les clefs au district.

Le conseil de la commune condamna le 13 germinal an II (2 avril 1794) la fabrication du pain sans levain (*matzot*) et en interdit l'usage sous peine pour tout contrevenant d'être « réputé comme suspect et traité comme tel ».

Enfin, les Juifs messins éprouvèrent des difficultés sérieuses pour enterrer leurs morts dans le cimetière de la communauté, notamment lorsqu'il fut prescrit après le 24 janvier 1794 que les inhumations devaient se faire non plus dans les cimetières des paroisses, et donc pas non plus dans le cimetière juif, mais dans les cimetières communs à toute la population messine, en particulier dans le cimetière de Chambière. Les Juifs furent alors accusés d'avoir enterré leurs morts clandestinement dans leurs caves — ce qui après enquête se révéla faux — et de ne pas observer la loi sur la déclaration obligatoire des décès. Des poursuites judiciaires eurent lieu contre des veuves qui avaient fait enterrer leurs maris dans le cimetière juif.

La communauté dut enfin abandonner son ancien cimetière situé devant la porte de Chambière, tout près des remparts de la cité, et se vit attribuer un emplacement situé en aval, dans l'île Chambière, pour un nouveau cimetière, là où se trouve encore aujourd'hui le cimetière juif de Metz.

Après la fin de la Terreur, la Convention permit par la loi du 11 prairial an III (30 mai 1795) le libre usage des édifices du culte non aliénés. Le 20 juin 1795, le conseil général de la commune de Metz fit droit à la pétition de la communauté juive qui demandait la restitution de ses synagogues et des objets du culte confisqués. Les Juifs de Metz purent ainsi reprendre la célébration des offices dans les synagogues. Tout n'était pas encore terminé. Il restait en particulier à régler l'épineuse question des dettes de la communauté se montant à 440 179 francs selon le rôle de recouvrement de 1789, dont la liquidation fut finalement mise à la charge des Juifs de Metz et de la généralité, ainsi que de leurs descendants et qui, recouvrée par rôles, ne se termina pas avant 1854…

Carole SANDREL

Journaliste et écrivain, elle est l'auteur de plusieurs ouvrages dont La Société contre l'enfant *et, sous le nom de Mireille Cherchevsky,* Le Judaïsme.

Bernard Lazare, récupéré par les antisémites ?

Le 3 novembre 1903, Bernard Lazare, le premier des dreyfusards, combattant irréductible et infatigable des droits de l'Homme, est mort d'un cancer. À trente-huit ans, dans une solitude qui ne s'est pas démentie depuis. Un peu comme s'il n'avait pas existé. Comme s'il ne s'était pas lancé le premier, publiquement, en dépit de toute apparente raison, dans cette affaire dont on sait aujourd'hui qu'elle ne fut pas seulement une erreur judiciaire, mais aussi, mais surtout un complot antisémite.

Comme si Bernard Lazare était confiné par les intellectuels juifs de son propre pays dans un purgatoire éternel, dont il ne sort périodiquement que par la grâce des antisémites, qui lui infligent l'enfer de s'approprier sa pensée, ou plus exactement une parcelle détournée de sa pensée, injure que Bernard Lazare n'aurait pas tolérée.

De tant de contes, d'essais — y compris sur la télépathie —, de critiques littéraires, de témoignages, d'articles par centaines, de conférences, les uns et les autres n'ont retenu, par une perversion dont l'Histoire est coutumière, qu'un livre et un seul. Encore l'ont-ils partiellement lu. Encore Lazare lui-même a-t-il dit que sur bien des points sa pensée s'était modifiée. Ce livre, c'est *L'Antisémitisme, son histoire et ses causes*[1].

Bernard Lazare a vingt-cinq ans à peine lorsqu'il s'y attelle. Quatre ans plus tard, en 1894, l'essai paraît en librairie, l'année même où l'on vote la loi de sûreté générale contre les anarchistes, l'année de la condamnation d'Alfred Dreyfus ; des événements qui vont transformer la personnalité de ce jeune homme, monté de Nîmes, à vingt et un ans, pour conquérir le Paris des lettres, croyait-il.

À ce moment, il avait pour viatique, outre son enthousiasme, un modeste pécule que lui avait remis son père et qui lui servit à s'inscrire à l'École pratique des hautes études, en histoire des religions. Ici la psychanalyse aurait sans doute à dire, elle si diserte en tant de vaines occasions, elle si muette à propos de Bernard Lazare, tout juste bon à inspirer des historiens, plus souvent anglo-saxons que français.

Le jeune homme qui s'installa à Paris semblait avoir oublié ses attaches juives. Pourtant, sous le toit de son père, Jonas, et de sa mère, Douce-Noémie, on respectait la tradition. Lors des prières de la Pâque, Lazare et ses trois frères, dit-on, étaient pressés d'expédier les prières en hébreu et de passer au repas. Le plus impatient de tous, était, dit-on encore, Armand, qui, avec sept ans de moins que son aîné, était destiné à devenir chirurgien.

C'est le même Armand Bernard, devenu chirurgien en effet, qu'on retrouvera quelques années plus tard sioniste convaincu, militant, engagé aussi dans la défense des Arméniens. Passons...

Très vite, Bernard Lazare se fait connaître comme critique littéraire. Il est rigoureux et sans complaisance. Cependant, il ne peut rester insensible à ce qu'il lit et à ce qu'il entend. Comment ne serait-il pas troublé par le climat qui commence à s'instaurer en France? En 1881 était sorti à Paris un périodique intitulé *L'Anti-*

[1] Éditions Léon Schailley, Paris, 1894.

Juif, tandis qu'à Montdidier naissait *L'Antisémitique*. En 1886, l'année où Bernard Lazare célébra sa majorité, parut *La France juive*. Le livre de Drumont déchaîna l'antisémitisme pour lors diffus des Français. En un an, il y eut cent quatorze éditions de *La France juive.* Puis, dans *La Libre Parole,* la campagne antisémite de Drumont s'amplifia. Bernard Lazare en fut plus que troublé. Certes, il était français, mais il se souvenait à coup sûr des prières de son enfance, de Jonas et de Douce ; il n'avait pas l'âme d'un renégat mais déjà celle d'un justicier. Il lui fallait trouver les racines du mal. Alors commencèrent ses recherches, et naquit l'idée de : *L'Antisémitisme, son histoire et ses causes.*

Personne ne nie qu'il mit dans ces pages d'une grande érudition des analyses plus que contestables, notamment dans la première partie du livre, où il reprit certaines thèses antisémites bien dans l'air du temps, et soutint que parmi les nombreuses composantes de l'antisémitisme, le Juif en constituait lui-même une. Ce sont bien ces thèses-là qu'ont vues et retenues les antisémites, à commencer par Drumont, contre lequel Lazare finit par se battre en duel. Mais il y a plus, dans ce livre, et moins aussi : Lazare, dès la préface, reconnaît que l'ouvrage n'est pas complet, et le déclare à plusieurs reprises, notamment dans *Le Voltaire* du 20 mai 1896 : « Je réécrirais aujourd'hui ce livre que j'aurais sans doute bien des choses à y ajouter », dit-il. En fait, il est déjà en train de le repenser, ce livre, dont il sait maintenant qu'il n'est ni tout à fait juste ni tout à fait complet. En 1903, dans son testament, Bernard Lazare précise textuellement : « Il y a dix ans que je travaille à un livre sur les Juifs dont le titre devrait être *Le Fumier de Job.* On trouvera mes notes à peu près classées. »

Le même testament précise que si on republiait *L'Antisémitisme, son histoire et ses causes*, il faudrait signaler que « sur bien des points ma pensée s'est modifiée ». De tout évidence, l'homme n'est plus le même en 1896 qu'il y a deux ans. Il a mûri brutalement, dans son combat pour Dreyfus ; il a rencontré de plein fouet l'antisémitisme, et a opté pour l'anarchie tout en récusant l'action directe. Il est bouleversé mais n'en dira rien : et nul journal intime à ma connaissance ne garde trace de ce qu'il a vécu dans sa tête et dans son cœur. Cependant, il laisse cette phrase qui en dit long : « Les bons antisémites, le jour où ils m'enlèveront mes droits de citoyen et d'homme ne me demanderont pas si je pratique ou non les rites du Judaïsme. »

Quel parcours, en si peu d'années ! Dès lors, sa pensée et son action vont se radicaliser. À ceux qui reprochent aux Juifs, entre autres choses, de former un État dans l'État, il répond bien avant nos régionalistes d'aujourd'hui : « Je trouve qu'il n'y a pas assez d'États dans l'État ; c'est-à-dire pour préciser mieux, qu'il n'y a pas assez dans les États modernes, de groupements autonomes et libres, liés entre eux. L'idéal humain ne me paraît pas l'unification politique ou littéraire. Une seule unification me semble nécessaire c'est l'unification morale. » Pour se faire mieux entendre encore, il ajoute : « Rien ne me paraît si nécessaire pour l'humanité que la variété. Tout groupe humain est nécessaire, il est utile à l'humanité, il contribue à mettre de la beauté dans le monde, il est une source de formes, de pensées, d'images. Pourquoi caporaliserait-on le genre humain, pourquoi le ferait-on se courber sous une règle unique, en vertu de quoi lui imposerait-on un canon dont il ne devra pas s'écarter ? »

L'athée qu'il croyait être à vingt ans s'est maintenant mué en sioniste, mais son goût absolu d'indépendance et de liberté, son aversion pour ce qu'on peut appeler une certaine forme de colonialisme le poussent à rompre avec Herzl. On est en mars 1899. Bernard Lazare a fondé une revue sioniste, *Le Flambeau,* dans laquelle paraît sa lettre de démission. Elle se termine par ces mots : « Si je me sépare de vous, je ne me sépare pas de mon peuple de prolétaires et de gueux, et c'est à sa libération que je continuerai à travailler quoique par des voies qui ne sont pas les vôtres. » Il est celui pour qui « tout l'appareil des puissants, la raison d'État, les puissances temporelles, les puissances politiques, les autorités de tous ordres, ne pèsent pas une once devant une révolte de conscience[2] ». Il a trente-quatre ans, il ne sait pas qu'il n'a plus que quatre années à vivre, et qu'il va souffrir effroyablement du mal qui l'a frappé.

Mais partout, à l'intérieur et à l'extérieur du monde juif, il fait entendre sa protestation. Il voyage, bien décidé à connaître en profondeur ces Juifs de l'Est et d'Orient que, dans sa jeunesse protégée et naïve, il méprisait si fort. Prague, Worms, Cracovie, Constantinople... Il part pour la Roumanie, où la population des Juifs miséreux le reçoit comme un prophète. C'est vrai, la foule lui demande de bénir des enfants, les rouleaux de la Loi qu'il a touchés dans un magasin lui sont immédiatement offerts par le commerçant, car, dit ce dernier : « Nul après vous n'est plus digne d'y porter la main. » Et quand il rentre à Paris, il trouve un courrier pathétique et superbe : les Juifs de l'Est, éternels humiliés, attendent tout de son amour et de son action. Lui, au moins, a le courage de s'attaquer de front aux puissants. Témoin cette lettre qu'il adresse à Théodore Delcassé, ministre des Affaires étrangères, en juin 1902 à son retour de Roumanie : « ... Dès mon arrivée à Bucarest, écrit-il, les associations antisémites d'étudiants ont commencé à s'agiter, à protester, à engager leurs amis, à s'opposer à la continuation de mon enquête. Si seuls des jeunes gens dont les compatriotes sont reçus en France dans nos universités et nos écoles, avaient, fidèles aux doctrines barbares qu'ils représentent, manqué au devoir d'hospitalité, je ne m'adresserais pas à vous, Monsieur le Ministre. (...) Mais ce ne sont pas uniquement des agitateurs irresponsables dont les bandes sont venues manifester sous les fenêtres de mon hôtel en poussant des cris de mort contre les Juifs et contre moi. Les appels imprimés dont j'ai l'honneur, ci-

[2] Péguy.

joint, de vous communiquer un exemplaire, et qui incitaient aux manifestations (...) ont été distribués dans les rues de Bucarest par des agents de police en uniforme. La réunion du mardi 7 mai à la suite de laquelle a eu lieu le tumulte a été présidée par un fonctionnaire du ministère de l'Instruction publique et des Cultes — quelle ironie ! Ma personnalité n'est pas en jeu, Monsieur le Ministre, mais il est nécessaire de vous signaler la gravité de ces faits. (...) La législation xénophobe de la Roumanie, législation que vous connaissez, Monsieur le Ministre, et dont les intérêts français ont déjà eu à souffrir, ne me permettait pas de penser que les étrangers fussent vus d'un bon œil sur la terre roumaine. L'expérience vient de m'apprendre qu'un citoyen français ne peut pas y être en sûreté. Je crois, Monsieur le Ministre, en vous informant de ces incidents et en vous demandant d'en tirer les conséquences (...) rendre service à mes compatriotes. Alors qu'un Roumain jouit de toute liberté en France, un Français, me semble-t-il, doit à son tour jouir de toute liberté en Roumanie[3]. » La même année, dans *Les Cahiers de la Quinzaine,* il publie « Les Juifs de Roumanie », virulent réquisitoire, formidablement documenté, contre les brimades que subissent les Juifs roumains. Un texte qui devrait constituer un modèle.

Il meurt un an plus tard, à trente-huit ans : laissant son œuvre inachevée, et, on ne sait pourquoi, une odeur de soufre autour de son nom.

En 1934, son frère, Edmond Bernard, fait republier *L'Antisémitisme, son histoire et ses causes*, conformément aux volontés de Lazare, en y adjoignant une préface d'André Fontainas.

En 1928, ce même frère avait fait publier *Le Fumier de Job,* qu'un éditeur américain éditera à son tour en 1948. C'est la plus belle déclaration d'amour qu'un homme ait jamais faite au peuple juif. On ne peut pas, on n'a pas le droit de parler de Bernard

[3] In *Le Flambeau.*

Lazare tant qu'on n'a pas lu ce livre posthume inachevé. Il est l'aboutissement de *L'Antisémitisme, son histoire et ses causes.* Il est l'exact reflet de ce juste qui s'appelait Bernard Lazare et qui avait « refait son âme ».

Faute sans doute d'avoir bien lu Lazare, les historiens l'ont figé dans un seul moment de sa pensée, comme s'il avait été le produit d'une génération spontanée, sans évolution possible. Ils ont oublié combien sa famille, son enfance, son adolescence ont pesé. Ils ont même omis ce jeune frère de Lazare, mort en 1922, militant sioniste acharné.

Et petit à petit, le silence est tombé sur lui, injustement, faisant désormais de Lazare le monopole des antisémites.

Quel invraisemblable et tragique retour des choses pour l'homme de l'affaire Dreyfus, pour celui à propos de qui Péguy écrivit, dans *Notre jeunesse* ces lignes : « Voici exactement ce que je veux dire de Bernard Lazare. Dans *Le Temps* du vendredi 27 mai 1910, je lis ce simple filet, dans les petits caractères de la dernière heure : " — *Dernière heure — L'expulsion des Juifs de Kief* — Saint-Pétersbourg, 26 mai. Les autorités de Kief ont procédé à l'expulsion de 1300 familles israélites condamnées par une récente circulaire du ministère de l'Intérieur à quitter la ville. — La misère des expulsés est très grande. (Havas)" Ce qu'il y a de plus poignant dans cette dépêche, ce n'en est point seulement la sécheresse et la brièveté. C'est à quel point de telles dépêches passent aujourd'hui inaperçues. Ce que je veux dire, c'est que, sous Bernard Lazare, elles ne passaient point inaperçues. »

Marc AGI
Ancien membre de la Commission nationale consultative des droits de l'Homme.
Président de l'Académie internationale des droits de l'Homme.

La judéité de René Cassin

Il n'y a peut-être pas d'autre façon aujourd'hui de remplir son rôle social de Juif, si ce n'est de lutter du meilleur de ses forces pour la défense des droits de l'Homme, de tous les hommes. Mais non pour la défense de n'importe quelle conception des droits humains, non pour n'importe quelle idéologie ou système revendiquant tactiquement l'exclusivité de cette défense ; mais pour la protection de tout individu meurtri dans son esprit ou dans sa chair, quelle que soit son identité et quelle que puisse être l'idéologie dont il est la victime. Cette lutte pour le respect de toute dignité humaine, qui devrait situer ses principes — bien que son déroulement ait lieu sur la place publique — au-dessus de tous les systèmes politiques, cette lutte que nous aimerions pour cela qualifier d'« a-idéologique » représente la forme que pourrait revêtir de nos jours le devoir séculaire de moralisation du monde, dont Israël a jadis été investi. Tel est, sur le plan du Judaïsme, le meilleur enseignement qu'il nous paraisse possible de tirer aujourd'hui de l'œuvre de René Cassin[1].

[1] Grièvement blessé sur la Marne en octobre 1914, René Cassin, dès sa convalescence, met ses connaissances juridiques au service des victimes de la guerre et devient en quelques années président de l'Union fédérale des anciens combattants, puis « père »

Mais dissipons immédiatement toute ambiguïté : il n'est aucunement dans nos intentions de faire de ce grand radical-socialiste formé à l'école humaniste de la IIIe République je ne sais quelle sorte de rabbi laïque prêchant en priorité pour sa propre paroisse — fût-elle, comme on disait alors, « de confession israélite ». Cassin avait horreur des étiquettes, et son action s'est toujours située d'emblée au niveau de l'universel. Il ne concevait nullement qu'il pût être possible de « sauver » le peuple juif sans que les autres peuples fussent également sauvés. La volonté qui fondamentalement l'anime, et comme il a d'ailleurs lui-même coutume de le dire[2], est « de ne pas séparer l'émancipation et la défense des Juifs de celles de l'ensemble de tous les êtres humains ».

Le 15 juin 1964, lors de son discours de clôture à la réunion annuelle de l'Alliance israélite universelle, il tient à souligner[3] que « ce qui se fait pour les Juifs, particulièrement en raison de la tragédie passée, se fait en réalité en faveur de toute l'humanité (...). Voilà, ajoute-t-il, comment les Juifs entrent, de nos jours, dans l'universel (...). C'est sur le plan mondial que l'action doit être menée (...). J'estime que notre devoir est d'être les soldats de cette milice de l'humanité, consciente du sentiment de l'égalité et de la dignité de tous les hommes ». Car, pour Cassin, ce que

des pupilles de la nation. Délégué de la France à la SDN auprès de Briand, il rejoint dès juin 1940 à Londres le « général rebelle ». Artisan des Accords Churchill-de Gaulle, Secrétaire permanent du Conseil de défense de l'Empire, Commissaire à la Justice et à l'Instruction publique au sein de la France libre, président de l'Alliance israélite universelle à partir de 1942, vice-président du Conseil d'État entre 1944 et 1960, membre du Conseil constitutionnel, cet « homme des droits de l'Homme » s'est très vite affirmé comme l'une des grandes consciences de son temps. S'il prend une part active à la fondation de l'UNESCO, sa grande œuvre restera néanmoins d'avoir été le rédacteur principal de la Déclaration universelle des droits de l'Homme de 1948, texte qui, à ses dires, constitue « le premier manifeste d'ordre éthique que l'humanité organisée ait jamais adopté ». Sa vie et son œuvre, tout entières dévouées aux droits de l'Homme, lui vaudront de recevoir le Prix Nobel de la Paix en 1968. Depuis 1987, les cendres de René Cassin reposent au Panthéon. Voir Marc Agi : *René Cassin, père de la Déclaration universelle des droits de l'Homme*, Paris, Perrin, 1998.

2 Message pour le cinquantenaire de l'*American Jewish Committee*. In *Évidences*, n°64, avril-mai 1957.

3 *Cahiers de l'Alliance israélite universelle*, n° 149, août-septembre 1964.

les Juifs ont subi en tant que Juifs, c'est au nom de l'humanité tout entière qu'ils l'ont subi. La réponse juive à l'holocauste, ce n'est pas un autre holocauste : c'est la promotion des droits de l'Homme.

À l'occasion de la célébration, en juin 1970, du centenaire de la fondation de l'école agricole de Mikveh-Israël, près de Tel-Aviv, il formule une fois encore cette conviction, en précisant ce qu'à son sentiment représentent véritablement les luttes de l'AIU[4] qu'il préside alors depuis près de trente ans. L'Alliance, déclare-t-il, « entend contribuer à la civilisation humaine par la diffusion des valeurs du Judaïsme. C'est à ce titre que, issue des droits de l'Homme, elle prend part depuis un siècle à la lutte pour les droits de l'Homme juif, mais aussi pour les droits de tous les autres hommes, et ce n'est pas un hasard si son président actuel est aussi un de ceux qui, depuis la Deuxième Guerre mondiale, consacrent le plus d'efforts à la lutte générale dans le monde pour les droits de l'Homme (...). Je proclame, poursuit-il, que la plus haute vengeance possible d'un Judaïsme décimé, consiste à combattre contre les persécutions infligées à n'importe quels êtres humains. Nous sommes solidaires des hommes de toutes les races, dès qu'ils sont opprimés en quelque lieu que ce soit (...). Puisse l'Alliance mener une action universelle conforme à la tradition juive, en faveur de tous les êtres humains avides de justice et de paix.[5] »

Ces trois longues citations, que nous avons tirées de textes échelonnés sur plus de vingt années, montrent bien que cette sollicitude juive pour l'ensemble de l'humanité constitue une véritable constante dans la pensée de Cassin. C'est que le Judaïsme, par rapport aux autres religions, comporte une certaine spécificité, dans la mesure où, historiquement, il marque, et c'est là l'inadmissible scandale aux yeux de ses contempteurs, l'éveil même de la conscience morale de l'Homme, le moment

[4] Alliance israélite universelle.
[5] *Cahiers de l'AIU*, n° 176, juin 1971.

historique de son ouverture à l'universalité. C'est en cela qu'il représente l'une des sources principales de l'humanisme occidental : grâce à lui, l'homme se voit pour la première fois attribuer la responsabilité de son propre destin. Voici d'ailleurs quels seraient, d'après Cassin lui-même[6] — et dans ces quelques lignes on ne peut s'empêcher d'entrevoir une sorte de portrait qu'il se laisse aller à tracer de sa propre judéité —, les apports les plus originaux et les plus significatifs de la tradition juive à la civilisation universelle : « le respect de l'école, le prestige de la pensée et du jugement droit, la compréhension à l'égard d'autrui, le sens de la responsabilité personnelle, enfin cet amour ardent de la justice, source féconde de la reconnaissance des droits, de la liberté et de la dignité de la personne humaine ».

Il faudrait réserver un sort particulier à chacun des éléments de cette énumération, et par exemple rapprocher la place privilégiée que, depuis ses origines, la culture juive donne à l'éducation et l'importance que le professeur Cassin accorde de façon permanente à sa vocation d'enseignant : c'est pourquoi il cite en premier lieu ce « respect de l'école » que nous soulignons. Pour ce qui est du « jugement droit », qui constitue, au niveau de l'éthique, la formulation juive de ce que par ailleurs on dénomme « honnêteté intellectuelle », il suffirait de rappeler que sa préoccupation constante, tant au plan juridique que politique, aura été de se demander — et cette interrogation représente déjà l'essentiel de sa thèse principale de 1914 — de quelle manière il serait possible d'étendre à l'ensemble des relations humaines l'exercice de cette « bonne foi » grâce à laquelle il est de temps en temps permis aux hommes de s'entre respecter.

Poursuivons brièvement l'analyse de cette énumération. « La compréhension à l'égard d'autrui » et surtout de ses souffrances. Mais c'est la qualité majeure dont il a su faire preuve en prenant

---

[6] Préface au livre d'André Chouraqui : *L'Alliance israélite universelle et la renaissance juive contemporaine*, Paris, PUF, 1965, p. XIV.

ardemment la défense, dès la fin de la Première Guerre mondiale, et à la tête de l'Union fédérale des anciens combattants, non seulement des invalides, mais aussi de la veuve et de l'orphelin, ainsi que le recommande avec force la tradition hébraïque.

« La responsabilité personnelle ? » Eh bien, c'est René Cassin s'élançant au secours de la mère patrie qui gît sous la botte nazie et rejoignant de Gaulle en Angleterre ; et enfin « cet amour ardent de la justice », c'est le sentiment même dont est empreinte la vie entière de ce juriste, pour lequel la justice représente bien plus un effort permanent d'ajustement de la loi au devenir humain qu'un assénement aveugle perpétré au nom d'un quelconque appareil judiciaire, fût-il de structure en apparence parfaitement démocratique.

Mais cette universalité des valeurs juives, René Cassin ne l'a pas découverte en s'abreuvant directement aux sources de la tradition : au temps de la IIIe République, on faisait sa « communion » (*bar-mitzva*) comme en passant, à la va-vite, le plus souvent par simple respect formel des habitudes familiales ; et quand on contractait mariage, ce n'était pas forcément avec une personne de la même religion. Cassin ne découvre vraiment le Judaïsme que, somme toute, assez tard — à partir de 1942, au moment exact où le chef de la France libre l'invite, selon ses propres termes, à « assumer la charge de maintenir l'Alliance israélite universelle[7] ». Cassin avait été extrêmement frappé, lors d'une tournée que de Gaulle lui avait demandé d'effectuer au Proche-Orient en tant que commissaire à la Justice et à l'Instruction publique du Gouvernement de la France libre, de voir que les écoles de l'Alliance, tant à Beyrouth, qu'à Damas, au Caire qu'à Jérusalem — écoles avec lesquelles le gouvernement de Vichy venait de rompre toutes les attaches —, continuaient contre vents et marées d'enseigner le français et de se réclamer de la Déclaration des droits de l'Homme et du Citoyen.

[7] *Cahiers de l'Alliance israélite universelle*, n° 143, juin 1963.

Car il faut reconnaître que sa tâche d'émancipation, l'Alliance n'aurait pu la mener à bien sans l'appui de la France des droits de l'Homme et de ses dons d'universalité politique : ce sont en effet les Juifs français qui ont, les premiers en Europe, obtenu le privilège de recevoir une pleine et entière citoyenneté. Leur reconnaissance à l'égard de la Révolution — et de l'abbé Grégoire en particulier — est véritablement sans bornes, leur identification avec la devise de « liberté, égalité, fraternité », totale. Aussi leur dévouement et leur fidélité à la « patrie spirituelle de l'humanité » trouvent-ils naturellement à se concrétiser — par l'intermédiaire des écoles qu'ils implantent à partir de 1870 tout autour du bassin méditerranéen — dans la diffusion de la langue et de la culture françaises.

« L'Alliance ayant été fondée sur la base des droits de l'Homme, précise Cassin[8], et afin d'étendre les droits obtenus par les citoyens français juifs à tous les Juifs du monde, il va de soi que ma participation aux activités de l'Alliance israélite n'a pu qu'amplifier ma lutte pour les droits de l'Homme. N'est-ce pas, pour le peuple juif, la revanche la plus digne qu'il puisse prendre pour tout le mal qu'il a reçu, que de faire bénéficier le monde entier des droits de l'Homme qu'il a déjà acquis ? » interroge-t-il.

Et Cassin n'hésite pas à aller au bout de sa pensée. À l'instar de la France, et selon le mot célèbre que Clemenceau lui appliquait, le peuple d'Israël doit aussi se considérer comme un « soldat de l'idéal ». « Nous partageons en France cette soif de justice qui, de tout temps, a caractérisé Israël, dit-il[9]. Comment douter dès lors que la France, qui a résisté aux barbares de 1940 et combattu contre les oppresseurs et les persécuteurs, puisse, en dépit de divergences politiques temporaires et regrettables[10], cesser de

8 *La Pensée et l'Action*, p. 286, Paris, Lalou, 1972.
9 *Cahiers de l'Alliance israélite universelle*, n° 176, juin 1971.
10 Allusion à la « politique arabe » de la France, nettement réaffirmée au détriment d'Israël à partir de la guerre des Six-Jours en juin 1967.

vibrer avec ceux qui ont subi des souffrances terribles et qui sont animés d'une passion millénaire pour la justice et la paix ? »

Cassin incarne à la perfection les idéaux de la Révolution de 1789 et ceux des prophètes, de la Déclaration des droits de l'Homme et des Dix Commandements. Il est le point de jonction, de cristallisation de l'universalité juive et de l'universalité laïque et républicaine. Tous les hommes sont pour lui égaux en dignité, non seulement, comme le dit le Judaïsme, parce qu'ils ont tous été créés à l'image de Dieu, mais aussi parce qu'ils méritent également de jouir de tous les droits civils, culturels, politiques et économiques que la civilisation est en mesure de leur donner.

Il nous est dès lors aisé d'imaginer le déchirement, l'écartèlement même, que Cassin éprouve lorsque éclatent ces « divergences politiques regrettables » entre la France et Israël, quand son pays, « patrie des droits de l'Homme », aligne soudain en 1967, au moment de la guerre des Six-Jours, ses positions sur celles du camp soviéto-arabe. Le 26 mai, Nasser rend un vibrant hommage à l'« impartialité » du général de Gaulle, lequel déclare, le 2 juin, alors que le blocus de Tiran étouffe déjà Israël : « L'État qui le premier emploierait les armes n'aura ni l'approbation de la France ni, à plus forte raison, son appui. » Pour Cassin, cette déclaration n'est pas admissible. Rompant alors le silence, il donne le lendemain un article au journal *Le Monde* intitulé « Qu'est-ce que l'agression ? » dans lequel il montre que, pour Nasser, c'est l'existence même d'Israël qui constitue une agression ; le président égyptien s'efforce grossièrement de faire accréditer l'idée que l'« agresseur » est celui qui ose, au besoin par la force, défendre son droit à l'existence. L'émotion est portée à son comble lorsque, fin novembre, le général de Gaulle croit devoir justifier son action en qualifiant les Juifs de « peuple d'élite, sûr de lui et dominateur ».

Au nom du droit international et de l'équité, Cassin n'hésite aucunement à prendre publiquement le contre-pied de la position officielle d'une France qui « pour une fois, déclare-t-il avec une amertume non dissimulée, s'identifie à l'injustice ». Bien qu'il sût pertinemment que de Gaulle ne saurait lui pardonner ses prises de position, il dénonce la partialité du gouvernement français qui, dit-il[11], « divise ce qui, dans la résolution du 22 novembre 1967 du Conseil de sécurité, est indivisible, à savoir l'évacuation des territoires occupés avec l'établissement de frontières "sûres et reconnues", les garanties de liberté de navigation et la solution du problème des réfugiés. En effet, ajoute Cassin, à la suite, le 6 janvier, de la déclaration française d'embargo total sur toutes les armes à destination d'Israël, le sous-secrétaire à l'Information a d'abord parlé, à propos de la résolution du 22 novembre, de l'évacuation des territoires. Puis, il a employé, pour les autres parties de la résolution, le mot "ensuite". Or, ce mot, ajouté au nom de la France, puisqu'il ne figure pas dans la résolution, signifie que, pour notre diplomatie, comme pour celle de l'URSS, l'embargo doit être un moyen de pression afin d'arracher une évacuation préalable par Israël des territoires occupés — les négociations sur les frontières, la liberté de navigation et les réfugiés venant seulement après qu'Israël aura abandonné ses gages (...). Ce n'est pas, conclut Cassin, en se mettant à la remorque de qui viole le droit international et la justice au Moyen-Orient ou ailleurs (...), que la France pourra se faire accepter comme un conciliateur et un protagoniste impartial de la paix ».

Au nom de la vérité, Cassin ne craint pas de s'exposer à la rupture avec de Gaulle, auquel il a pourtant voué jusque-là une très vive et très sincère admiration — tant il est vrai qu'à ses yeux d'homme juste la lutte pour la justice passe avant la fidélité absolue à un chef de gouvernement, aussi glorieux et prestigieux soit-il. Ce que ne peut accepter le président de l'Alliance, c'est cette image mercantile et partisane que de Gaulle donne de la France, dénaturant ainsi ce que lui-même croyait être sa mission

[11] *Ici-Paris*, du 4 au 10 février 1969.

universelle de droiture, de loyauté et surtout d'incorruptibilité. Ce qu'au fond Cassin reproche, et pour cause, à de Gaulle, c'est sa méconnaissance du Judaïsme, c'est de croire qu'il n'existe pas de prestige sans solitude, ni de grandeur sans injustice, ni de droiture sans raideur ; son ralliement au Général en juin 40 ne s'explique en réalité que par le désir semblable au sien de combattre l'hydre nazie. Mais là s'arrête la similitude. Car pour Cassin, les luttes de la France libre représentent le combat même des droits de l'Homme contre la barbarie totalitaire, alors que pour de Gaulle elles manifestent, prioritairement semble-t-il, la résistance à un envahisseur.

C'est donc, nous semble-t-il, pour la France elle-même et le rôle de puissance morale qu'elle est selon lui appelée à continuer de jouer dans le monde, que René Cassin est inquiet, et non pour l'avenir, à ses yeux assuré, d'Israël. Cela du moins ressort avec clarté du discours qu'il prononce à Jérusalem le 5 mai 1968, à l'Université hébraïque, dont il est alors fait docteur *honoris causa* : « Lorsque tous ses fils sont prêts, s'exclame-t-il, à s'accrocher jusqu'à la mort à la terre, à la terre antique et sainte où leur religion a son berceau, lorsqu'ils sont animés d'un grand idéal et prêts à rajeunir la vieille terre et à unir dans une même cité et le même respect de toutes les religions et convictions, la Jérusalem ancienne et moderne, eh bien ! un peuple comme celui-là est invincible. Toutes les combinaisons politiques, toutes les divergences et méfiances des puissances, tous les intérêts à courte vue, toutes les violations du droit international pourront retarder l'heure de la vérité et de la paix, mais ne les arrêteront pas. À moins que la folie des hommes ne déchaîne le feu du ciel ! »

Cassin incarne et assume à ce point l'héritage spirituel de la France qu'il est quasiment impossible d'imaginer qu'il eût pu posséder une autre culture. On sait par exemple toutes les difficultés que lui cause à Londres son incapacité presque totale à s'exprimer dans la langue de Shakespeare. Cela non seulement explique que sa judéité n'ait pu prendre la forme d'une seconde culture, mais rend surtout patent le fait qu'il n'a été capable de faire siennes les valeurs universelles du Judaïsme que parce qu'elles venaient se déposer sur un terrain déjà, depuis deux mille ans, fécondé par elles.

On comprend mieux la profondeur, quasi viscérale, de la synthèse « judéité-francité » qui caractérise la personnalité de Cassin, quand on se rappelle cette anecdote qu'il prend d'ailleurs soin lui-même de rapporter dans ses mémoires[12] : la scène — romantique à souhait — se déroule le 19 juin 1940, veille de son embarquement à Saint-Jean-de-Luz pour l'Angleterre. Au milieu de la nuit, un gros orage le surprend alors qu'il est en train de traverser la forêt des Landes en voiture. Vers trois heures et demie du matin, il parvient au croisement — tout proche de Bayonne — des routes de Bordeaux et de Toulouse. Dans la bourrasque et les éclairs, il arrête son moteur face au cimetière juif de Saint-Étienne où reposent, depuis quinze générations, ses aïeux maternels, parmi lesquels son arrière-grand-père, Samuel Dreyfus, soldat de Napoléon. « Descendrai-je de l'auto ? écrit-il encore tout ému près de trente-cinq ans plus tard[13]. Prendrai-je un peu de terre pour m'accompagner dans l'exil ? Crierai-je à nos morts : "Je reviendrai !" De toute ma volonté, je leur fais oralement ce serment et je reprends ma route. »

S'il est vrai que Cassin n'a véritablement commencé à entrer en contact avec le Judaïsme qu'une fois devenu président de l'Alliance en 1942, il ne s'en est pourtant pas moins montré toujours jalousement fidèle à son ascendance. « À peine arrivé au pouvoir, écrit-il en octobre 1938[14], Hitler a déployé en grand sa méthode de terrorisme contre les Juifs. J'eusse été le dernier des derniers si, dans cette période de malheur qui se prolonge cruellement, j'avais feint d'oublier une origine qui, depuis des

12 *Les Hommes partis de rien*, p. 63, Paris, Plon, 1975.
13 *Ibid.* p. 64.
14 « Avertissements salutaires », *Cahiers de l'UFAC*, octobre 1938.

siècles, a associé ma famille au destin de la France. » Dès sa première conversation avec de Gaulle le 29 juin 1940, il prend à cœur de lui faire part de ses origines juives : « Quand on veut servir une cause, expliquera-t-il plus tard[15], le premier soin doit être de veiller à ne pas lui nuire. Or, il est un fait que certains oublient ou feignent d'oublier : l'opinion publique, savamment mise en condition par la Cinquième Colonne hitlérienne, fit, du défunt Front populaire et des Juifs, les boucs émissaires de tous les malheurs du pays, et cela avec une violence et une injustice sans égales. »

En avril 1941 — au moment où, contre les Juifs, sont prises en France, après le recensement de septembre 1940, différentes mesures de vexation ou d'intimidation, comme l'obligation de cesser d'exercer pratiquement toute espèce d'activité économique ; au moment où se prépare le Second Statut des Juifs du 2 juin 1941[16] portant en particulier sur l'« aryanisation » de leurs biens et l'amplification des processus de dénationalisation —René Cassin prononce à la BBC une allocution destinée aux « Israélites de France ». Il leur rappelle tout d'abord que c'est cette dernière qui, depuis leur dispersion par Titus en 70 après Jésus Christ, les a la première émancipés. Mais à présent, « en France soi-disant libre, s'écrie-t-il, l'œuvre de l'abbé Grégoire, la Déclaration des droits de l'Homme sont foulées aux pieds[17] ».

Il faut donc que les Juifs français et « même de tous les pays du monde », souligne-t-il, consentent, en signe de reconnaissance éternelle, à un dévouement aveugle pour sa libération : « Aucun sacrifice, aucun, s'exclame-t-il, ne sera trop grand pour payer cette dette de l'émancipation, en aidant la France à recouvrer sa liberté et sa grandeur. » La mission de René Cassin ne consiste pas à sauver les Juifs de France, mais à sauver la France pour qu'elle-même sauve les Juifs. Et pourtant, même

[15] *Les Hommes partis de rien*, *op. cit.* p. 136.
[16] Voir en annexe le texte de ce décret.
[17] *Ibid.* pp. 480-481.

s'il se sent tenu de parler à ses coreligionnaires d'abord en tant que Français libre, il parvient, avec beaucoup de tendresse, à leur faire entendre qu'il est bien l'un des leurs : « Cette voix, dit-il, n'émane ni d'un rabbin, ni d'un des aumôniers de l'armée de De Gaulle, ni même d'un fidèle attaché à vos rites. Cependant certaines solidarités, qui somnolent aux temps de prospérité, se réveillent spontanément dans l'épreuve. »

Aux Juifs de France, il laisse entendre qu'à Londres on n'ignore pas ce qu'ils endurent. Il condamne l'abolition par Vichy du décret Crémieux grâce auquel en 1870 les Juifs d'Algérie étaient devenus citoyens français (notons au passage que c'est en particulier grâce à René Cassin, devenu deux ans plus tard président du Comité juridique d'Alger, que ce décret sera remis en vigueur en octobre 1943, permettant ainsi à cent quarante mille Juifs d'Algérie de retrouver leur nationalité française). Il dresse enfin un parallèle saisissant entre Hitler et les pharaons qui, « eux aussi, réduisirent autrui en servitude ».

« Et vos ancêtres, conclut-il dans un élan de brûlante espérance, ont vu leurs poursuivants s'engloutir avec leurs chars dans la mer Rouge. »

Ce qu'à notre sens Cassin apporte de plus spécifiquement juif à la défense des droits de l'Homme, c'est peut-être cette foi indestructible en la possibilité du progrès moral. Aux pires heures de la catastrophe, il exprime la certitude que tout désastre est provisoire, que l'individu demeure éminemment perfectible, que l'histoire humaine comporte par conséquent un sens et que ce sens est celui même de l'accomplissement de toute l'humanité qui est en l'homme. Le désespoir est inadmissible et seulement digne des dictateurs — ou bien des terroristes qui ne sont bien évidemment que des dictateurs en mal de pouvoir.

Mais ce perfectionnement n'est à son tour rendu possible, ainsi que nous l'avons suggéré tout à l'heure, que grâce à l'étude, c'est-à-dire grâce à l'acquisition intelligente d'un certain savoir. Ayant dédié toute sa vie à l'éducation — rappelons que Cassin a commencé sa carrière comme professeur de droit et qu'il l'a terminée en fondant avec le montant de son Prix Nobel de la paix un Institut international des droits de l'Homme à Strasbourg, et cela après avoir été, pendant la France libre, commissaire à l'Instruction publique, puis président de l'Alliance jusqu'à la fin de ses jours et aussi, en 1945, cofondateur de l'UNESCO —, Cassin sait bien qu'émanciper l'Homme ne consiste pas à l'affranchir de la loi mais bien plutôt de son ignorance de la loi.

Quelques dizaines d'années plus tard, l'Alliance israélite universelle ne pouvait guère trouver de geste plus heureux, plus significatif, que celui de donner le nom de René Cassin au nouveau lycée franco-israélien de Jérusalem. Le 8 septembre 1974, l'inauguration de l'établissement a lieu, en sa présence. Il prononce alors quelques paroles émues, par lesquelles il demande au peuple d'Israël de s'armer de patience, parce que l'état de siège finira. Un jour viendra où Israël ne sera plus comme une île perdue au milieu d'un océan d'hommes hostiles, où il sera enfin fraternellement accueilli. Et pour préparer cet accueil, il faut que le pays sache garder son esprit d'universalité, son humanisme, et surtout son désir de respect de toute personne humaine.

René Cassin se rappelle alors avec émotion que quarante-quatre ans plus tôt, en 1930, visitant Jérusalem pour la première fois, il avait admiré la construction de l'Université hébraïque sur le mont Scopus, et qu'alors il avait pensé que l'avenir appartenait à ceux qui plantaient des arbres, fondaient des écoles et bâtissaient des universités. La mission d'Israël est de montrer le chemin de la connaissance. Le jour où la paix sera instituée, tous les peuples de la région y trouveront les sources et les méthodes du savoir qui leur ont jusqu'ici fait défaut : la haine la plus enracinée ne résistera plus dès lors à la découverte soudaine de la présence fraternelle.

L'objectif fondamental de l'éducation consiste aux yeux de Cassin à susciter le respect universel de la dignité humaine — ce qu'il appelle « la haine de la haine » —, la reconnaissance réciproque, dans le double sens du mot reconnaissance qui est identification et gratitude, et gratitude parce qu'identification. Et c'est précisément dans la mesure où il donne la priorité à l'étude que le Judaïsme se trouve à la racine de ce que nous appelons aujourd'hui « démocratie » ou « droits de l'Homme » et qui jadis s'appelait « justice sociale » ou « amour du prochain ». Dictature et totalitarisme ne deviennent en effet possibles que s'ils s'appuient sur des masses intentionnellement laissées dans un total abandon culturel, ou bien, ce qui revient au même, soigneusement conditionnées et même fanatisées — c'est-à-dire en réalité sur des individus effectivement privés de toute responsabilité. Et c'est parce que de tout temps il s'est acharné à montrer que le salut se trouvait dans les livres, dans la prise de conscience par chaque homme de sa propre identité culturelle, qu'aux yeux de tous les totalitarismes l'homme à abattre demeure en priorité le Juif. Torquemada, Hitler, Staline ne s'y sont point trompés : leur triomphe ne pouvait s'instaurer que sur l'élimination totale de ce témoin gênant qui partout et toujours s'entête à revendiquer son droit à la différence.

Mais son ardent amour pour Israël ne fait pourtant pas perdre de vue à René Cassin que le problème palestinien existe et demande à être résolu. Dès le 9 juin 1947, dans le fameux *Mémorandum de l'Alliance aux Nations unies*, il écrit : « La longue expérience que possède l'Alliance des rapports entre Juifs et Musulmans lui donne l'espoir qu'une juste solution pour l'ensemble de la Palestine pourra être trouvée si une excitation du dehors n'y vient troubler les rapports entre les différents éléments de la population[18]. » Vingt ans plus tard, ses craintes

[18] In *L'Alliance israélite universelle et la renaissance juive contemporaine, op. cit.* pp. 496-497.

s'étant hélas réalisées, René Cassin tient le même langage : « Personnellement, dit-il[19], je n'ai jamais prononcé un mot qui pût porter atteinte à la dignité et au respect que méritent ces peuples. Malheureusement, ils souffrent, on les excite et au lieu de leur donner à manger et de les occuper à des travaux économiques utiles, des sommes énormes sont gaspillées en armements. Il y a des souverains, il y a des chefs d'État et de gouvernement qui, au fond d'eux-mêmes, savent très bien qu'on les a menés dans une voie sans issue, qui n'ont eu nul enthousiasme pour la guerre qui vient de se déchaîner. Je tiens ici à proclamer notre solidarité avec tous ceux qui souffrent, y compris les Musulmans qui sont des instruments d'hommes sanguinaires. »

Il ne faut pas croire que Cassin ait jamais hésité à mettre les institutions internationales elles-mêmes devant leurs responsabilités. « À mon avis, écrit-il[20], la pire de toutes les violations de la convention de La Haye de 1907 a été commise lorsque le Conseil de sécurité des Nations unies a admis implicitement comme "belligérants", les Palestiniens dépourvus d'uniformes (c'est-à-dire assimilés à des résistants), mais n'a pas exigé d'eux "l'observation des lois de la guerre" condition écrite dans la convention, dont l'observation eût empêché des atrocités nombreuses. Je ne puis m'empêcher d'évoquer par contraste, poursuit-il, le soin avec lequel le général de Gaulle et moi avons, dès les débuts de la France libre, veillé à ce que nos volontaires remplissent les conditions exigées par le droit international, pour ne pas être traités en francs-tireurs au cas où, survolant la Ruhr sur des avions pilotés par leurs camarades anglais, ils auraient été capturés par des Allemands. »

Sur le problème palestinien aussi le gouvernement français a des choses à se reprocher. « C'est la France, fulmine Cassin en

[19] *Cahiers de l'Alliance israélite universelle*, n° 164, juin 1967.
[20] *Ici-Paris*, du 8 au 14 janvier 1973.

mai 1969[21], qui pour la première fois, a fait passer dans une résolution du Conseil de sécurité, afin de les soustraire aux obligations de cessez-le-feu, cette assimilation des terroristes palestiniens qui tuent femmes et enfants dans les autobus et les marchés, à des "résistants" de la guerre 1940-1945 (...). Le problème des réfugiés palestiniens me tient à cœur pour eux-mêmes et non pour la politique insensée dont ils sont les victimes. » Au nom de la justice, et même au nom de la France elle-même, Cassin fustige ceux qui la gouvernent : « La France a cherché contre toute bonne foi, mais infructueusement, écrit-il encore[22], à faire déclarer Israël agresseur par l'Assemblée générale des Nations unies, afin, par ce biais, de lui imposer une évacuation sans conditions des pays occupés sans contrepartie de reconnaissance de son existence (...). Les coups bas ne peuvent être dissimulés ni tolérés. Pour ma part, affirme-t-il, je suis prêt à les dénoncer d'où qu'ils puissent venir. »

« L'injustice fait boomerang, conclut-il, et les atteintes au droit international, par lesquelles elle se manifeste, effrayent en moi le vétéran des Assemblées de la SDN qui, avec Paul Boncour, veillait jalousement à éviter les résolutions pouvant faire précédent. » Comme les vieux talmudistes, Cassin est un juriste minutieusement honnête, qui s'efforce avec persévérance à faire pénétrer le bon droit dans les relations humaines, à « faire descendre les valeurs du monde des idées », selon le mot de Chouraqui. Il est un « accoucheur », un metteur en œuvre, qui ne saurait se contenter de rideaux de fumée ni de mots. Sa conviction profonde est qu'en dernière analyse les grandes nations ne font qu'abuser des petites et que les causes qu'elles prétendent défendre ne sont entre leurs mains que des cartes qu'elles jettent ou conservent selon l'intérêt du moment. Les idéologies se livrent en réalité une guerre sans merci par

[21] *Ici-Paris*, du 13 au 19 mai 1969.
[22] *Ici-Paris*, du 1er au 7 septembre 1970.

libérations nationales interposées, faisant croire à l'envi que, pour que les droits individuels puissent être respectés, il faut et il suffit que ceux des peuples à disposer d'eux-mêmes le soient en premier lieu — cette pirouette permettant évidemment de justifier au nom des droits de l'Homme la « libération » de la Tchécoslovaquie par les Soviétiques et l'anéantissement du Printemps de Prague.

Lorsque Cassin consent à donner — provisoirement — la primauté aux droits individuels sur les droits collectifs, c'est que l'ordre humain auquel il aspire n'est pas celui, rationnel et figé, que proposent les idéologies totalitaires. « Pour construire la paix, dit-il[23], il faut que la raison l'emporte sur les éléments passionnels. Mais il ne faut pas séparer raison et sensibilité profonde, car c'est celle-ci qui porte celle-là et fait avancer les idées. La raison déshumanisée, abstraite et froide, serait stérile, en ce domaine surtout, si les éléments émotionnels n'étaient orientés vers la compréhension d'autrui et le respect de la dignité de l'Homme. » Ce qu'il voudrait faire advenir, c'est un ordre dynamique et progressif capable d'intégrer la mise en œuvre en quelque sorte évolutive des droits de l'Homme. Mais n'est-ce pas là, à proprement parler, et traduit en termes actuels, ce devoir séculaire de moralisation du monde, que nous avons justement évoqué en commençant ?

La lutte pour la défense et le respect des droits de l'Homme pourrait ainsi, à travers l'exemple d'un Cassin, être comprise non seulement comme un retour aux sources du monde occidental, mais aussi comme une redécouverte du message du frère juif relégué depuis deux mille ans aux marges de l'Histoire. De la même manière, les résultats spectaculaires, quoique encore insuffisants, obtenus à Vatican II et salués avec enthousiasme par ce grand ami de Jean XXIII qu'avait été René Cassin,

[23] *Bulletin du CRM*, n° 24, décembre 1968.

constituent à nos yeux le début même du pur et simple retour de l'Église à ses anciennes racines juives.

Aussi n'y a-t-il rien de bien étonnant à ce que, à plusieurs reprises au cours de sa vie, mais surtout vers la fin, René Cassin se soit rendu compte, en examinant de plus près les textes, que leur contenu demeurait éminemment comparable —comme si les ordres divins ne recouvraient en réalité ni plus ni moins que les droits de l'Homme. Ainsi que nous l'avons déjà souligné ailleurs[24], au verset 13 du chapitre XX de l'Exode (« Tu ne tueras pas ») correspond bien évidemment le « Tout individu a droit à la vie » de la Déclaration universelle (article 3) ; « Tu ne commettras pas l'adultère », dit le verset 14 : l'homme et la femme « ont des droits égaux au regard du mariage », répond l'article 16, § 1 ; « Tu ne voleras pas », commande la Torah (verset 15) : « Toute personne a droit à la propriété », affirme la Déclaration (article 17, § 1), etc.

La Déclaration universelle des droits de l'Homme de 1948, dont René Cassin est le rédacteur principal, pourrait donc apparaître comme une sorte de traduction en langage actuel de la Loi mosaïque ; et la récompense de la « vie éternelle » promise par les prophètes ne représenterait, dans cette perspective, rien d'autre que cette paix évolutive universelle qui surgirait d'une application effective et sincère des principes contenus dans la Déclaration, et que René Cassin appelle à tout instant de ses vœux. Peut-être existe-t-il une sorte de messianisme laïque d'origine juive, dans lequel, sans toujours s'en rendre compte, l'homme puise depuis les origines de l'Occident l'essentiel de son énergie morale pour tenir tête à la violence. La judéité de René Cassin, c'est d'avoir compris que le plus important était de répondre à l'injustice et au nazisme par la liberté. « Combattre pour tous les droits de l'Homme, écrit-il[25] quelques semaines après avoir reçu le Prix Nobel de la paix, et pour les droits de

24 Voir le texte intitulé « Judaïsme et universalité des droits de l'Homme ».
25 Le 24 février 1969, dans un message à la « Fraternité du Temple Emmanu-El » de Montréal.

tous les hommes, sans discrimination, telle est la vengeance pacifique que les Juifs du monde se sont juré de tirer des persécutions passées pour participer à la construction d'un monde plus juste et plus fraternel. »

Séparations et dissidences

Claude TAPIA
Professeur émérite à l'université François-Rabelais de Tours.

La lutte des Juifs d'Afrique du Nord pour leur dignité

Qu'appelle-t-on luttes pour les droits de l'Homme ou pour les libertés ? Ce champ englobe, à mon avis, aussi bien tout ce qui entre formellement et explicitement sous cette rubrique que des mouvements, des actions, des démarches, des conduites qui visent spontanément à combattre les atteintes à la dignité d'individus ou de groupes ou, tout au moins, à les contenir. Il n'est pas inutile de rappeler que trouvent leur place, parmi ces atteintes à la dignité, non seulement les agressions physiques, les contraintes humiliantes, mais encore les pressions insidieuses pour amener par exemple les minorités à la conformité (religieuse, culturelle…), pour réduire leur hétérogénéité par rapport à leur environnement, ou, au contraire, les manœuvres tendant à les marginaliser, c'est-à-dire à les enfermer physiquement, culturellement, intellectuellement.

Il n'est pas question de tenter ici une reconstitution historique de ce que furent les luttes juives pour les libertés en Afrique du Nord. Un historien y réussirait beaucoup mieux. Il s'agit bien plus modestement de retenir quelques faits patents de l'histoire des Juifs d'Afrique du Nord sélectionnés parmi les plus symptomatiques de cette tendance que nous voulons révéler de l'insurrection contre l'asservissement. Ce qui signifie que l'on montrera moins par exemple les enchaînements logiques que les ruptures, les différences d'aspiration entre les groupes ou les classes au sein des communautés, que l'on mettra moins l'accent sur la succession des actions individuelles ou collectives que sur la dialectique qui tout à la fois les unit et les oppose, enfin que l'on cherchera moins à idéaliser ou à valoriser les manifestations ayant une signification forte du point de vue qui nous intéresse ici, qu'à les situer les unes par rapport aux autres afin de démontrer l'irréfutabilité d'une tendance générale, affectant l'ensemble de la judaïcité maghrébine. Bref, disons pour nous résumer que notre démarche sera plus sociologique qu'historique.

Le plus urgent me paraît de réfuter ou de nuancer tout d'abord quelques idées schématiques et simplistes, s'imposant souvent dans les débats comme des évidences et figurant même parfois dans des articles ou des études publiés sur le même thème.

La première de ces idées, et la plus répandue, est celle selon laquelle l'émancipation des Juifs français ayant commencé avec la Révolution française, celle des Juifs d'Afrique du Nord ne pouvait commencer logiquement qu'avec la conquête française de cette même Afrique du Nord. C'est ainsi poser le postulat d'une concomitance absolue entre le changement de souveraineté en Afrique du Nord et la transformation radicale et immédiate de la situation juridique et existentielle des Juifs de cette région du monde. Postulat dont découlent les corollaires suivants :

– les minorités juives nord-africaines ne s'étaient jamais, avant la fin du XIXe siècle, battues pour l'affirmation de leur dignité ou de leurs droits ;

– les droits dont elles ont pu jouir, à la fin du XIXe siècle, ont été octroyés par le colonisateur (sans combats ni revendications) ;

– le degré d'émancipation des Juifs maghrébins était lié au degré de francisation à travers l'espace soumis à l'autorité de la France ;

– le salut, pour les Juifs, ne pouvait venir que de l'assimilation au colonisateur qui incarne le progrès, le dynamisme, le droit ;

– les populations juives, dans chacun des pays du Maghreb, formant, en raison du statut minoritaire, un ensemble plus ou moins cohérent, plus ou moins monolithique, du moins du point de vue des droits et des devoirs civiques, par conséquent, les bienfaits qui pouvaient venir d'un changement de l'environnement (par exemple un changement d'ordre politique, économique ou juridique) devaient s'étendre automatiquement à l'ensemble du groupe minoritaire ;

– l'émancipation des Juifs, l'acquisition par eux de droits nouveaux étaient révélatrices d'un progrès général, bénéficiant à l'ensemble de la société dont ils faisaient partie. Cette opinion s'exprime parfois dans le trait lapidaire et humoristique « ce qui est bon pour les Juifs est bon pour toute la société »… C'est en partant de la critique de ces propositions, de ces opinions que nous structurerons notre propos.

Disons, avant toute chose, qu'elles n'ont rien d'absurde. Considérant grossièrement et globalement les faits et nous attachant à l'idée aujourd'hui admise que le respect des droits de l'Homme n'est possible que par la conjonction de certains facteurs comme le niveau de culture, de développement technique, de prospérité économique et de civilisation morale, il n'est pas inexact de dire que le point de départ de l'émancipation des Juifs d'Afrique du Nord, à une échelle significative, se situe lors de l'installation de l'administration française en Afrique du Nord. Il est tout à fait clair que les forces qui peuvent transformer sensiblement la situation d'une minorité n'émanent pas du groupe minoritaire lui-même ni d'un environnement stable ou rigide, mais d'un bouleversement important de l'ensemble du système dans lequel il est placé. Cela dit, il convient de nuancer et de réinterpréter, selon un modèle plus complexe, les aspects les plus caricaturaux du schéma classique. Et cela à la lumière des faits eux-mêmes, parfois occultés pour laisser place à une vision manichéenne de l'histoire des communautés juives d'Afrique du Nord.

Avant la conquête française : la Dhimma

Y a-t-il eu avant l'entrée des Français en Afrique du Nord des luttes menées par les Juifs pour les « droits naturels » ou pour leur dignité collective ?

Il faut ici rappeler en quelques mots en quoi consiste le système de la Dhimma, appliqué en Afrique du Nord comme dans tout l'Orient arabe. Celle-ci est une sorte de pacte de protection (attribué au calife Omar), laissant aux monothéistes juifs ou chrétiens le libre exercice de leur culte, à condition qu'ils satisfassent à un certain nombre d'obligations humiliantes. Elle représente donc avant tout un statut discriminatoire, dont quelques éléments, extraits au hasard de la lecture d'études sérieuses qui lui ont été consacrées, donnent une idée assez claire[1] :

– les dhimmi doivent pratiquer leur foi avec discrétion pour marquer leur déférence à l'égard des « vrais croyants » que sont les Musulmans ;

– le port de vêtements particuliers (se différenciant par la couleur notamment) leur est imposé afin de les désigner aux yeux du groupe dominant ;

– il leur est interdit de monter des chevaux, des dromadaires, d'épouser une Musulmane, de posséder des esclaves, des livres musulmans, des armes, de construire des demeures plus élevées que celles des Musulmans ;

– ils doivent se déchausser et marcher pieds nus dans les quartiers musulmans ou certains quartiers musulmans ;

[1] Voir Bat Yé'or : *Le Dhimmi*, Paris, Éditions Anthropos, 1980. Voir aussi J. Taïeb, *Conditions juives d'antan* (Nouveaux Cahiers, n° 70 - Automne 1982).

– ils sont assujettis à des impôts, des taxes, des droits de douane très élevés (auxquels échappent les membres du groupe majoritaire) ;

– ils sont corvéables à merci, notamment en cas de calamités naturelles (inondations, incendies, sécheresses, etc.) ;

– leur témoignage n'est pas admis devant les tribunaux…

– une pratique, dont on ne peut dire si elle est coutumière ou réglementaire, manifeste le mépris des Musulmans pour le dhimmi surtout s'il est juif ; celui-ci est le seul devant lequel les femmes mauresques, en général voilées en présence d'hommes, peuvent se dévoiler, le plaçant ainsi en situation d'infériorité par rapport à ses concitoyens.

Malgré toutes ces limitations, injustices, contraintes ou obligations de toutes sortes — et la sévérité avec laquelle les actes de résistance individuelle étaient réprimés —, à l'intérieur même de ce statut de la Dhimma résonne tout de même l'écho des luttes menées par les Juifs d'Afrique du Nord pour la dignité et la justice.

Quelques exemples empruntés à l'histoire des pays du Maghreb suffiront à notre démonstration.

Au Maroc[2], en 1785, un Maure ayant tué un Juif et ayant découpé son corps en morceaux dans des conditions assez atroces, les Juifs de la localité se réunissent, recherchent et découvrent l'assassin qui est arrêté. Mais, la justice tardant à punir le coupable, de très nombreux Juifs se rassemblent en foule autour du palais du souverain et réclament justice, à la stupéfaction des gardes et des dignitaires marocains. La foule est évidemment dispersée et la communauté juive tout entière mise à l'amende ; mais celle-ci avait gagné, du même coup, l'estime et la considération d'un grand nombre de citoyens de ce pays.

[2] Cf. *Le Dhimmi*, *op. cit.*, pp. 223-224.

En Tunisie et en Algérie, entre 1810 et 1830, beaucoup de Juifs enfreignent l'interdiction de monter à cheval et à dos de dromadaire et celle de libre circulation intra et extra-muros. À la même époque se multiplient des actes collectifs d'insubordination, relatifs notamment aux interdits vestimentaires. Beaucoup de Juifs prennent le parti de s'habiller à l'européenne malgré les amendes et les bastonnades qui constituent en général le prix à payer pour cette entorse au règlement.

À Tunis, en 1857, un charretier juif, pris de boisson, accusé d'avoir insulté le Coran, est condamné à mort ; il est exécuté malgré les interventions de divers consuls occidentaux (français, anglais, italien notamment) appuyés par beaucoup de notables juifs et même beaucoup de princesses ou d'épouses du bey. Il est fait beaucoup de bruit autour de cette exécution, de sorte qu'un coup d'arrêt est donné à la répression sous sa forme la plus cruelle contre les Juifs, en même temps qu'un encouragement à la quête de justice pour tous dans le royaume. D'ailleurs, vingt ans plus tard, en 1875, la foule juive, de sa propre initiative cette fois et sans l'appui des consulats occidentaux, manifeste pour obtenir la condamnation d'un Musulman accusé d'avoir assassiné un Juif sans motif.

On peut donc admettre, pour conclure ce premier point, qu'avant l'installation des Français en Afrique du Nord il y avait bien, sinon des luttes formelles pour les droits, du moins des manifestations multiples, des revendications, des actes de résistance dont certains comportaient de gros risques, émanant des populations juives et visant tel ou tel aspect de leur servitude. Ces luttes, individuelles ou collectives, s'accordant en tous points aux idéaux de l'époque, sans aboutir à des résultats tangibles, ont été payantes :

– en ce qu'elles ont favorisé la prise de conscience de l'illégitimité de la situation d'asservissement, de précarité, d'insécurité ;

– en ce qu'elles ont contribué à conférer, par le seul fait de leur existence, une certaine dignité à la collectivité juive, entraînant un certain rehaussement de l'image de soi chez chaque membre de cette collectivité et une revalorisation de l'image intériorisée de la communauté ;

– en ce qu'elles ont préparé souterrainement des luttes plus formelles, organisées, collectives, qui se sont épanouies au cours du premier quart du XXe siècle.

Une dernière remarque, avant de clore ce chapitre, permet de nuancer nos dernières observations, de poursuivre l'analyse critique des a priori dénoncés au début de cet article et de préparer à la compréhension des attitudes et comportements de la société juive d'Afrique du Nord, après la conquête française et même après l'indépendance du Maghreb. Elle consiste dans le rappel d'un fait souvent oublié que l'égalité dans la servitude et la discrimination n'était pas la règle absolue, au sein du système de la Dhimma. Les plus pauvres pâtissaient plus encore que les autres catégories sociales de toutes les contraintes. Les riches, les notables, tout en étant assujettis au statut, trouvaient les moyens d'y échapper partiellement, sans se préoccuper outre mesure de leurs coreligionnaires. Quelques exemples vont illustrer notre propos.

Au Maroc, dans la seconde moitié du XIXe siècle, bien avant l'arrivée des Français, les notables juifs acquis au pouvoir ont servi d'instrument pour dominer la masse du peuple[3]. Certains observateurs parlent de la formation, au milieu de la population du Mellah (dans la plupart des grandes villes) d'une sorte d'oligarchie, favorisée par les autorités en raison des services rendus à l'administration, composée d'une dizaine de familles enrichies par le commerce et habitant des demeures somptueuses. Cette oligarchie (dite ligue des *Gueberim* ou notables) était, bien sûr, rejetée par la masse de la population qu'elle contribuait

[3] Cf. *Le Dhimmi, op. cit.*, p. 239.

à opprimer, sans autre bénéfice que matériel, puisqu'elle ne pouvait soustraire ses membres aux lois vexatoires de la Dhimma.

En Algérie, les notables juifs, dès le début du XIXe siècle, bénéficiaient de la protection de personnalités turques intéressées à leurs affaires. Beaucoup seront des Juifs de cour, financiers, scribes, conseillers... À Alger, un grand notable, Naftali Busnach, a même réussi, vers 1800, à devenir conseiller écouté du dey Mustapha, une sorte d'éminence grise redoutable, presque Premier ministre, intervenant dans toutes les affaires du pays. Son assassinat par un janissaire, le 28 juillet 1805, donna le signal d'un sanglant pogrom.

À Tunis, les bourgeois enrichis par le commerce eurent recours aux familiers du bey pour obtenir des avantages divers. Des relations se sont nouées entre Juifs et Arabes de la bourgeoisie commerçante qui ont permis, à titre individuel et officieux, une relative émancipation par rapport au statut minoritaire.

On ne peut donc pas perdre de vue, surtout pour la suite de notre analyse, le fait que la minorité juive, dans tous les pays du Maghreb, était une société stratifiée, hiérarchisée et marquée par l'inégalité non seulement économique et sociale mais encore par rapport au droit (en l'occurrence par rapport à l'absence de droit). Dans cette société, les plus riches, souvent les plus habiles, trouvaient le moyen d'atténuer la rigueur de l'oppression. Mais peut-on considérer comme une avancée vers l'émancipation les intrigues et les efforts égoïstes de quelques dizaines de familles aisées pour se démarquer de l'ensemble de leur communauté d'appartenance ?

Tout cela permet de comprendre pourquoi il n'y aura jamais, par la suite, de position homogène, cohérente, de la collectivité juive par rapport au processus de francisation ou à l'égard de l'attitude assimilatrice du colonisateur. Sauf en de rares occasions, les stratégies d'émancipation pour la conquête de la dignité et des droits seront très différentes selon les milieux considérés.

Après la conquête française de l'Afrique du Nord : attitude des autorités coloniales

Comment caractériser l'attitude des autorités françaises en Afrique du Nord à l'égard des populations juives ? Ont-elles octroyé généreusement et spontanément les droits que celles-ci attendaient depuis longtemps ? Dans les trois pays du Maghreb, mais surtout en Algérie, ces autorités avaient, il est vrai, tendance — mais aussi de fortes réticences — à s'appuyer sur les communautés juives pour faire progresser rapidement le contrôle de la situation par la France.

En Algérie, dès 1830, les droits de tous étaient garantis par une convention spéciale entre les représentants de la France et le dey Hussein Pacha. Les Français voulurent aller plus loin encore en reconnaissant l'existence d'une nation hébraïque en Algérie. Cela ne durera pas, mais manifeste néanmoins les bonnes intentions du colonisateur. Réciproquement, les représentants de la minorité juive identifiaient les autorités coloniales avec les idées de justice, de progrès et d'émancipation de la Révolution française.

Cela dit, il faut se souvenir que, son pouvoir une fois assuré, l'administration a eu, par la suite, une attitude beaucoup plus ambiguë, c'est-à-dire à la fois assimilatrice et méfiante à l'égard d'une réponse trop enthousiaste à cette attitude, de la part de la population juive. Quelques faits significatifs peuvent être rappelés pour illustrer cette méfiance.

En Tunisie, entre les deux guerres[4], de nombreuses mesures qu'on peut considérer comme anti-assimilatrices ont été prises par les autorités du protectorat, comme :

[4] Voir Elie Cohen Hadria : *Du protectorat français à l'indépendance tunisienne. Souvenirs d'un témoin socialiste*, Nice, CMMC, 1976.

– la fermeture de la fonction publique aux Juifs ;
– l'ostracisme manifeste à l'égard des médecins juifs nouvellement français ;
– la suppression des institutions communautaires livournaises[5] en 1886, et du grand rabbinat livournais en 1894 ;
– le refus de laisser se créer un consistoire israélite pour l'ensemble du pays, à l'exemple de ce qui existait en France et en Algérie…

En dehors de ces limitations, on peut aussi citer des manifestations d'antisémitisme plus ou moins feutrées de la part de l'administration française ou des colons français. Par exemple, à la fin de la Première Guerre en 1918, quand les anciens combattants juifs, de retour du front, ont laissé éclater leur joie dans les rues de Tunis, revendiquant ainsi une part dans la victoire française sur l'Allemagne, ils trouvèrent sur leur chemin des colons, des fonctionnaires, des policiers français hostiles qui leur livrèrent combat.

Entre 1940 et 1943, des lois antijuives promulguées par le gouvernement de Vichy ont été strictement appliquées :
– le *numerus clausus* pour l'entrée en sixième des élèves juifs ;
– l'épuration du barreau de Tunis ;
– la limitation de la pratique des médecins juifs à la clientèle de même confession…

En Algérie, les réactions violentes des milieux antisémites français contre le décret Crémieux naturalisant tous les Juifs algériens, les intrigues, en France et en Algérie, pour faire avorter le décret ont été relevées par tous les historiens. Quelques faits ponctuels s'inscrivent dans cette tendance : en 1939, le maire de Sidi Bel Abbès fait rayer les Juifs des listes électorales ; en 1940,

[5] Certains Juifs chassés d'Espagne par l'Inquisition jouissaient en Italie, à Livourne (un des havres les plus importants des juifs marranes, avec Amsterdam, Venise, Bordeaux, Bayonne, Marseille… enfin Tunis, expansion de Livourne), d'un statut qui faisait de leur communauté une « Nation » privilégiée, grâce à l'intelligence particulière du grand-duc. Celle-ci constituait une petite « République marchande », dont la Constitution octroyée par le grand-duc de Toscane (1593) avait été longuement négociée.

le maréchal Pétain, qui avait oublié d'abroger le décret Crémieux, se fit rappeler à l'ordre par les autorités coloniales et les colons français qui fêtèrent un peu plus tard avec enthousiasme la réparation de cet oubli ; en 1942, après le débarquement américain, le général Giraud, qui restaura la légalité républicaine française en Algérie, ne fit rien pour rétablir le décret Crémieux, et écarta même les Juifs d'Algérie du combat pour la libération de la France. Il fallut attendre l'arrivée du général de Gaulle et la décision du Comité français de libération nationale[6] figurant dans son communiqué du 20 octobre 1943 pour que les Juifs d'Algérie recouvrent leurs droits.

On peut donc conclure de ce bref rappel historique que l'attitude assimilatrice de la France à l'égard des Juifs en Afrique du Nord n'était pas aussi claire et univoque qu'on a bien voulu le dire, et que l'acquisition par ceux-ci des droits les plus élémentaires des citoyens de tous pays n'a pas été sans mal. Et pourtant, le « parti assimilationniste » parmi les Juifs d'Afrique du Nord, c'est-à-dire le parti de ceux qui voyaient dans la francisation et l'intégration culturelle à la patrie française la seule voie d'accès à la dignité et à la citoyenneté normale, était très puissant, et cela dès le début du XXe siècle. On est ainsi conduit à examiner, et c'est la partie la plus importante de notre exposé, les différentes orientations idéologiques, on pourrait dire les différentes stratégies mises en œuvre par les membres plus conscients de l'élite ou tout simplement spontanément adoptées par les différentes fractions du peuple juif du Maghreb.

Les trois grandes stratégies de lutte pour la dignité

On ne peut en effet réduire les efforts multiples déployés par les Juifs d'Afrique du Nord pour s'émanciper et affirmer leur personnalité à la stratégie assimilationniste, bien que celle-ci

[6] Grâce en particulier à l'intervention de René Cassin.

soit apparue dès le début du XXe siècle comme la plus élaborée et la plus mobilisatrice.

La stratégie assimilationniste

Cette démarche a prévalu, ou a apparemment prévalu, dès l'établissement de l'administration coloniale et durant la première moitié du XXe siècle. On pouvait penser que tout ce que la société juive comptait de bourgeois, de petits-bourgeois ou d'intellectuels considérait que la seule voie d'accès à la dignité passait par l'assimilation au groupe dominant de la société. S'engager dans cette voie revenait à emprunter le chemin qu'avaient suivi les Juifs français un siècle plus tôt.

Pour l'Algérie, les choses sont trop évidentes pour devoir être rappelées. D'ailleurs les responsables du Judaïsme français étaient vigoureusement intervenus auprès du gouvernement français dès le milieu du XIXe siècle pour souligner la coïncidence entre les intérêts du Judaïsme algérien et ceux de la France en Afrique du Nord.

En Tunisie, le mouvement assimilationniste a eu surtout pour vecteur un petit groupe réuni autour d'un journal, *La Justice*, qui s'était fixé pour but explicite l'assimilation des Juifs à la France[7] ; c'est-à-dire, en attendant la naturalisation pure et simple (comme en Algérie), l'obtention de droits, comme celui d'être jugé par des tribunaux français, celui de s'engager dans l'armée française, celui d'aspirer à la dignité et au respect[8].

Il faut bien dire que cette lutte était dirigée aussi bien contre les autorités coloniales que contre certains délégués tunisiens musulmans (au Congrès sur l'Afrique du Nord, tenu à Paris en 1908) opposés à l'extension de la juridiction française aux Juifs,

[7] Voir A. Goldmann : *Les Filles de Mardochée*, pp. 37, 50, 56, 83, Paris, Denoël, 1979.
[8] Extrait du journal *La Justice* (lettre ouverte au résident général en Tunisie, 1907) : « Ce n'est pas en mendiant, en sollicitant des privilèges ou des faveurs que nous vous les présentons (les revendications), mais simplement en hommes qui revendiquent les droits les plus naturels et qui ont les aspirations les plus nobles. » *Ibid*. p. 56.

et même contre les tribunaux rabbiniques et les riches bourgeois présents dans les organisations communautaires juives, dont les attitudes étaient jugées ambiguës « car, soucieux eux-mêmes de s'assimiler, ils souhaitaient freiner l'assimilation des masses pour conserver leur pouvoir et donc manifestaient une très grande méfiance à l'égard de l'universalisme et de la laïcité ».

On doit noter que, pour ce groupe-vecteur de l'assimilation (*La Justice*), le problème n'était pas de revendiquer le droit à la différence, mais le dépassement des différences, pour réduire l'intolérance.

Le second vecteur de cette tendance assimilationniste était le petit groupe de francs-maçons, relativement discret, et surtout le groupe socialiste SFIO, réuni autour du journal *Tunis socialiste*, qui témoignaient finalement en faveur du même athéisme et du même universalisme.

Bien entendu la maigreur des effectifs de ces groupes ne doit pas masquer le fait que les sentiments d'une masse importante mais passive étaient en leur faveur.

Mais au sein des communautés juives d'Afrique du Nord, d'autres groupes issus des classes moyennes, supérieures ou défavorisées ont pensé et agi comme s'il y avait d'autres voies possibles pour atteindre la dignité. Au moment même où la tendance assimilationniste paraissait la plus forte, et où la puissance française paraissait la plus incontestée, s'esquissaient deux autres démarches qui, sans être anti-assimilationnistes, se démarquaient nettement de cette tendance.

La stratégie « nationaliste » moderniste

La deuxième démarche prenait racine dans le sentiment que le schéma selon lequel « ce qui était bon pour les Juifs était bon pour l'ensemble de la société », partagé par un certain nombre de personnes ou de petits groupes, devait être abordé avec circonspection. Certes, les Juifs constituant la minorité la plus exposée aux dénis de justice et aux brimades de toutes sortes, toute amélioration de leur situation ou de leur statut devait correspondre à une avancée de toute la société vers plus de démocratie, plus de justice, plus de tolérance, c'est-à-dire vers plus de droits pour tous. Mais beaucoup ressentaient que la situation coloniale faussait quelque peu le schéma. Ainsi, en Afrique du Nord, il était clair que la puissance colonisatrice comptait beaucoup sur les Juifs, avides d'émancipation et de culture française, pour affermir ou relayer les efforts de l'administration. D'ailleurs toutes les puissances coloniales ont utilisé les minorités pour asseoir leur influence et, de ce fait, leur ont accordé, de façon officielle ou officieuse, des droits particuliers. Par conséquent, les mesures prises, favorables dans un certain sens aux Juifs, ne représentaient pas nécessairement une avancée démocratique réelle.

Certains Juifs, très minoritaires dans leur communauté, sentaient confusément que l'absence de droits pour l'ensemble du peuple dont ils font partie ne peut correspondre vraiment à un avantage décisif pour une minorité incluse dans ce peuple. De ce sentiment découlait l'idée qu'un groupe minoritaire, favorisé pour des raisons conjoncturelles ou particulières, ne pouvait accepter d'être longtemps désaccordé de la société majoritaire, sous peine de régression fatale. Dès lors, une seule stratégie s'imposait : accepter les droits et avantages qu'apporte le groupe dominant (ici le groupe colonial) de la société, tout en refusant de se couper du peuple majoritaire, et en travaillant à éveiller la conscience sur les injustices qui frappent indistinctement tous ceux qui ne font pas partie du groupe dominant. Cette démarche était surtout le fait d'individus isolés, d'origine bourgeoise ou petite-bourgeoise, éloignée du Judaïsme et de ses institutions et parfois en rébellion ouverte contre leur famille ou leur milieu. Dépourvus de toute représentativité, ils n'en exprimaient pas moins une sensibilité aux événements, à la vie sociale, qui n'a jamais manqué au Judaïsme. Trois filières offraient un débouché à ces sentiments et à ces attitudes dans les trois pays du Maghreb, se recoupant parfois, divergeant le plus souvent : la filière radicale-socialiste[9] ; la filière nationaliste[10] ; la filière communiste[11].

Il est hors de question de retracer ici l'histoire de la participation des Juifs d'Afrique du Nord à ces mouvements. Ce qui est à retenir, c'est l'élément psychologique commun aux personnes qui ont fait ce choix et qui est à la base de leur lutte : une certaine identification au peuple dominé, c'est-à-dire au peuple musulman, et le sentiment que la dignité des Juifs ne réside pas dans l'acquisition des droits pour leur seul groupe, mais doit s'accorder avec les principes mêmes au nom desquels ces droits sont revendiqués. Dans ce cadre, la lutte diffuse pour la dignité devient une action militante, politique, généreuse, dépassant les intérêts égoïstes d'une communauté et proposant des objectifs pour l'ensemble de la société[12]. Ce qui différencie

---

[9] Voir E. Cohen Hadria, *op. cit.*, pp. 68 et suivantes.

[10] De nombreux écrits de dirigeants nationalistes tunisiens, algériens, marocains font état de l'aide que leur ont apportée de nombreux Juifs au moment du combat pour l'indépendance. Voir notamment *Les Juifs d'Algérie dans le combat pour l'indépendance*, édité par la Fédération de France du FLN en 1959, les écrits de H. Bourguiba et l'article du M.M. Albo : *Militants juifs pour l'indépendance du Maroc* (Nouveaux Cahiers n° 70 - Automne 1982).

[11] On peut se référer au témoignage romancé de Guy Sitbon dans *Gazou*, Paris, Grasset, 1980. L'itinéraire suivi par le jeune Gazou, héros du roman, est exemplaire et illustre parfaitement l'ambiguïté des Juifs de la troisième génération après le protectorat. Jeune, il fait d'abord des efforts désespérés pour s'intégrer à la collectivité française, représentée par les colons et les fonctionnaires. Un peu plus tard, au moment de l'indépendance, et après un passage par le parti communiste, il fera plus d'efforts encore pour être un juif-arabe accepté comme tel par ses amis musulmans, et pour jouer un rôle dans le développement économique et la construction du jeune État tunisien indépendant. Enfin, dernière étape, il essaie de rejoindre sa famille et sa communauté repliées en France, mais ne peut réussir à s'identifier à elles. Il se sent dans la peau du « bâtard » décrit dans la littérature existentialiste. On retrouve dans cette œuvre romanesque, condensées en une aventure individuelle, les tribulations de toute une communauté.

[12] C'est un aspect constant de la psychologie collective juive, partout dans le monde, qui s'exprime notamment dans les comportements politiques. Ainsi, par exemple, on sait par de nombreux auteurs (voir le récent ouvrage de Hanna Diner, *Juifs et Noirs américains*), la part prise par beaucoup d'organisations juives américaines dans les luttes menées par les Noirs pour l'obtention des droits civiques.

les militants juifs engagés dans ces trois courants, qui comme on l'a dit se rejoignent ou s'opposent selon les circonstances, c'est la manière dont ils se situent par rapport au Judaïsme, les plus nationalistes n'étant pas, on le devine, les moins attachés à leur confession et à leur culture ; mais pour bien comprendre ce que nous voulons suggérer, il faut d'abord définir la troisième stratégie.

La stratégie identitaire

Cette démarche consiste à rechercher la dignité dans la fidélité aux racines et aux origines, c'est-à-dire dans l'identification forte au Judaïsme pratiquant ou à son expression idéologique, le Sionisme. On est loin cette fois de l'assimilationnisme et de l'universalisme, on a affaire à une démarche différentialiste et identitaire.

Ce sentiment collectif qui trouve ancrage d'une part dans les couches populaires, d'autre part dans une fraction traditionaliste de la bourgeoisie, s'est exprimé tout au long de l'histoire des communautés juives d'Afrique du Nord. Parmi diverses manifestations, on peut citer : les pèlerinages à Jérusalem où beaucoup de vieillards allaient — certains, raconte-t-on, traversaient à pied les déserts de Tripolitaine et d'Égypte — pour mourir, une fois réglées leurs affaires matérielles ou spirituelles[13] ; on peut aussi citer l'attachement à la langue judéo-arabe, surtout au Maroc et en Tunisie, qui n'a jamais vraiment décliné, jusqu'au début des années 60 où l'on faisait encore paraître dans cette

Beaucoup de Juifs américains assimilaient spontanément les lynchages et autres manifestations racistes aux pogroms qu'eux-mêmes ou leurs parents avaient connus. En Israël même, plusieurs mouvements se sont créés pour la défense des droits des Arabes à l'intérieur des frontières et dans les territoires occupés. Le dernier-né de ces mouvements, *Derekh Hashalom* (« Le Chemin de la paix »), propose le rassemblement des modérés des deux communautés juive et arabe (voir ATJ, 18 août 1983).

[13] Voir dans *Gazou, op. cit.* l'épisode du départ du grand-père du héros pour Jérusalem, escorté jusqu'au port par une foule d'amis arabes, partageant convivialement amandes, raisins secs, etc. Voir aussi *Le Dhimmi, op. cit.*, pp. 231 et 314.

langue de nombreux journaux, ouvrages, contes, nouvelles, chansons, etc. Enfin, il faut rappeler que dès l'arrivée de la puissance colonisatrice, et pendant une cinquantaine d'années, les communautés juives du Maghreb et de Libye se sont divisées sur l'accueil à réserver à la modernité européenne. Les conflits internes n'ont jamais cessé entre la fraction de la population attachée aux traditions religieuses et le mouvement moderniste, la première n'acceptant pas de payer l'acquisition de droits nouveaux par le sacrifice de traits culturels significatifs, relatifs à la vie familiale, au mode de vie, aux pratiques religieuses... Certes, dans de nombreux milieux, rabbins et notables, commerçants pieux et conservateurs, personnalités proches de la Cour craignaient surtout une perte de prestige consécutive à la laïcisation et à l'occidentalisation. Mais on ne peut douter de l'authenticité profonde d'une démarche visant à la préservation de l'originalité culturelle judéo-maghrébine.

À côté de ce courant qu'on peut qualifier globalement de passéiste, il y avait un courant identitaire moderniste : le mouvement sioniste, qui a touché une partie importante de la jeunesse, notamment celle d'origine sociale moyenne ou inférieure. Certains observateurs[14] évoquent avec ironie le passage fréquent d'une rive à l'autre du fossé, théoriquement infranchissable, séparant le Sionisme du communisme (les bagarres opposant au cours de meetings les jeunes des deux bords étaient fréquentes[15]), de beaucoup de jeunes, un peu écœurés par la léthargie ou le conservatisme de leurs parents. Il faut savoir que, avant même la naissance de l'État d'Israël, de nombreux Juifs, enrôlés dans le scoutisme sioniste, prospère en Afrique du Nord, avaient émigré en Israël dans des conditions souvent difficiles.

---

[14] Voir Elie Cohen Hadria, *op. cit.*

[15] Voir G. Sitbon, *Gazou*, *op. cit.*

En guise de conclusion : après l'exode des Juifs d'Afrique du Nord

À considérer ces trois stratégies qui ont eu pour support, rappelons-le, des groupes différents de la sub-société juive d'Afrique du Nord, on ne peut manquer de se poser le problème de leur efficacité. La réponse dépend de la manière dont on le pose. À la question « Laquelle de ces stratégies a apporté globalement la dignité et les droits légitimes du citoyen aux Juifs d'Afrique du Nord ? », la réponse est vite trouvée : la stratégie assimilationniste a, dès le départ et malgré quelques avatars, montré son efficacité. Elle a d'ailleurs assuré l'avenir d'une partie importante de la population juive d'Afrique du Nord en France.

Mais qu'aurait été cette efficacité si elle n'avait rencontré le dynamisme des deux autres, l'une marquant la place du Judaïsme nord-africain en Israël et modérant la poussée assimilationniste en France, l'autre favorisant la promotion de valeurs importantes dans le Judaïsme, confortant le courant progressiste en son sein, et préservant les chances de dialogue judéo-arabe[16] ? On sait que c'est l'un des objectifs d'une partie du sépharadisme militant en France.

En jetant un regard sur les trois lieux d'accueil du Judaïsme nord-africain — la France, Israël, le Canada —, on constate, curieusement, la survivance et la combinaison de ces trois démarches concurrentes qui s'équilibrent mieux encore que par le passé. En France, les tendances assimilationnistes, d'abord très fortes au moment de l'immigration, se modèrent très sensiblement à partir de la fin des années 60 (probablement dès 1967, après la guerre des Six-Jours au Proche-Orient) et se colorent :

[16] Voir le texte constitutif de l'Association des Juifs de gauche en France (1983) et le compte rendu du colloque tenu par cette association en mai 1983 à Paris (Cf. *Le Monde*, 1er juin 1983).

– d'affirmations identitaires de moins en moins timides, prenant des formes diverses : artistiques, romanesques, associatives, journalistiques, etc. ;

– de progressisme politique (au plan national français, et à l'intérieur même du Sionisme militant).

En Israël parallèlement, les tendances assimilationnistes (au Sionisme) butant sur des obstacles (notamment les frictions intercommunautaires) s'affaiblissent de la même façon qu'en France à la fin des années soixante et se teintent :

– de revendications identitaires ou sous-identitaires (le bouillonnement sépharade des années 1970 ne cesse de produire des conséquences à tous les niveaux de la société israélienne) ;

– de progressisme politique (le sépharadisme nord-africain tend à virer ces dernières années du nationalisme chauvin au pacifisme et à l'égalitarisme).

Au Québec, c'est la démarche identitaire, de caractère religieux et traditionnel, qui a conduit l'émigration d'une partie du Judaïsme marocain vers un contexte social et culturel ouvert, où la pluralité des particularismes ethniques ou confessionnels et les tendances assimilationnistes pouvaient s'exprimer sans risque pour le patrimoine religieux judéo-maghrébin. Mais ces tendances rencontrent l'obstacle des institutions ashkénazes, paternalistes et assimilatrices, et du nationalisme québécois, au départ un peu méfiant, et se nuancent :

– d'une aspiration au maintien de l'originalité sépharade ;

– et d'un progressisme universaliste quelque peu distant à l'égard du nationalisme québécois le plus étroit.

Que penser de cette symétrie, de ce parallélisme entre l'évolution des trois immigrations judéo-maghrébines ? À quoi les rapporter ? À la nature du Judaïsme nord-africain ou du Judaïsme tout court ?

On peut penser que le sépharadisme maghrébin a parfaitement assimilé l'une des leçons les plus importantes du patrimoine biblique et l'exprime en toutes circonstances, sous des formes diverses : l'impossible sacrifice de l'un des termes de l'alternative universalisme-particularisme. C'est une manière de tenir ouvert le débat antique, remis au goût du jour par nos philosophes d'aujourd'hui, entre Joseph et Jacob, entre le choix de l'ouverture sur le monde et celui d'un territoire, d'une culture et d'un système de valeurs déterminé.

Plus prosaïquement et concrètement, le Judaïsme nord-africain dans sa longue marche vers l'émancipation et la dignité ne pouvait ignorer :

– ni l'efficacité, le progrès, la promotion, l'ouverture sur la modernité apportés par le colonisateur ;

– ni la nécessité de garder un contact étroit avec l'univers social et culturel musulman, si conservateur et retardataire fût-il ;

– ni le besoin d'intériorité communautaire et de maintien de la singularité historique.

Le fait que tel ou tel groupe de la communauté juive nord-africaine ait choisi de militer ou de vivre telle ou telle option et l'existence de tensions parfois vives entre les groupes n'empêchent pas qu'apparaisse, considérée globalement, la complémentarité des différentes démarches.

Nous pouvons ajouter, pour sortir du cadre particulier de cette réflexion, que la leçon est valable pour toute minorité plongée dans un univers totalitaire ou répressif.

En jetant un regard sur l'actualité de ces dernières années, on peut voir qu'aucune dissidence, dans un système autoritaire niant les droits de l'Homme, ne peut espérer s'élargir ou se maintenir sans entreprendre cette triple démarche consistant :

– à faire reconnaître son appartenance authentique au tout de la société ou de la nation qui l'englobe, c'est-à-dire à refuser, autant que faire se peut, la marginalisation ou l'exil ;

– à souligner son originalité et sa contribution particulière à la vie culturelle qui l'environne ;

– enfin, à définir des objectifs, des projets par référence à un système de valeurs et d'idéaux universels.

Rachel ISRAËL
Psychanalyste et professeur à l'université technologique de Compiègne.

JUDAÏSME ET DISSIDENCE[1]

Le Judaïsme, entendu en tant que culture ou spiritualité, se présente comme un effort conscient, concerté et patient, de décanter les différents droits et devoirs de l'être humain, et pour mettre en pratique le meilleur contrat social possible afin que les différents droits et devoirs des multiples individus puissent entrer en relation sans se léser mutuellement. Dans cette optique, droits et devoirs sont en quelque sorte l'avers et l'envers de la *mitzva*, de l'impératif à réaliser, car le devoir n'est pas seulement la limitation du droit de l'un par rapport au droit de l'autre, mais l'espace moral et psychique laissé pour qu'advienne l'exercice du droit d'autrui. Le devoir signifie que le droit d'autrui n'est pas la seule affaire d'autrui, mais aussi mon affaire. C'est pourquoi le réseau dense et ordonné de décrets juridiques, *halakhiques*, par lequel le Judaïsme structure la socialité humaine est, à chaque génération, soumis à discussions et réajusté. Le Droit n'en ressort pas pour autant modifié selon les contingences historiques, mais approfondi, développé, enrichi de sens nouveaux jaillis de son essence même. La Paix messianique sera

[1] Ce texte est celui d'une conférence prononcée en juin 1983, à l'occasion d'un colloque organisé au centre Rachi de Paris par l'Association pour le développement des libertés fondamentales (ADLF).

l'assomption d'un droit devenu cosmique en sa perfection. Car ce code juridique offre la particularité fondamentale et fondatrice de découler d'une transcendance, d'une éthique divine qu'il a charge d'instaurer dans le concret du quotidien.

Si l'homme a d'emblée des devoirs envers l'homme, c'est que l'être humain surgit, dans le récit de la Genèse, détenteur d'une sacralité inaliénable, absolue et irréductible, conforme à celle du Créateur. Et si pourtant, les droits et les devoirs de chaque sujet humain ne sont pas toujours strictement équivalents à ceux des autres sujets, variant selon qu'il s'agit des hommes et des femmes, des Juifs et des non-Juifs, du peuple d'Israël ou de ses membres consacrés au service rituel, du moins ces droits et ces devoirs ne sont-ils jamais arbitraires, indifférents ou interchangeables, parce que tout sujet jouit en outre, dans la vision biblique, d'une unicité comparable à celle d'un monde parmi les mondes. Se soumettre à la Loi divine, cela reviendra donc à respecter et à garantir le droit de chacun dans ses relations à autrui, et le droit de tous par rapport à chacun. Où situer alors la dissidence dans ce cheminement d'un peuple vers son idéal collectif ?

Pour plus de clarté, précisons tout de suite ce que nous appelons dissidence. Nous ne la situons pas au niveau politique ou idéologique de la scission schismatique dans un groupe ; Korakh, dressé face à Moïse pour lui dénier pouvoir et suprématie, incarne la dimension de rébellion de cette brisure sociale. Nous la situons au niveau de l'éthique qui consiste à interpeller une loi au nom des droits qu'elle se doit de garantir à l'être humain lorsqu'elle faillit à ce devoir. Historiquement, tout commence, pour le peuple juif, à Babylone. Lorsque Samuel y émet l'adage connu : « *dina de malkhouta dina* » (la loi du pays où l'on réside est la loi), il transforme le statut de son peuple qui, d'étranger exilé par le vainqueur, devient minorité culturelle intégrée à un contexte national plus ample et pluraliste. Samuel, cependant, avait la chance de connaître assez les cercles du nouveau pouvoir perse, conquérant de Babylone, pour estimer sa législation d'une valeur morale telle qu'elle ne présenterait nulle opposition majeure à la législation hébraïque.

Car l'exil ne consiste pas seulement à vivre en un lieu tout en perpétuant la nostalgie douloureuse d'un ailleurs perdu et heureux, et l'utopie dynamisante d'y retourner dans un au-delà du temps. L'exil place surtout l'existence de qui le subit devant l'intenable paradoxe théorique de dépendre de deux lois à la fois, de deux systèmes régulant le droit des personnes, chacun selon sa visée et divergeant radicalement à certains moments cruciaux de l'Histoire. En outre, le droit d'un peuple diasporique, expulsé de son sol national et privé d'autonomie collective, se déploie dans le seul domaine social, s'affinant dans un souci de justice de plus en plus aigu et précis. Tandis que le droit du pays qui l'accueille est la loi d'un État, affrontée au dilemme de concilier les libertés des individus et la souveraineté d'une nation qui, certes, manifeste et symbolise leur identité collective, mais dont les intérêts priment parfois sur les leurs, jusqu'à les abolir.

La condition diasporique est encore plus complexe parce que la minorité tolérée au sein de la nation reste indépassablement soupçonnable de désobéissance, ou, pour le moins, de non-conformité à la norme admise, du fait même qu'elle se réfère à sa propre loi, perçue par le pouvoir comme incompréhensible et inférieure, mystérieuse et dangereuse. Ce pouvoir n'aura alors de cesse de réduire encore les limites de l'application de la loi minoritaire. Explicite ou empirique, son ultime but sera d'asseoir toujours plus loin et plus fort son hégémonie interne, de réduire les bastions des particularismes, et de réaliser ainsi le rêve totalitaire d'une société homogène, translucide et univoque.

En bref, les Juifs s'adaptèrent à la déportation romaine dans l'atmosphère de tolérance diffuse régnant alors dans l'Empire et que ne rompaient, à intervalles, que les humeurs des Césars et les conséquences répressives des révoltes menées par les

Judéens, sur leur terre désormais dénommée Palestine. C'est au IVe siècle que le malaise éclate, quand le Christianisme s'empare du pouvoir sur tout le vaste champ décadent de l'Empire, prétendant y instaurer un droit grevé de vérité avec l'absolutisme qui sied à cette dernière. La loi de l'État est-elle encore la loi, quand elle n'exprime plus que la volonté d'un pouvoir enivré de sa toute-puissance ? Est-elle encore la loi, quand elle dénie arbitrairement le droit du minoritaire, du faible, de la femme, de l'enfant, de l'étranger, pour les livrer, dépouillés de leur dignité de sujets humains, à l'impératif catégorique qui a nom raison d'État ? Est-elle encore la loi quand elle se pervertit jusqu'à ne plus proclamer que le droit de supprimer les droits ? Enfin, la loi de l'État est-elle encore la loi quand elle ordonne au minoritaire de renoncer à sa loi particulière comme sceau de son identité, vecteur de sa mémoire, promesse de sa permanence ?

À ces tragiques questions, le peuple juif modula des réponses dans l'urgence des circonstances historiques variées. Quand les foules croisées s'ébranlent vers l'Orient en laissant derrière elles un sillage de sang, la résistance juive renoue avec la lugubre et stoïque grandeur de Massada[2] : tout s'avère inutile, et la mort seule permet d'échapper à une horreur supérieure. « Les Juifs, rapporte Albert d'Aix à propos du pogrom de Mayence en 1096, voyant les Chrétiens s'armer en ennemis contre eux et leurs enfants, sans aucun respect pour la faiblesse de l'âge, s'armèrent de leur côté contre eux-mêmes, contre leurs coreligionnaires, contre leurs femmes, leurs enfants, leurs mères, et leurs sœurs, et se massacrèrent entre eux. » Résistance mortelle, ici, refus désespéré de l'être de s'annihiler mentalement, essentiellement, par le symbole de la conversion, et qui opte pour la fidélité à soi

[2] Massada est une forteresse naturelle, située au bord de la mer Morte. C'est là que de 66 à 73 après J.-C. s'étaient retranchés les Zélotes, derniers résistants juifs à la conquête romaine. Quand, après six années de siège, les soldats de Titus parvinrent enfin à conquérir la citadelle, ils n'y trouvèrent que les corps morts des assiégés qui, au nombre de 900, s'étaient collectivement suicidés pour ne pas tomber vivants entre leurs mains.

au plus haut prix — mais non pas dissidence, car il n'y a plus ni loi ni droit, rien que la folie du prince et la fureur des masses.

En 1492, l'hispanité ivre de catholique orthodoxie et de pureté génétique, qui déclare soudain les Juifs hors-la-loi pour cause d'incompatibilité d'essence, d'intolérable altérité, les accule à un choix tout aussi héroïque : préférer leur humble loi soucieuse de Dieu et de l'Homme, dérisoire rempart contre la violence des royaumes, au bien-être d'une Espagne dont la Croix et la Bannière flamboient jusqu'aux confins de la terre. Du moins vont-ils pouvoir, sous des cieux moins aimés, multiplier la nostalgie de Sion par celle de Séfarad[3]... Plus de droits non plus pour les Juifs d'Allemagne, en ce 1er avril 1933, et bientôt plus d'au-delà des frontières du pays qui les nie, les broie et les rejette. « Nous désirons une seule chose, clame Goebbels le 11 novembre 1938, que le monde soit suffisamment philosémite pour nous débarrasser de tous les Juifs ! » Mais le monde ne fut pas assez philosémite, et à l'horizon clos de l'univers nazi se profilait déjà, en noires nuées de cendres, le gouffre béant de la solution finale.

Car le Droit qui garantit l'humanité dans l'individu trouve là sa limite : dans ce droit du plus fort qu'est le droit des pouvoirs et des États à dénier à l'individu tous ses droits, fût-ce celui de vivre. Car le Droit est une catégorie de l'être qui suppose l'accord de l'homme avec l'homme, le consensus de la multitude sociale passant avec elle-même un Contrat. C'est pourquoi la tolérance ne saurait suppléer au Droit : elle se nourrit des concepts de bon vouloir, de générosité et de condescendance, qui contredisent à l'évidence ceux de liberté, de dignité et d'égalité inhérents aux principes du Droit. Il y eut, bien sûr, des îlots de convivialité pour les minorités de l'Europe médiévale, comme pour les *« dhimmi »*, les protégés du Croissant islamique, mais il n'en reste pas moins qu'avant l'émancipation de 1789, que fonde la notion de droits de l'Homme et du Citoyen, ces minorités et

3 « Espagne », en hébreu.

ces protégés ne sont jamais sujets de droit, mais dépendent toujours de la clémence environnante.

Quand on feint de s'interroger sur la passivité apparente des déportés juifs à l'époque nazie, ou bien quand on l'explique par ces détails, incontestablement prégnants, que furent leur situation psychologique d'individus dispersés dans la communauté nationale et non de sous-groupe structuré, le fait qu'ils étaient emmenés en famille, qu'ils ne pouvaient imaginer leur sort, ni la passivité de la population nationale, ni la complicité d'une partie d'entre elle avec l'autorité nazie, on omet cependant le point le plus déterminant : que le système nazi opéra, en plein XXe siècle, la brutale mise en esclavage de millions d'hommes, et que l'unique résistance adéquate fut sans doute l'effort de survivre un jour de plus dans cette déréliction !

Des suicides collectifs du XIe siècle à la révolte sans issue du ghetto de Varsovie, l'individu, ultime refuge de la liberté, comme l'affirment les penseurs juifs de l'école de Francfort, incarne obstinément sa protestation du droit à être ce qu'il est.

Et c'est avec cette protestation que s'enclenche la dissidence. Elle n'est pas une marginalité car, contrairement à une idée répandue, le Juif est si peu différent de son concitoyen non juif qu'il faut l'affubler d'un signe distinctif pour le repérer ! Elle n'est pas seulement l'expression d'une pluralité culturelle, même si le Juif participe aisément de sa culture spécifique, de la culture du pays où il vit, et souvent d'une troisième culture, transmise par sa famille réfugiée d'ailleurs. Mais elle habite déjà le cosmopolitisme, l'universalisme et l'humanisme des Lumières. Car à bien considérer l'histoire, on découvre que le Juif montre une sorte de vocation à mettre en contact les civilisations, n'explicitant d'autre part que fort rarement sa propre culture, au point qu'il paraît oriental à l'Occidental et occidental à l'Oriental.

À Alexandrie, ce sont déjà les Juifs gagnés à la rigueur du raisonnement philosophique qui propagent leur culture dans l'Orient romanisé. En Espagne, ce sont les Juifs de langue arabe qui offrent au monde chrétien la traduction des auteurs grecs et des traités médicaux et astronomiques arabes, qui servent d'interprètes et de diplomates, de négociateurs et de représentants. Dans les royaumes chrétiens de la péninsule, les Juifs organisent la société, assument la tâche ingrate de prélever l'impôt pour le roi et de redresser ses finances, arrangent les alliances matrimoniales princières qui influencent la politique.

Quand, en 1258, la ville de Valence passe des mains des Arabes à celles du comte duc de Barcelone, c'est un Juif catalan, Ibn Manassé, qui rédige les conditions de la reddition et les droits garantis aux Maures. Plus tard, au XVIe siècle, le marrane José Nassi, favori du sultan, régente la diplomatie turque, tandis que Salomon Ashkénazi, médecin de la reine Bonne de Savoie, défend les intérêts de la Pologne en Turquie, puis rivalise avec José Nassi et représente magnifiquement la Sublime Porte à Venise. Le Khan des Tartares envoie à la même époque Meïr Ashkénasi comme ambassadeur en Pologne, l'apostat Saul Cohen traite des relations diplomatiques entre Venise et Constantinople, et un certain Angeli Menahem tente d'en établir au nom des cantons suisses. Ce sont des Juifs qui écrivent, en hébreu, l'original du traité entre François 1er et le sultan Sélim ! Aux XVIIe et XVIIIe siècles, Israël Conegliano, conseiller de l'ambassadeur vénitien, obtient la signature de la paix de Carlowitz en 1698, le marrane et ancien prêtre catholique Daniel Fonseca s'illustre comme médecin du sultan et comme conseiller de Charles XII de Suède, et, pour abréger ces exemples, Moïse Berbéri et son fils sont successivement ambassadeurs de Suède sur les rives du Bosphore.

Ce que nous voulons dire, c'est qu'une semblable insistance sur les droits des peuples et des gens, chez un peuple qui, lui, n'est pas encore reconnu comme sujet de droit, témoigne de cette dissidence qu'est l'exigence inlassable d'un plus grand bien universel. Paradoxale condition que celle de ces Juifs, démunis, menacés, dépendants, balayés par les vents tumultueux de l'Histoire, et pourtant la faisant en tant que trait d'union entre les nations, les mentalités et les langues, en tant que support du Droit. Ce ne peut être par hasard que tellement de marranes arrivés aux Pays-Bas ou en France s'y soient faits les champions du protestantisme ou de la laïcité éclairée. D'ailleurs, le marranisme apparaît davantage comme relevant de cette dissidence que comme un ersatz de Judaïsme, édulcoré par des décennies d'interdit et de méconnaissance : les condamnés de l'Inquisition ne confessent pas volontiers leur Judaïsme, même sous les tortures, mais à l'inverse, beaucoup de « vieux-chrétiens » judaïsent dans leurs geôles et finissent en proclamant le Nom divin sur le bûcher. Ce va-et-vient de l'identité dévoile que le marrane refuse avant tout d'être semblable à son bourreau, de participer de cette société qui bafoue le droit et exclut la liberté. Comme l'écrivain pour Kafka, le marrane est celui qui « bondit hors des rangs des meurtriers ». Dans le secret de son esprit, il accomplit le clivage dans l'opacité totalitaire par où s'engouffrera le vide d'une conscience sartrienne.

Mais justement, pour réclamer le droit, il faut le connaître. Or, le peuple juif naquit doublement de la sortie d'un esclavage et de l'acceptation d'une loi. Parce qu'il fut étranger en Égypte, il sait que l'étranger est son semblable ; parce qu'il y bâtit des villes à Pharaon, il sait que l'esclave ne diffère pas du maître. Parce que la positivité de sa loi protège l'étranger, mais jamais ne s'impose à lui, il sait que le Droit est absolu et universaliste. Il sait que la visée généreuse de la Révolution française rejoint celle qui retentit autrefois au Sinaï. Et ce savoir inoublié permet au Juif d'interroger de l'intérieur, à partir de son principe même, le Droit, quand, de national, il se fait partisan, quand, de local, il s'érige en ségrégation, quand, miné par l'idéologie, il s'amoindrit en utilitarisme qui transforme l'homme en outil du pouvoir saisi de délire.

Naguère, les Juifs d'URSS présentaient un cas paradigmatique de cette contestation du droit par un droit supérieur. Après avoir cru déchiffrer la libération dans la révolution marxiste, ils se heurtèrent à ses limites par le statut paradoxal qu'elle leur imposa, les vouant obligatoirement au label de la nationalité juive alors même qu'elle prive, et qu'elle prive seule, cette nationalité de tous les droits pourtant consignés dans la Constitution soviétique. Plus de culture juive, plus d'enseignement du yiddish. L'historicité juive occultée, la langue hébraïque interdite, l'artificiel État autonome du Birobidjan sert à mieux réduire le Sionisme en fantasme et l'État d'Israël en monstruosité de l'Histoire. Voilà ce qui greva la judéité russe, frappée en outre de *numerus clausus* dans les universités et l'administration, retenue de force en URSS, puis envoyée, pour crime de « demande d'émigration », dans l'enfer blanc de Sibérie, en prisons et en camps. Or, le droit à l'émigration figurait dans les accords d'Helsinki ratifiés par l'URSS, comme le droit de tout peuple à jouir de sa culture figurait dans la législation soviétique, et les Juifs commencèrent à lutter en s'en tenant d'abord au texte de la loi, en exigeant seulement sa rigoureuse application. Vladimir Boukovsky raconte comment ils en devinrent même les experts, rompus à toutes ses subtilités. Les *refuzniks*, en attente de visa peut-être vaine, soulignaient qu'ils n'étaient pas des dissidents politiques, et il est exact qu'ils se confinèrent à la légalité. Mais le pouvoir a reconnu chez eux la subversive forme de dissidence dont nous parlons, et c'est pour cela qu'il les exila et les châtia, et que, du professeur Meïman à Anatoly Chtcharansky, les Juifs animèrent prioritairement les comités de surveillance des divers accords internationaux sur les droits des individus, officiellement signés par l'URSS. Enfin, dernière étape de leur retour vers eux-mêmes, les Juifs russes apprirent l'hébreu, étudièrent la Torah, réinventant la réflexion talmudique en ses méthodes et ses quêtes, recréant la dimension du droit juif, à la fois intransigeant et fraternel.

Avant de conclure, nous voudrions évoquer brièvement la problématique sioniste, parce qu'on ne peut en toute bonne foi parler aujourd'hui de Judaïsme sans tenir compte de l'existence de l'État d'Israël, qui a un rapport direct avec la dissidence. La vision pionnière de l'Homme juif nouveau, désaliéné, émancipé, à l'opposé de la diaspora, fut une dissidence par rapport aux idéologies du siècle. Utopie concrétisée, elle a pris forme politique, et la démocratie exemplaire, la constante capacité d'autocritique, l'exigence morale, vis-à-vis même de l'ennemi, et la situation sociopolitique qui en résulte, en font un dissident dans le concert hypocrite et mortifère des nations. Ce qui lui est si souvent imputé en blâme, la mixité de sa législation — démocratique pour ce qui relève de la collectivité et religieuse pour les affaires privées —, pourrait bien constituer un modèle original pour concilier l'inaliénable respect dû à l'être humain, avec l'inaliénable souci d'harmonie communautaire.

Quand la loi de l'État s'emplit de la crainte de Dieu, le ciel s'éclaire à l'horizon du monde. Nous les autres, les Juifs de la modernité, avons, en annonçant l'aurore comme les guetteurs bibliques, à accomplir, dans la vaillance et la lucidité, notre part de dissidence.

Pierre PACHET

Professeur des universités et essayiste d'origine russe ayant publié de nombreux ouvrages consacrés à la littérature. Membre du comité de rédaction de La Quinzaine littéraire et auteur d'une chronique mensuelle intitulée « Loin de Paris ».

FIODOROV, MOURJENKO, ET LES JUIFS SOVIÉTIQUES[1]

Lors d'un voyage à Moscou en février 1982, ma femme et moi sommes allés rendre visite à la femme d'Alexei Mourjenko et à la mère de Iouri Fiodorov, ceci à l'instigation du Comité international d'écrivains et d'artistes qui milite pour leur libération. Fiodorov et Mourjenko sont ces deux garçons, l'un russe et l'autre ukrainien, qui se sont associés au projet d'importance historique connu sous le nom d'« affaire de Leningrad », consistant à voler un avion pour quitter le territoire de l'URSS, de façon à attirer l'attention sur la question du droit à l'émigration. Ce droit, formellement reconnu par l'Union soviétique, n'est que le droit élémentaire d'un homme à vivre dans le pays de son choix, et donc à quitter son pays de résidence pourvu qu'il se soit délié des obligations qui l'y rattachent.

Dans la pratique, les autorités soviétiques, par des entraves et des brimades, des menaces et des punitions, rendent impossible

[1] Ce texte est celui d'une conférence prononcée en juin 1983, à l'occasion d'un colloque organisé au centre Rachi de Paris par l'Association pour le développement des libertés fondamentales (ADLF).

l'exercice de ce droit, sinon de façon exceptionnelle. Une de ces exceptions, la plus notable, fut la période entre 1971 et 1980, période pendant laquelle, à la suite entre autres du scandale causé par le procès dit « de Leningrad », de très nombreuses autorisations d'émigrer hors d'Union soviétique furent accordées, essentiellement à des Juifs et à des Allemands, au nom du principe de la « réunification des familles » dispersées par suite de la guerre. Ce libéralisme exceptionnel, dont l'ère est aujourd'hui pratiquement close, confirme d'ailleurs, s'il en était besoin, qu'en règle générale le droit d'émigrer est inapplicable en URSS.

Rappelons que le procès de Leningrad, en décembre 1970, aboutissait à deux condamnations à mort (commuées par la suite), et à un grand nombre de peines de privation de liberté : Iouri Fiodorov, à quinze ans de camp à régime spécial « sans confiscation de ses biens, par suite de leur inexistence, à considérer comme récidiviste spécialement dangereux » ; Alexei Mourjenko, à quatorze ans de la même peine.

Or, à l'heure actuelle, sur les onze condamnés du procès, les neuf Juifs ont été libérés et expulsés d'URSS avant l'expiration de leur peine (parmi eux Edouard Kouznetsov, Mark Dymchits, Iossif Mendelevitch). Ne restent, dans un camp de l'Oural, que les deux non-Juifs. La libération de Mourjenko devrait intervenir en juin 1984, au terme de sa condamnation, celle de Fiodorov, en juin 1985. Il est vrai que le jeu complexe des rallonges de peine pour jours de cachot effectués, ainsi que la menace de peines de détention supplémentaire ou de peines de relégation rendent fragile cette espérance elle-même. Cette différence de traitement pour un même délit n'est pas seulement cruelle et inique : elle contrevient aussi au Code pénal soviétique qui, depuis 1972, ne prévoit pour la piraterie aérienne qu'une peine maximale de dix ans de privation de liberté (ils en ont à l'heure actuelle accompli plus de treize). En maintenant Fiodorov et

Mourjenko au camp, et en les empêchant d'émigrer, les autorités soviétiques se comportent de façon absurde et comme grimaçante ; il n'y a pas à interpréter outre mesure leur attitude. Mais il faut tenir compte ici de cette situation, et en tirer des conséquences dans la réflexion et dans l'action.

On ne peut se contenter de penser, selon un schéma qui ne manque pourtant pas de vraisemblance, que Fiodorov et Mourjenko « paient pour les autres », pour leur solidarité avec les Juifs désireux d'émigrer. Le sens de leur acte n'était pas philanthropique, ne consistait pas à aider des Juifs à quitter l'URSS ; c'était une participation entière, comme l'attestent leurs déclarations lors du procès, à un geste de protestation contre la restriction de leur propre droit à émigrer. Il faut d'ailleurs rappeler que la décision des Juifs de Leningrad d'inviter deux non-Juifs à se joindre à leur groupe, avait pour sens d'éviter de donner à leur acte un sens trop étroitement national. Même si les autorités soviétiques ont tout fait, en particulier par des campagnes de presse, pour faire croire à leurs propres ressortissants et au monde que seuls des Juifs et des Allemands, c'est-à-dire des « éléments foncièrement étrangers » à l'URSS, pouvaient désirer émigrer, la vérité est tout autre : ce désir peut bien évidemment naître chez toutes sortes de gens, il est aussi naturel chez les uns que chez les autres.

On peut certes essayer de comprendre pourquoi il naît et se diffuse plus volontiers dans telle communauté ou tel groupe social, par exemple à partir d'une analyse de la vie sociale de l'Union soviétique. Encore faut-il d'abord reconnaître que le désir d'émigrer s'appuie sur un droit élémentaire, quasi instinctif, qui appartient à tout individu. Aussi, lorsque ce droit est dénié aux Juifs soviétiques, dont la situation est tout à fait singulière, apparaît du même coup l'interdit qui frappe toutes les autres communautés et groupes de l'URSS. Le destin de ceux qu'on désigne comme juifs et qui se reconnaissent tels est en ce sens éclairant. Invités par toutes sortes de pressions explicites ou sournoises à s'assimiler totalement à la nation russe, ils en sont en même temps empêchés : par leurs noms de famille à consonance étrangère, par la mention de leur nationalité sur leurs passeports intérieurs, éventuellement par leur apparence physique, et en définitive par la conscience que les plus intrépides d'entre eux cherchent à acquérir de leur appartenance et de leur héritage, c'est-à-dire de leur âme juive, irréconciliable en son fond avec un régime qui veut posséder et contrôler les hommes dans leur totalité, dans la totalité de leur être.

Cette recherche de leur identité, on sait que les Juifs soviétiques l'accomplissent dans un vide culturel complet, et en courant des risques que la récente condamnation de Iossif Begun à douze ans de privation de liberté vient d'illustrer tragiquement. Interdiction non officielle mais sévèrement appliquée d'enseigner l'hébreu, la langue qui fait le lien historique entre l'existence actuelle des Juifs et leur passé religieux et national, absence de Bibles et de textes hébraïques, qu'ils soient religieux ou profanes ; extrême rareté des objets essentiels du culte : ridicule insuffisance et misère des synagogues, c'est-à-dire, étymologiquement, des lieux de réunion et de transmission de la culture juive. Et la destruction concerne aussi les aspects modernes de la culture juive : la langue et les publications yiddish disparaissent totalement de l'Union soviétique, où elles n'ont plus droit de cité, et l'histoire juive récente, celle des persécutions nazies de 1941-1942 comme celle des persécutions staliniennes de 1948-1953, subit un gommage méticuleux, dans un pays où le Livre noir sur l'extermination hitlérienne reste impubliable, où de simples rassemblements collectifs silencieux pour commémorer le souvenir des victimes des massacres (en Ukraine, dans les pays baltes) restent interdits et réprimés, où les « réhabilitations » des victimes de Staline, quand elles ont eu lieu, se sont faites à la sauvette ; un pays où le passé est propriété personnelle de l'État, contrôlée étroitement par lui (monuments, archives, célébrations, controverses), et où toute réappropriation de leur histoire par des groupes ou même des individus est impossible en dehors de ce contrôle.

Ces conditions tragiques, exacerbées dans le cas des Juifs par la politique antisémite de l'État soviétique, existent à des degrés divers pour tous les groupes nationaux de l'Union soviétique, qu'ils soient minoritaires ou non, pour toutes les communautés. Derrière la façade rassurante des lieux de culte, des groupes folkloriques, des éditions copie conforme de journaux en langues dites « nationales » se cachent l'extermination ou le contrôle des élites, la persécution des croyants, la dérision insultante des chiffres officiels de la diffusion « culturelle » alors même que sont entravés ou interdits tous les efforts indépendants pour accéder à la vérité du passé et des cultures. C'est parce que la situation de la culture juive en URSS est le cas limite d'une situation générale que peut se manifester quelquefois, en dépit des préjugés et de l'étroitesse d'esprit, une solidarité effective telle que celle qui a uni les acteurs de l'affaire de Leningrad.

S'associant à Kouznetsov et à ses compagnons, Fiodorov et Mourjenko savaient ce qu'ils risquaient ; ils savaient aussi qu'ils commettaient un crime majeur, la violation d'une loi non écrite, en s'associant à des Juifs pour la défense d'un droit spécifiquement « juif », celui d'émigrer. Ils expient aujourd'hui, au bagne, dans l'absence d'espoir : malades, très affaiblis, menacés d'être, eux et leurs proches, retenus et surveillés pour toujours. Ceux qui défendent les droits culturels et nationaux des Juifs soviétiques ont envers eux une responsabilité dont il faut rappeler l'étendue et le sens : au nom de la liberté, ils se sont associés au destin des Juifs les plus courageux, à un acte dont le retentissement a aidé à l'émigration de dizaines de milliers de Juifs soviétiques.

Iouri Fiodorov est un orthodoxe pratiquant, persécuté pour sa foi. Alexei Mourjenko, de nationalité ukrainienne, ami d'adolescence de Fiodorov, a découvert avec lui la joie exaltante de réfléchir, de critiquer, d'écrire. L'exemple d'Edouard Kouznetsov l'a encouragé. Ces hommes dans la quarantaine n'ont pas eu de jeunesse, ces récidivistes de la révolte ont derrière eux une vingtaine d'années de camp ou de prison, et ne les attend qu'une vie de paria. Tels qu'ils sont, avec leur propre désir de vivre libres, avec la liberté que leur existence insoumise manifeste, leurs noms doivent être associés dans notre pensée et dans notre action aux noms des Juifs soviétiques qui, en redécouvrant leur histoire, leur héritage et leur vocation, luttent pour la reconnaissance de leurs droits.

Serge-Allain ROZENBLUM

Journaliste et écrivain.
Auteur de nombreux ouvrages dont Theodor Herzl *et* Être juif en URSS, *préfacé par Elie Wiesel, Prix Nobel de la paix.*

La violation des droits des Juifs en URSS[1]

Par rapport aux autres minorités juives, la situation des Juifs en Union soviétique présente d'importantes spécificités. La première tient à leur nombre, que l'on peut évaluer entre 2,5 et 3 millions, ce qui en fait la troisième communauté juive au monde, après celle des États-Unis et celle d'Israël. Ce n'est là qu'une estimation car, précisément, le fait de s'affirmer juif aux yeux des autorités expose ceux qui s'y résolvent (officiellement 1,8 million) à de nombreux problèmes et risques. En effet, si le régime soviétique a tenté de donner au « problème juif » une solution originale en cherchant à en faire une minorité nationale « comme les autres » sur son territoire, cette logique est restée formelle. Les Juifs soviétiques ne bénéficient pas réellement des droits qui sont reconnus aux « minorités nationales ». Au contraire, tout est fait pour les empêcher d'affirmer leur identité juive. Les Juifs soviétiques ne peuvent ainsi ni échapper à leur identité ni

[1] Ce texte est celui d'une conférence prononcée en juin 1983, à l'occasion d'un colloque organisé au centre Rachi de Paris par l'Association pour le développement des libertés fondamentales (ADLF). Il est donc basé sur la réalité historique de l'époque, qu'il n'est d'ailleurs pas inutile de rappeler.

l'assumer, ni sur le territoire soviétique ni en le quittant puisque les portes de l'émigration sont quasiment fermées.

L'espérance progressiste

Les Juifs soviétiques avaient pourtant fondé beaucoup d'espoirs à l'avènement du régime issu de la révolution de 1917. L'empire russe les opprimait et les marginalisait : interdiction d'habiter en dehors d'une « zone de résidence », d'exercer certaines professions, d'avoir accès au système éducatif, condition d'intégration et de promotion sociales. La révolution démocratique de mars 1917 supprima ces interdits. Celle d'Octobre voulut organiser ces libertés dans le cadre d'une politique des nationalités. Dans cette logique appliquée à la minorité juive comme à la centaine de nationalités vivant sur le territoire soviétique, il convenait de doter les Juifs soviétiques des attributs d'une nationalité. Cela allait de soi pour la religion, avec le Judaïsme. Le choix de la langue fit l'objet d'un vif débat entre partisans de l'hébreu et du yiddish. Le premier, dénoncé comme langue « cléricale et réactionnaire » par le nouveau régime qui se voulait révolutionnaire, fut écarté au profit du second, langue populaire et quotidienne de la majorité ashkénaze. Cas unique où le yiddish est considéré comme la langue officielle du peuple juif. Restait le problème du territoire de cette nationalité juive soviétique. Puisqu'il n'en existait pas, les autorités en créèrent un de toutes pièces, le Birobidjan, aux confins de la Sibérie, face au Japon, choix stratégique.

Une logique inappliquée

Cette logique politique, consacrée par la mention de la « nationalité juive » sur le passeport soviétique, trouva très vite ses limites. La religion juive fut réprimée. Des milliers de synagogues que comptaient les *shtetls* il n'en resta que quelques dizaines, rarement pourvues de rabbins. Les rites religieux furent interdits sous des prétextes divers : par exemple la circoncision, sous prétexte qu'elle constituerait une atteinte corporelle ! La culture juive fut étouffée. La presse, la littérature, le théâtre yiddish furent étranglés sous la terreur stalinienne. Quant à l'expérience d'un territoire juif, elle se solda très vite par un échec : si quelques milliers de Juifs soviétiques voulurent croire en ce « Sionisme soviétique », presque aussi nombreux furent ceux qui, désillusionnés, quittèrent cette région lointaine, aride, sans richesses, où la dizaine de milliers de Juifs ne constituent aujourd'hui qu'une infime minorité de la population de ce territoire. Cette logique, visant à faire de la minorité juive une minorité nationale « comme les autres » en URSS, n'a donc pas accordé aux Juifs soviétiques les droits qui leur étaient pourtant formellement reconnus. Inappliquée, cette logique n'était-elle pas aussi devenue inapplicable[2] ?

Par rapport aux autres nationalités soviétiques, cette politique impliquait une « normalisation » de la spécificité juive et une perte d'identité. L'assimilation passait par une asphyxie de l'identité juive alors que celle-ci lie très étroitement la religion, l'histoire et la culture du peuple juif. Qui plus est, la création, après la guerre, de l'État d'Israël a quasiment déconsidéré le raisonnement des autorités soviétiques : la logique d'une « minorité nationale juive soviétique » est en porte-à-faux par rapport à la nation juive, et le « territoire autonome juif » d'URSS par rapport à l'État d'Israël.

Une impasse

Les autorités soviétiques se retrouvent ainsi enfermées dans une logique devenue illogique et qu'elles n'appliquent même

[2] Aujourd'hui (début 2007), il ne reste plus au Birobidjan que 4 000 Juifs environ, très âgés pour la plupart *(Note de l'éditeur).*

pas. Les Juifs soviétiques sont privés de leur histoire, qu'il s'agisse de l'histoire du peuple juif qui a quasiment disparu des manuels scolaires, ou de leur propre passé, référence à la dernière guerre mondiale. Aucun monument ne mentionne que les Juifs ont été exterminés parce qu'ils étaient juifs. Le fait de le rappeler et de le commémorer, par exemple en se réunissant à Babi Yar[3], expose les intéressés à la répression. La religion juive est vouée aux gémonies et le Talmud est accusé de développer une théorie « raciste » et « inégalitaire ». Toute manifestation de vie juive est réprimée, qu'il s'agisse de pratiques religieuses, de séminaires culturels ou de cours de langues, et même de manifestations artistiques. Toujours, le KGB procède à des perquisitions, saisissant tout ce qui a quelque rapport avec le Judaïsme : des livres écrits par des auteurs juifs — même s'ils sont Prix Nobel — aussi bien que des dessins d'enfants. L'identité des participants est relevée pour les intimider et les menacer de perdre leur emploi, de voir leurs enfants exclus de l'école, ou plus directement d'être arrêtés et condamnés sous des prétextes divers, si possible de droit commun, mais jamais par référence à leur militantisme juif.

L'hypocrisie traduit l'embarras des autorités qui ne peuvent justifier leur politique répressive. Car il n'est plus possible depuis l'holocauste de la dernière guerre mondiale d'afficher l'antisémitisme. Mais on peut toujours mener de violentes campagnes officielles contre le « Sionisme », qui correspondent aux intérêts de la politique soviétique au Proche-Orient. Pas question non plus d'accorder à la minorité juive les droits pourtant officiellement reconnus aux minorités nationales en Union soviétique : cela risquerait d'avoir un effet d'entraînement sur les autres minorités. Surtout que de plus en plus nombreux sont les Juifs soviétiques demandant à rejoindre « la patrie

[3] En 1941, plus de 30 000 Juifs d'Ukraine furent massacrés par les nazis dans le ravin de Babi Yar (environs de Kiev).

historique du peuple juif », cet État d'Israël si violemment décrié par les autorités.

Une réappropriation

Les Juifs soviétiques ne peuvent ainsi ni vivre leur identité juive ni la fuir, alors qu'elle leur est systématiquement rappelée lorsqu'ils doivent décliner leur « nationalité » pour postuler à un emploi ou s'inscrire à l'école. Privés de leur propre histoire, empêchés de manifester leur identité culturelle, de pratiquer leur religion en dehors du cadre officiel qui reste symbolique et contrôlé par les autorités, les Juifs soviétiques sont en quelque sorte privés d'eux-mêmes. C'est pourquoi, avec courage, de plus en plus nombreux sont ceux qui entendent recouvrer leur identité juive niée ou réprimée. En apprenant l'hébreu par des cours particuliers, que chaque élève pourra à son tour enseigner à d'autres. En se réunissant pour commémorer les fêtes juives. En organisant des spectacles juifs. Malgré les intimidations et la répression. Et faute de pouvoir se vivre juif en URSS, ils sont des centaines de milliers à demander à partir, comme ont pu le faire 250 000 d'entre eux à une période de détente des relations Est-Ouest. Mais aujourd'hui cet espoir n'est plus qu'un rêve, alors qu'une centaine seulement est autorisée chaque mois à quitter le pays. Malgré les accords d'Helsinki sur la réunion des familles. Malgré le droit élémentaire de toute personne à vivre dans le pays de son choix.

Privés de leur propre passé, brimés dans leur situation présente, désillusionnés sur leurs perspectives d'avenir dans une société qui nie leur identité et cherche à limiter leur apport en restreignant notamment leur accès à l'université, condition, rappelons-le de l'intégration et de la réussite sociales, les Juifs soviétiques sont enfermés dans une logique qui ne tient plus, et à l'intérieur de frontières qui les retiennent. En maintenant artificiellement la première, en clôturant injustement les secondes, les autorités soviétiques traduisent l'échec de leur politique à l'égard d'une minorité juive qui entend recouvrer son identité et se la réapproprier[4].

[4] Il fallut donc attendre la disparition de l'URSS pour que la situation des Juifs russes s'améliore. En 1990, soit sept ans après la rédaction du présent texte, quelque 200 000 Juifs quittèrent l'ex-URSS pour Israël. Ce fut le début de la plus grande vague d'immigration depuis les années 1950. En une décennie, plus de 1 million de personnes quitteront l'ex-URSS pour Israël *(Note de l'éditeur)*.

Jacques TARNERO
Enseignant, philosophe et sociologue, chercheur au CNRS, auteur de travaux consacré au décryptage des formes contemporaines du racisme et de l'antisémitisme.
Auteur de nombreux ouvrages et de deux films documentaires : Autopsie d'un mensonge *et* Décryptage.

ISRAËL, CET OBSCUR OBJET DU DÉLIRE

Dans les années 70, pourquoi Israël, le Judaïsme, les Juifs étaient-ils autant d'objets fantasmatiques dans l'inconscient collectif européen ? Comment se fait-il que ce soit sur (ou contre) le Judaïsme et Israël qu'apparaissent à cette époque des alliances politiques apparemment contre nature ? Comment comprendre que ce soit à propos d'Israël et du Judaïsme que se manifestent les plus grands délires ? Pourquoi ces discours haineux puis laudateurs, ces accusations boursouflées suivies de louanges ? Comment lire ces textes défenseurs des thèses niant le génocide coproduites par l'extrême droite fasciste, l'extrême gauche libertaire et la propagande iranienne ? L'obsessionalité de certaines attitudes, la répétition de comportements archaïques habillés des masques de la mode, l'hystérie agitée des lieux où l'on pense, où l'on construit l'opinion incitent à penser que nous quittons le domaine du rationnel pour entrer dans celui plus complexe des passions.

Si le Judaïsme et l'antisémitisme font partie des passions européennes, l'antisionisme semble, lui, désormais inscrit au registre des passions universelles, drapé politiquement dans les habits vertueux du discours tiers-mondiste.

La lecture de ce qui s'est dit, écrit, commenté, montré ne saurait être menée à travers le seul prisme de l'analyse politique. Ce que certains ont nommé « bouffée délirante » ne peut être compris qu'à travers un travail d'archéologie des éléments constitutifs de ladite « bouffée délirante ». Si les médias se fourvoient, si les glissements sémantiques sont devenus code ritualisé, si les choses ont pu être dites comme elles ont été dites, c'est que le rapport à Israël et au thème juif avait mûri, qu'il avait atteint une évolution multiple que la guerre du Liban[1] a cristallisée, a rendue acceptable et formulable.

Il n'est pas question ici de se limiter à la critique du commentaire sur les faits visant parfois à occulter les faits eux-mêmes. Il ne sera donc pas question d'une analyse du rapport médiatique de la guerre du Liban, pas plus que d'une analyse politique de cette guerre. Cela est un autre travail. Il est question d'essayer de comprendre les fondements et l'évolution idéologique et culturelle du discours sur le Judaïsme et Israël. C'est la sédimentation de ces différentes composantes dans l'histoire récente qui a mis en termes d'acceptabilité la bouffée antijuive.

Trois grands champs d'analyse sont à investiguer : le champ historico-politique, l'argumentaire idéologico-culturel, les représentations symboliques.

Le champ historico-politique est le plus simple. Il suit l'évolution des rapports politiques entre Israël et les autres États. Quand les raisons supérieures coïncident, Israël reste « l'ami et l'allié ». C'était Suez en 1956 pour la France et la Grande-Bretagne. C'était pour les USA freiner l'expansion soviétique au Proche-Orient pendant la guerre d'usure jusqu'à celle de Kippour en Égypte, puis en Syrie. Tout ceci ne peut être lu que

[1] Il s'agit de la guerre de 1982.

dans la comptabilité stricte des rapports géopolitiques et géostratégiques depuis Yalta, entre les deux superpuissances. Des dominos pro-occidentaux tombent : Angola, Mozambique, Éthiopie, Yémen du Sud ; plus à l'Est, Vietnam, Laos, Cambodge ; puis Iran et Afghanistan. Si tous ne tombent pas, tous quittent la zone d'influence occidentale. D'autres craquements interviennent en Europe : si la ligne de démarcation ne bouge pas malgré Budapest, Prague ou Varsovie, l'identité européenne à l'Ouest n'arrive pas à s'affirmer dans son rapport à la Russie ni dans son rapport aux USA. Seule la rencontre, en 1972, entre Nixon et Mao Tsé-toung (ô combien indigeste idéologiquement pour certains croyants intégristes du marxisme) devait poser les termes de nouveaux rapports de force et d'influence.

Jusqu'en 1973, l'illusion de la prospérité économique occidentale basée sur l'acquisition de matières premières ou d'énergie à bon marché devait maintenir un relatif statu quo dans les rapports avec Israël. Israël ne gênait pas les différentes stabilités économiques et politiques. Le réajustement pro-arabe de la politique française par de Gaulle, libéré de l'affaire algérienne, après 1967, est en ce sens prémonitoire de ce qui devait se généraliser sept ans plus tard, les paroles sur « le peuple d'élite, sûr de lui et dominateur » ne constituant que les éléments d'un réajustement idéologique adapté à une nouvelle politique. Si la raison d'État a des raisons que le cœur ne connaît plus, elle n'en doit pas moins, pour être acceptée, devenir idéologiquement acceptable.

C'était sous le masque du discours idéologique que semblaient se justifier les états de fait. Au Yalta politique correspondait un Yalta idéologique et sémantique. Le second autorisait le premier, le créditait du vice ou bien de la vertu, le dotait des affects nécessaires à son humanisation. Que cela ait été dans la déclaration de Venise, ou dans les différentes déclarations de la CEE, ou dans les termes de l'initiative européenne et des dialogues euro-arabes, dans des bouches aussi différentes que celle de lord Carrington,

Jean Sauvagnargues, Michel Jobert ou Claude Cheysson, c'était au nom de la justice que s'habillaient les différentes raisons d'État pétrolières. C'était cette même inspiration justicière qui, pour la France, dénonçait « l'aplatventrisme » de la rencontre Giscard-Brejnev à Varsovie, après l'invasion de l'Afghanistan, et qui, par la suite, devait signer en pleine crise polonaise l'accord franco-soviétique sur le gaz sibérien. Dans le premier cas, on était « passé sous la table », selon la gauche, dans le deuxième, la gauche, au pouvoir, avait peut-être fait l'économie de la table.

Après la fin de la Deuxième Guerre mondiale, la vertu socialiste progressiste et tiers-mondiste combat le vice capitaliste, impérialiste et désormais sioniste. De ces clichés idéologiques, un seul survit et semble voué à un succès durable : le Sionisme, comme ultime force maléfique. Si pendant les années 60, les récits légitimant les justes causes des peuples du tiers-monde, luttant pour leur émancipation et leur dignité, ou tout simplement leur droit à la vie, les révélations sur les goulags soviétiques, cubains, vietnamiens ou autres devaient fissurer l'ordre de ces discours, il n'en demeure pas moins que c'est la culpabilité de l'Occident qui mobilise davantage les consciences que les crimes de l'autre présupposé vertueux. Le gauchisme européen des années 60 se mobilise contre l'orthodoxie communiste non pas parce qu'elle en a fait trop, mais parce qu'elle n'en a pas fait assez. Le PCF est attaqué pour « son révisionnisme ». La farce maoïste française sanctifie non seulement Engels, Marx et Lénine mais aussi Staline et Mao Tsé-toung. L'ennemi principal demeure la figure mythique et grimaçante du colon pied-noir, de l'oncle Sam et de leur dernière représentation : l'Israélien, le sioniste.

L'obsession de la droite d'une part rend la gauche sourde et aveugle sur les réalités des impérialismes, d'autre part fossilise définitivement sa compréhension du monde. La guerre de 1973 aura justement révélé la formidable puissance financière de certains États dont la première des vertus ne réside ni dans la mise en œuvre des droits de leur peuple, ni dans leur sens de la démocratie. Pourtant inscrits dans la case « tiers-monde », ils demeureront globalement « progressistes » dans les cases mentales de la gauche. On pourra ainsi lire dans la presse de gauche des louanges dithyrambiques pour les très progressistes Pol Pot, Idi Amin Dada, Sékou Touré et Muammar al-Kadhafi. Ainsi en juillet 1976, au moment de la libération des otages d'Entebbé par l'armée israélienne, Serge July titrait dans *Libération* son éditorial : « Championnat du terrorisme, Israël en tête. » C'est probablement avec les mêmes bonnes intentions que le fait terroriste en Europe sera perçu comme la version locale des maquis du Che en Amérique latine. Mais Andréas Baader n'est pas Guevara. On ne pourra faire l'économie du sang, et il faudra attendre les révélations d'un Hans Joachim Klein[2] pour sentir la folie politique de ces actes et la manipulation dont ils ont été l'objet.

Dans le même temps, c'est sur un terrain plus culturel que politique que la figure du Juif est attaquée. D'abord dans ce qu'elle représente quelque chose d'irréductible aux catégories d'analyse en cours sur le marché. L'image du Juif victime, depuis la fin de la guerre l'opinion n'avait guère de mal à s'y accoutumer et à l'aimer. Dès que cette image a été renversée (via Israël) au profit d'une image victorieuse, l'opinion a préféré d'autres figures plus proches de ses affinités. Le *fedayin* remplaçant le *bo-doï* vietnamien puis le *fellaga*, puis le résistant au nazisme. Un certain nombre d'événements ont facilité le renversement des images. Dans les catégories historiques référentielles, on peut lire autour des années 75, d'une part, une psychologisation de la situation des Juifs sous le nazisme, d'autre part, une réhabilitation du nazisme en termes esthétiques.

Ceci est autorisé par la mort des grandes représentations morales incarnant la Résistance (de Gaulle, le Parti des fusillés, le PCF, etc.) et la mythification de son héritage. Au couple

[2] *La Mort mercenaire*, Le Seuil, 1980.

résistant-collabo fait place une figure ambiguë, trouble et séduisante, qui réduit Auschwitz à *Histoire d'Ô* (*Portier de nuit* de Liliana Cavani) et Jean Moulin à un idiot ringard. La nouvelle promotion des modes Céline, Rebatet, Drieu la Rochelle va de pair avec un discours « analytique » à la mode sur l'ambivalence sulfureuse. Les ex-marxistes-léninistes staliniens, dans une sorte d'égarement pervers absolu, font dans le « quelque part ça m'interpelle ». Coincés entre les machines désirantes et leurs nostalgies idéologiques, ils découvrent que l'on peut tout à la fois être résistant et nazi. La « punkitude » rétrofasciste devient le dernier look des années 75.

C'est simultanément que deux autres événements culturels se produisent, s'alimentent réciproquement et se nourrissent de la déliquescence du discours de gauche.

Le premier fait surface à l'été 1979 ; il se nomme « Nouvelle Droite ». Préparé depuis dix ans, il présente avec fracas la réhabilitation new-look du discours nazi : hiérarchie sociale fondée sur une hiérarchie génétique, élitisme racial, etc. Facilement démontable et démonté, il n'en demeure pas moins représentatif de la première grande attaque frontale anti-monothéiste et anti-judaïque de la période de l'après-guerre. Réhabilitant le paganisme « indo-européen », il sert de relais à la droite dans des termes tellement séduisants qu'une certaine extrême gauche post-soixante-huitarde en sera fascinée.

Le deuxième fait surface au même moment ; il nie la réalité du génocide des Juifs par les nazis. Son principal promoteur ne présente d'intérêt que pour la forme « historienne », pseudo-scientifique de son propos, et pour la stratégie dans laquelle il s'inscrit. Son discours n'est pas neuf. Ce qui est nouveau, c'est l'attaque anti-israélienne qu'il véhicule puisqu'en effet Israël est, selon Faurisson et ses amis, le principal bénéficiaire de cette imposture magistrale. D'autre part, ce qui est extraordinaire (et particulier à la France), c'est l'écho médiatique rencontré et le soutien d'une extrême gauche libertaire à ce type de propos. La vérité officiellement reconnue ici, parce qu'elle est officielle, ne peut pas être vraie. On se dédouanera du soutien apporté au Cambodge génocidaire en niant dans la foulée le génocide des Juifs. La France est le seul pays[3] où se soit manifestée cette convergence des extrêmes. Ces éléments constituent davantage des symptômes inquiétants qu'un état général critique de pathologie morale ou idéologique. Il faut néanmoins souligner que ces symptômes ont eu certains effets et, parfois même, des effets internationaux[4].

On ne peut toutefois pas dire qu'à travers ces faits une dégradation massive de la situation des Juifs puisse être déduite. Des événements symboliques sanglants (les attentats antisémites de la rue Copernic, de la rue des Rosiers, d'Anvers, de Bruxelles, de Vienne, de Rome...) sont les pointes ultimes d'une guerre extérieure jouant sur des médiations intérieures. Du contexte idéologique dans lequel ils interviennent dépend en revanche la banalisation ou au contraire le refus de l'antisémitisme, des discours délirants sur Israël et sur les Juifs. La catégorie intellectuelle Israël gêne le confort de la pensée. La santé d'un discours européen ou occidental ne peut s'exprimer qu'à travers la mise à jour et le traitement des culpabilités à l'égard des Juifs et du tiers-monde, mais sûrement pas par le transfert à Israël de sa propre culpabilité, face à un tiers-monde auquel on aurait délégué ses fantasmes d'innocence...

[3] Noam Chomsky excepté, aux USA.

[4] Le journal marocain pro-gouvernemental *L'Opinion* reprendra à son compte en mai 1982 l'argumentaire faurissonien. Un groupe stalinien pro-Jaruzelski utilisera cet argumentaire venant du nazi suédois, Dietlieb Felderer, pour attaquer les Juifs membres de Solidarnosc.

Droit et sociologie

Haïm COHEN (1911-2002)
Ancien vice-président honoraire de la Cour suprême de l'État d'Israël.
Président de l'Association israélienne pour les droits de l'Homme
et du Comité public pour les Juifs des pays arabes.

LA LIBERTÉ DE PENSÉE ET DE PAROLE EN DROIT JUIF

À première vue, loi religieuse et liberté de la pensée et de la parole sont des notions contradictoires. La prémisse qui est à la base de toute loi religieuse et divine, à savoir l'existence de Dieu, son omnipotence et son omniscience, et la force éternellement contraignante de sa volonté, est de par sa nature même indiscutable et incontestable. Le Commandement fondamental, « Tu n'auras point d'autres dieux[1] », a été interprété plus tard comme interdisant « toute pensée qu'il puisse y avoir une divinité autre que Dieu[2] » — pensée qui s'accorde avec les articles de foi de Maïmonide, dont le premier proclame la croyance en un Dieu Un et Unique. Mais quel que soit le caractère fondamental de cette pensée, même dans la conception de Maïmonide, le fait de ne pas l'admettre ne peut être considéré comme une infraction criminelle, parce qu'il ne s'exprime pas par un acte manifeste[3]. Aucune transgression n'est criminelle

[1] Exode XX, 3 ; Deutéronome V, 7.
[2] Maïmonide, Yessodei Hatora 1, 6.
[3] Sanhédrin XVIII, 2.

tant qu'elle ne consiste pas en un acte manifeste — et l'acte ne constitue un délit que s'il vise une interdiction de la loi.

Dieu même, qui pénètre et connaît toutes les pensées de tous les hommes, n'ajoute jamais la pensée à l'acte[4], ne prend jamais en considération le caractère vicieux d'une pensée ou d'une intention pour rendre criminel un acte par ailleurs légitime. Les pensées sont libres et ne sont jamais punies — mêmes si elles enfreignent des normes légales explicites, telles que « Tu ne haïras pas ton frère en ton cœur[5]. »

Or, non seulement les pensées ne sont jamais punissables, car elles ne constituent pas des actes manifestes, mais même la parole n'est pas considérée comme un acte manifeste, et par conséquent n'est pas punissable[6]. Cette dernière règle comporte quelques exceptions : un faux serment est considéré comme un acte manifeste, de même que le blasphème et l'abus du nom de Dieu[7], ainsi que, bien entendu, l'incitation à l'idolâtrie, qui dans une théocratie équivaut à une trahison[8]. Mais à part ces exceptions, la parole comme la pensée sont également exclues de l'action de la loi pénale.

La question de savoir si l'intention de commettre un acte défendu peut donner lieu à une responsabilité civile fait l'objet d'une des nombreuses discussions entre les écoles de Shammaï et de Hillel. Les premiers soutiennent que le terme biblique « toute matière de délit[9] » est assez large pour inclure également des tentatives de préjudices, projetés mais non consommés ; tandis que les derniers sont d'avis qu'une simple intention ne peut jamais être considérée comme une matière de délit[10].

[4] Quidouchin, 39 b.
[5] Lévitique XIX, 17.
[6] Makkoth, 15 b-16 a.
[7] Temura, 3 a-b.
[8] Deutéronome XIII, 6-10.
[9] Exode XXII, 9.
[10] Quidouchin, 42 a.

La loi fut fixée stipulant qu'aussi longtemps que l'intention n'a pas été matérialisée, au moins sous forme d'instructions données afin de la mettre en pratique, elle ne peut donner lieu à une responsabilité civile (Maïmonide). En ce qui concerne la responsabilité pénale, même des instructions expresses d'exécuter une intention criminelle ne peuvent jamais suffire, car la responsabilité pénale retombe seulement sur celui qui perpètre le crime lui-même, et il ne peut y avoir d'agent pour l'accomplissement d'un crime[11].

La maxime « Une affaire conçue dans le cœur n'est pas une affaire[12] » fut d'abord formulée dans la loi des contrats, mais fut utilisée en fin de compte pour nier une responsabilité en général relative à des pensées ou à des projets demeurés dans le cœur et non transposés en actes.

Il va sans dire que dans un système légal, la liberté de pensée et de parole peut être caractérisée par le fait que pensée et parole ne constituent pas des délits criminels ou des préjudices civils. Là où une sanction pénale ou civile est attachée à la pensée ou à la parole, une telle liberté est niée, là où une telle sanction n'est pas à craindre, la pensée et la parole sont libres. En plaçant toute pensée, et la plupart des paroles, en dehors du champ d'action de la loi, le législateur accorde le maximum de liberté qu'il peut accorder au titre de sa compétence. Mais en dehors de la loi qui est imposée par la contrainte, le Judaïsme comporte aussi, bien entendu, une théologie et une morale. Alors que l'interdiction de la diffamation et de la calomnie[13] ne peut servir de motif à des poursuites pénales ou à une responsabilité civile, on ne saurait sous-estimer la portée et la signification morale et religieuse de cette interdiction. Rien ne peut être aussi répréhensible aux yeux de la tradition juive que l'exploitation

[11] *Ibid.*, 42 b.
[12] *Ibid.*, 49 b.
[13] Lévitique XIX, 16.

de la liberté de parole dans le but de diffamer ou de léser une autre personne.

La Bible et le Talmud abondent en restrictions de la liberté de parole — mais ce sont des restrictions morales et religieuses. L'injonction biblique de ne pas maudire un sourd[14], ni des juges et des chefs[15] a été étendue dans le Talmud à toutes les malédictions[16]. La restriction la plus importante à la liberté de parole, et la plus significative au point de vue moral, est la prohibition de la calomnie : « Tu ne colporteras pas la médisance parmi ton peuple[17] », « Tu ne répandras pas de faux bruits[18]. » Mais de telles interdictions, soit légales, soit morales, soulignent, plutôt qu'elles n'entament, la liberté de parole : s'il n'y avait la règle généralement valable que chacun est libre de s'exprimer à sa guise, il ne serait pas nécessaire de spécifier les exceptions à une telle règle. Que la règle générale ne soit formulée explicitement nulle part ne fait rien à l'affaire : la loi juive excelle partout à établir des droits.

La manifestation classique de la liberté de parole dans la Bible est la prophétie. « Pour l'amour de Sion je ne me tairai pas, et pour l'amour de Jérusalem je ne prendrai pas de repos[19] » — tel est le thème dominant des discours prophétiques. On a dit des prophètes qu'ils étaient à la fois poètes, prédicateurs, patriotes, hommes d'État, critiques de la société et moralistes. C'étaient des fanatiques passionnés qui faisaient un usage très impressionnant de leur pathos inné ou cultivé. Leur caractéristique principale était le courage de dire « non » à leur société, condamnant sa complaisance, son obstination et son syncrétisme ; ils n'éprouvaient ni inhibition ni remords à dire en face aux rois et aux princes exactement ce qu'ils pensaient d'eux. Il est vrai que

[14] *Ibid.* XIX, 14.
[15] Exode, XXII, 27.
[16] Shavouot, 36 a.
[17] Lévitique XIX, 16.
[18] Exode XXIII, 1.
[19] Isaïe LXII, 1.

les prophètes prêchaient sous inspiration divine — soit parce qu'ils étaient sincèrement convaincus que c'était effectivement Dieu qui les utilisait comme ses porte-parole, soit en raison de leur mentalité d'hommes d'État, qui leur suggérait que leurs paroles et leurs menaces resteraient sans effet si elles n'étaient pas ressenties comme venant de Dieu. Mais cela ne diminue en rien leur courage inébranlable ; au contraire, le fait d'appeler à la rescousse la toute-puissance de Dieu et sa colère flamboyante pour renforcer et fortifier leurs invectives témoigne de leur résolution à se faire entendre et écouter à tout prix.

Dieu a promis solennellement au peuple qu'il suscitera des prophètes et mettra ses paroles dans leur bouche, et il a ordonné au peuple de prêter l'oreille aux prophètes ainsi suscités[20]. Mais le problème initial surgit quant à la différenciation entre les prophètes qui étaient véritablement prophètes de Dieu, et ceux qui prétendaient être divinement inspirés et faire entendre la parole de Dieu, alors qu'en réalité ils n'étaient que des imposteurs. La solution proposée déjà dans la Bible est peu satisfaisante, car elle laisse la question en suspens jusqu'après l'événement. « Et si tu dis dans ton cœur : "Comment reconnaîtrons-nous la parole que Dieu n'a point prononcée ?" Si le prophète parle au nom de Dieu et que ce qu'il dit ne se réalise pas et n'arrive pas, voilà la parole que Dieu n'a pas dite, c'est présomptueusement que le prophète l'a dite, n'aie pas peur de lui[21] ». En d'autres termes : si la prophétie se réalise, le prophète aura été véridique ; si elle ne se réalise pas, ce sera un faux prophète. On dira peut-être qu'un prophète — excepté celui qui parle au nom d'autres dieux et qui ainsi se démasque de manière concluante[22] — doit être considéré comme prophète véridique tant qu'il n'a pas été démenti par les événements. Cette présomption même est limitée par Maïmonide et ne s'applique selon lui qu'aux prophéties de bénédiction ; quant

[20] Deutéronome XVIII, 15.
[21] *Ibid.*, 21-22.
[22] Sanhédrin XI, 6.

aux prophéties annonçant des malheurs et des calamités, le fait qu'elles ne se réalisent pas ne doit pas être imputé au caractère mensonger de la prophétie, mais plutôt à l'insondable miséricorde de Dieu[23].

À voir les choses d'une manière plus pragmatique, les vrais prophètes se révélaient différents des faux prophètes par la signification et le contenu de leur message : les vrais prophètes étaient hautement impopulaires, tandis que les faux prophètes suscitaient des applaudissements de la part d'auditoires enthousiastes. Les prédictions, généralement terrifiantes, des vrais prophètes tombaient dans des oreilles rétives, et leurs déclarations intransigeantes, leurs accusations rigoureuses, provoquaient un ressentiment général. Il n'est guère étonnant qu'ils devinrent bientôt une petite minorité de dissidents : la grande majorité des prophètes cherchait à plaire et à satisfaire les masses, et fournissait aux autorités des prophéties optimistes et des commentaires flatteurs. Alors que la tradition talmudique évalue le nombre total des prophètes dûment qualifiés et divinement inspirés à quarante-huit hommes et sept femmes[24], des chiffres donnés par la Bible indiquent que des centaines de prophètes officiaient à la fois près des différents sanctuaires et auprès des cours royales[25]. La minorité des vrais prophètes dénonçait la majorité, leurs concurrents prétentieux, non seulement parce qu'ils égaraient le peuple[26] et menaient eux-mêmes une vie dissolue[27], mais aussi parce qu'ils étaient la véritable cause de la chute et de la destruction de Jérusalem[28]. Ils étaient accusés de s'adonner à l'ivrognerie et à la débauche[29] et de pratiquer la divination pour de l'argent[30]. « Ils fourvoient

[23] Yessodei Hatora IX, 4.
[24] Méguilla, 14 a.
[25] I Rois XVIII, 19 ; XXII, 6.
[26] Jérémie XXIII, 13.
[27] *Ibid.*, 14.
[28] Lamentations IV, 13.
[29] Psaumes XXVI, 7-8.
[30] Michée III, 11.

mon peuple, ils mordent de leurs dents et crient : Paix ![31] ». Jérémie[32] entrait visiblement en fureur quand il entendait ces loyaux et optimistes prophètes de Cour proclamer : « “Paix ! paix !” alors qu'il n'y a pas de paix ». La même liberté de parole octroyée aux prophètes, dont les prophéties ont été préservées et canonisées, était en fait également accordée aux nombreux prophètes qui se réclamaient de l'inspiration divine, bien que cette prétention ne fût pas rétrospectivement ratifiée par les canonisateurs. Il n'y a aucune raison valable de supposer que ces optimistes prophètes de Cour n'étaient pas eux aussi de sincères patriotes qui aimaient ardemment leur peuple et étaient jalousement dévoués à l'État et au sanctuaire. Comme les dirigeants de l'État, qui avaient à cœur l'intérêt du pays, ils étaient indignés des invectives et des accusations excessives de Jérémie, et nourrissaient une profonde confiance dans l'affection de Dieu pour Israël. Ils bénéficiaient de prospérité et de succès durant leur vie ; les vrais prophètes devaient quant à eux se contenter de la gloire et de l'immortalité.

La majorité, soutenue par les autorités au pouvoir, réussit souvent à imposer silence à la minorité, malgré les vociférations de celle-ci. Quand Amos prédit que le roi d'Israël mourrait par l'épée et que son peuple serait emmené en captivité, il dut s'enfuir au pays de Judée, y gagner son pain et y prophétiser : « Mais à Beth-El tu ne continueras pas à prophétiser, car c'est un sanctuaire du roi et une résidence royale[33]. » Un destin plus tragique échut au prophète Ouriya, qui avait prophétisé — comme Jérémie — la chute de Jérusalem et de la Judée et que le roi pour cette raison voulut mettre à mort ; il s'enfuit en Égypte, mais fut ramené de force et décapité[34]. Jérémie lui-même fut à plusieurs reprises jeté en prison[35], et même formellement accusé

[31] *Ibid.*, 5.
[32] VI, 11 ; 14.
[33] Amos VII, 11-13.
[34] Jérémie XXVI, 23.
[35] *Ibid.* XXVI, 8 ; XXXVII, 15.

« par les prêtres et les prophètes » d'avoir prophétisé « contre la Cité, comme vous l'avez entendu de vos oreilles[36] ». La plaidoirie de Jérémie, telle qu'elle est rapportée, vaut la peine d'être citée : « Le Seigneur m'a envoyé pour prophétiser contre cette maison et contre cette ville toutes ces paroles que vous avez entendues. Maintenant, amendez vos voies et vos actions, et écoutez la voix du Seigneur votre Dieu, et le Seigneur se repentira du mal qu'il a prononcé contre vous. Quant à moi, voici, je suis entre vos mains : agissez envers moi comme il vous semblera bon et juste. Mais sachez bien que si vous me mettez à mort, vous vous chargez de sang innocent, vous, cette ville et ses habitants, car en vérité le Seigneur m'a envoyé vers vous pour prononcer toutes ces paroles à vos oreilles[37]. »

Ce discours résonne à travers les siècles comme un cri d'avertissement de l'Homme persécuté pour avoir exprimé ses convictions. Enfin, « des hommes parmi les anciens du pays se levèrent », alléguant pour la défense de Jérémie le précédent de Michée, un autre prophète qui avait prédit la destruction de Jérusalem, mais n'avait pas été mis à mort par le roi : en faisant mourir Jérémie, « nous chargerions nos âmes d'un grand péché[38] ». Cet argument prévalut, et la vie de Jérémie fut sauvée.

L'interdiction de maudire les chefs[39] ne devait pas arrêter les prophètes quand ils se sentaient appelés à réprimander les rois. Le prophète Nathan n'hésita pas à lancer à la face du roi les plus graves accusations et à le menacer des plus affreux châtiments divins[40]. Quand un roi avait commis un meurtre dans le but de s'enrichir, le prophète Élie le maudit publiquement : dénoncer ouvertement la mauvaise conduite du roi était considéré comme un devoir l'emportant sur tout respect dû à la majesté du roi et même sur le Commandement divin d'honorer le roi. Le prophète

[36] *Ibid.* XXVI, 11.
[37] *Ibid.*, XII, 15.
[38] *Ibid.*, 17-19.
[39] Exode XXII, 27.
[40] II Samuel XII, 9-11.

appelle la colère de Dieu sur les princes qui oppriment le peuple : « Car vous avez ravagé la vigne, le butin des pauvres est dans vos maisons. Qu'avez-vous à meurtrir mon peuple et à écraser la face des pauvres ?[41] ».

Non seulement le prophète lui-même s'exprime sans réserve en faveur des opprimés et des persécutés, mais il fustige également les opprimés et les affligés qui restent silencieux et ne donnent pas libre cours à leurs griefs : « Comme une brebis muette devant ceux qui la tondent, il n'ouvre pas la bouche[42] », et Dieu lui-même s'attend à ce que les affligés poussent des cris[43].

Le fait que, même parmi les prophètes, seule une minorité exploite cette liberté de parole jusqu'au bout et énonce sans relâche tous ses griefs contre les autorités au pouvoir — ce fait semble indiquer que cette liberté était en ce temps-là le privilège d'une élite peu nombreuse. Cette supposition est fortifiée par le fait que ceux qui s'exprimaient nettement le faisaient sous inspiration divine, se mettant à l'abri derrière l'inviolabilité de Dieu et demandant l'immunité en considération de la colère possible de Dieu. Même en admettant tout cela, le phénomène de la prophétie comme une manifestation de la liberté de parole conserve une signification remarquable.

Selon une ancienne tradition, avec la destruction du Temple, le don de prophétie fut enlevé aux prophètes et accordé aux Sages[44]. Après que les Sages eurent pris le dessus, personne n'osa plus revendiquer le don ou la compétence de la prophétie divine. De tels prétendants à la compétence prophétique, comme il en apparaissait de temps en temps, en général avec des nuances messianiques, étaient discrédités par une opinion quasi unanime et relégués aussitôt à l'écart.

[41] Isaïe III, 14-15.
[42] Isaïe LIII, 7.
[43] Exode XXII, 22, 26.
[44] Baba Bathra, 12 a.

Ce qui marqua l'histoire talmudique et la création de la loi orale fut une controverse doctrinale, d'abord entre Pharisiens et Sadducéens, plus tard entre différentes sectes et écoles à l'intérieur du groupe pharisien. Il y avait aussi beaucoup de groupes fragmentaires, parmi lesquels les Esséniens qui mettaient l'accent sur l'austérité et la pureté spirituelle ; les différentes communautés de la mer Morte, dont chacune développait des codes et des rites à sa façon, et différents groupes de zélotes s'appliquant à combattre souterrainement les Romains et les collaborateurs. Il est significatif que dans cet embrouillement de controverses aucune tentative n'a jamais été faite pour étouffer la libre discussion. Bien que les Pharisiens aient regardé la doctrine sadducéenne comme hérétique, on ne trouve aucune mention de poursuites engagées contre la diffusion de telles doctrines. Quelque intolérant que fût un groupe à l'égard de l'autre, dès qu'il s'agissait de dogmes ou de comportements religieux, ils ne contestaient jamais leurs droits respectifs de prêcher et propager leurs propres opinions.

Il y a cependant une institution, remontant à la Loi biblique, qui ne s'accorde pas tout à fait avec le modèle du libre échange d'opinions divergentes. Il s'agit de celle du « doyen réfractaire[45] ». Mais un grand docteur du Talmud nous assure que personne n'a jamais été jugé sous l'inculpation de « doyen réfractaire », et la supposition que Jésus aurait été l'objet d'une telle accusation a depuis longtemps été réfutée de manière concluante. Mais les talmudistes ont cherché et trouvé d'autres chemins et moyens pour donner une sanction punitive à leur désapprobation à l'égard de dissidents obstinés.

Le plus célèbre hérétique des temps talmudiques était Elisha Ben Abouya (qui vivait au IIe siècle). L'histoire raconte que ce grand docteur était un des quatre qui « pénétrèrent dans le jardin », c'est-à-dire qui s'engagèrent dans les études théosophiques

[45] Deutéronome XVII, 12.

et philosophiques, « la science de l'inconnu », et qui finalement « démolirent les plantations » ; mais alors que les trois autres en sortirent en gardant une foi intacte, Elisha sortit désabusé de Dieu, de sa Création et de ses lois, et dès lors le désavoua ouvertement[46]. Son disciple, rabbi Meïr, un des grands *Tannaïm* (« répétiteurs »), ne rompit pas les relations avec lui ; mais on raconte qu'il continua à lui témoigner du respect, même quand il assista à une flagrante violation des lois du shabbat[47]. La conduite de Meïr envers son maître fut expliquée plus tard par les Sages qui citèrent un vieux proverbe : « Il trouva une grenade verte, mangea le fruit et rejeta l'écorce[48]. » Mais Meïr semble avoir été le seul, parmi ses nombreux collègues et disciples, à ne pas éviter Elisha : la communauté dans son ensemble — y compris, selon une légende talmudique, les prostituées — le tenait à l'écart et allait si loin dans sa désapprobation qu'on le soupçonnait même de collaborer traîtreusement avec les Romains[49].

Alors que dans le cas d'Elisha aucune proscription formelle ne semble avoir été prononcée à son endroit, on rapporte plusieurs cas où une dissidence déclarée et opiniâtre était sanctionnée par le *Niddouil*. C'était le terme employé dans la littérature talmudique pour désigner la punition qui consistait à isoler un délinquant de la communauté, laquelle lui témoignait un profond mépris. Originairement, le *Niddouil* était l'expulsion d'un membre de l'ordre des Pharisiens : s'il négligeait d'observer un niveau de conduite convenable, son association avec ses collègues risquait de les souiller. Plus tard, le *Niddouil* était limité à une durée de trente jours au plus, avec une prolongation possible pour trente autres jours ; si cela ne servait à rien, et si la continuation ou l'aggravation de la peine était considérée comme nécessaire, on pouvait imposer un *Hérem* qui équivalait

[46] Haguiga, 14 b-15 b.
[47] I Haguiga II, 1.
[48] Haguiga, 15 b.
[49] I Haguiga II, 1.

à un véritable ostracisme[50]. Dans certains cas, le *Niddouil* était une pure formalité exprimant la désapprobation, sans aucune incidence pratique sur la position du docteur coupable au sein de la communauté.

Prenez, par exemple, le cas d'Agavia Ben Mahallel (qui vivait au Ier siècle). C'était un grand maître d'une autorité indiscutée : on disait de lui que personne ne l'égalait en sagesse et en crainte du péché[51]. À propos de quatre questions législatives différentes, il s'écarta de la majorité comme seul opposant, à la suite de quoi le dialogue suivant eut lieu : « Ils lui dirent : "Agavia, reconsidère ton opinion sur ces quatre questions, et nous te nommerons président de la Cour suprême en Israël." Et il leur répondit : "je préfère qu'on m'appelle fou toute ma vie, plutôt que de paraître coupable un instant devant Dieu, et personne ne dira de moi que j'ai manqué à ma parole pour une sinécure[52]." » La Michna se termine par cette assertion laconique : « Ils décrétèrent un *Niddouil* contre lui ; il mourut durant le *Niddouil*, et la Cour lapida son cercueil[53]. » Mais ce récit fut aussitôt démenti de source autorisée : « Dieu nous garde qu'un *Niddouil* ait été prononcé contre Agavia, que personne n'a jamais égalé en sagesse et en crainte du péché. Le *Niddouil* fut prononcé contre Elazar Ben Hanokh qui était en désaccord au sujet de la pureté des mains, et quand il mourut, la Cour envoya un messager pour placer une pierre sur son cercueil. Cela nous apprend que si quelqu'un meurt durant le *Niddouil*, on lapide son cercueil[54]. » Que le *Niddouil* ait été effectivement prononcé contre Agavia, ou que son nom ait été confondu par erreur avec celui d'Elazar Ben Hanokh — d'ailleurs parfaitement inconnu —, de toute façon il apparaît que le *Niddouil* aboutissait à lapider le cercueil

50 Moed Kattan, 16 a.
51 Michna Eduyot V, 6.
52 *Ibid.*
53 *Ibid.*
54 *Ibid.*

(c'est-à-dire à poser une pierre sur lui), et rien de plus. La règle que le cercueil d'un homme décédé durant le *Niddouil* doit être lapidé en y déposant une grosse pierre est reprise dans des sources postérieures en rapport avec les contrariétés que le *Niddouil* implique pour les vivants, et qui consistent essentiellement à se conduire comme une personne en deuil[55].

Ce deuil est bien illustré par la célèbre histoire de rabbi Éliezer. La légende prétend qu'Éliezer tenta en vain de persuader la majorité que lui avait raison alors qu'eux avaient tort ; comme ils refusaient d'accepter son opinion, il invoqua une intervention divine en sa faveur. Il dit : « Cet arbre prouvera que j'ai raison. » Sur quoi l'arbre fut déraciné et projeté à une distance de cent (d'autres disent : quatre cents) coudées. Mais les docteurs répliquèrent : « Les arbres ne sont pas une preuve. » Alors il dit : « Que l'eau le prouve ! » Et le ruisseau coula en arrière. Ils répliquèrent : « Le ruisseau n'est pas une preuve. » Il dit : « Que les murs de cette maison le prouvent ! » Et les murs commencèrent à s'écrouler. Rabbi Yéhoshoua, membre de la majorité, se fâcha contre les murs et s'écria : « Si les docteurs discutent de la Loi, ce n'est pas votre affaire ! » Sur quoi les murs s'arrêtèrent de tomber, par respect pour Yéhoshoua, mais ne voulurent pas se redresser, par respect pour Éliezer. Alors il dit : « Si j'ai raison, que la preuve vienne du ciel ! » Sur quoi une voix céleste vint du ciel et dit : « La Loi est comme le dit Éliezer. » Mais Yéhoshoua se dressa sur ses pieds et dit : « La Loi n'est pas au ciel, elle nous a été remise au mont Sinaï, et nous ne tenons plus compte des voix célestes : la Loi qui nous a été remise prévoit que les décisions sont prises à la majorité des voix. » L'histoire se termine par deux épilogues, l'un relatant la réaction de Dieu, et l'autre celle des hommes. Quant à la réaction de Dieu, on dit que le prophète Élie descendit du ciel et raconta que Dieu avait souri, en disant : « Mes fils m'ont vaincu, mes fils m'ont vaincu. » Et quant à la

55 Berakhot, 19 a.

réaction des hommes, ils tinrent conseil et décidèrent de proclamer le *Niddouil* contre Éliezer. Rabbi Akiba fut volontaire pour lui notifier le *Niddouil.* Ayant revêtu des vêtements de deuil, il alla à la maison d'Éliezer et s'assit à une distance de quatre cents coudées de lui. Éliezer demanda : « En quoi ce jour est-il différent des autres jours ? » Akiba répondit : « Mon maître, il semble que tes collègues se détachent de toi. »

Sur quoi il déchira ses vêtements, retira ses chaussures, s'assit par terre et pleura[56].

La proclamation du *Niddouil* dans ce cas particulier semble spécialement peu appropriée. La règle de la majorité n'aurait pu être établie sans l'existence et l'énonciation d'opinions divergentes. Peut-être le *Niddouil* fut-il proclamé pour manifester qu'il ne devait pas y avoir de discrimination entre des dissidents obstinés de haute réputation et d'autres moins réputés — ou pour manifester qu'aucune prédilection divine ne pouvait dispenser un docteur de ses responsabilités terrestres.

Par les vingt-quatre infractions à cause desquelles le *Niddouil* pouvait être proclamé, les cas suivants peuvent être considérés comme limitations de la liberté de parole : insulte adressée à un docteur, même après sa mort ; traiter un homme d'esclave ; invocation du nom ou de l'autorité de Dieu à propos de sujets frivoles ; activité, discours ou liaison d'un docteur susceptibles de le discréditer lui-même ou les études ; désobéissance à la loi établie en s'appuyant sur des arguments témoignant d'une excessive confiance en soi-même ; mise en vedette d'opinions minoritaires écartées par la majorité ; proclamation du *Niddouil* sans cause suffisante[57]. Le délit d'emploi abusif du *Niddouil* dut être institué parce que non seulement les tribunaux mais aussi des individus pouvaient le proclamer : nous trouvons, par exemple, des créanciers le proclamant à l'égard de débiteurs

[56] Baba Metzia, 59 b.
[57] Maïmonide, Talmud Torah VI, 14.

indélicats, ou de simples docteurs l'imposant pour se justifier devant des insultes ou des manifestations de mépris, bien que cette pratique fût désapprouvée en termes non équivoques[58].

Au Moyen Âge, l'anathème devint le principal instrument pour faire respecter l'autorité. Sa prédominance était due, pour une part non négligeable, au rôle important que jouait l'excommunication dans l'Église : certaines catégories de pénitence infligées plus tard à des Juifs frappés d'anathème étaient manifestement empruntées aux pratiques de l'Église. Mais plus les docteurs usaient du *Hérem* ou du *Niddouil*, plus ceux-ci devenaient fréquents, moins ils étaient effectifs, et moins ils faisaient impression. En fait, ils étaient devenus la réaction classique des rabbins à toutes les formes de déviation ou de non-conformisme considérées comme étant incompatibles avec l'orthodoxie établie ou dangereuses pour elle. Il y a des rabbins orthodoxes qui en font usage encore aujourd'hui, mais comme ni la personne concernée ni le grand public ne se considèrent comme engagés, ils ont cessé d'avoir un effet pratique ou dissuasif.

Il faut mentionner ici seulement le *Hérem* le plus célèbre — ou le plus notoire — qui ait jamais été prononcé, à savoir celui de Baruch (Benedictus) Spinoza en 1656. Il fut excommunié par le tribunal rabbinique d'Amsterdam pour avoir abandonné l'orthodoxie et adopté son nouveau panthéisme, considéré comme incompatible avec la croyance juive traditionnelle. Un peu comme Elisha Ben Abouya, il avait goûté des fruits défendus et montré le courage d'entrer dans un jardin de sa propre confection ; et un peu comme Agavia Ben Mahallel, on lui avait proposé — et il avait dédaigneusement refusé — des bénéfices considérables s'il voulait s'abstenir de publier ses opinions hérétiques. Il est vrai que son excommunication était la conséquence, et non la cause, de sa séparation volontaire de la communauté juive : mais elle eut pour effet de le classer dans le

[58] *Ibid.* VII, 13.

monde juif pour de nombreuses générations comme un méprisable renégat. Alors que l'excommunication totale — ou la mort civile — était considérée à juste titre comme la punition la plus grave qui pouvait, et devait, être infligée aux apostats, nous trouvons à la fois des sanctions moindres, telles que celles qui ne sont appliquées que dans un monde futur, mais aussi des peines plus rigoureuses, telles que la mort physique, formulée contre ceux qui désavoueraient leur Dieu et la Loi divine.

La thèse générale est que tout le peuple d'Israël se compose d'hommes justes[59], et par conséquent tous peuvent prendre part aux bénédictions du monde à venir[60]. Font exception à cette règle générale celui qui nie la résurrection des morts, celui qui nie la divinité de la Torah, et l'*Epikoros*. Le Talmud définit l'*Epikoros* comme quelqu'un qui méprise les Sages, les représentants de la Loi divine, ou comme celui qui interprète la Loi divine selon sa propre fantaisie[61]. Maïmonide le définit comme quelqu'un qui « suit la sottise de son cœur, et sciemment et imprudemment viole les lois de la Torah, disant que ce n'est pas un crime[62] ». La liste des gens qui n'ont pas part au monde futur a été étendue ensuite aux calomniateurs qui par leurs discours font pâlir la face d'autres personnes[63]. Et Maïmonide exclut également de tout espoir de vie future les athées « qui disent que Dieu n'existe pas et que le monde n'a pas de maître », ceux qui croient en plusieurs dieux, ou en un dieu de chair et de sang ou d'autres substances organiques, et ceux qui croient en Dieu mais nient son omnipotence ou son omniscience ou la divinité de la Torah « ou même d'un seul mot ou d'une seule lettre », ou ceux qui nient l'authenticité et la force contraignante de la loi orale[64]. Bien plus, même celui qui croit en la divinité de

[59] Isaïe LX, 21.
[60] M. Sanhédrin X, 1.
[61] Sanhédrin, 99 a-b.
[62] Maïmonide, Akkum V, 5.
[63] M. Avoth III, 11.
[64] Teshuva III, 6-8.

la Loi, « s'il dit “à quoi me sert de m'attacher aux Juifs, ce peuple misérable et persécuté : je ferais mieux de m'attacher à ceux qui détiennent la force et le pouvoir”, et il les rejoint et vit selon leurs lois, ne vaut pas mieux qu'un athée, et son sort futur est le même[65] ». À vrai dire, il doit être un apostat presque accompli pour agir et parler comme il le fait.

Des discours incendiaires propageant l'idolâtrie constituent un crime capital en droit biblique ; mais la menace de risquer sa vie a été étendue aussi aux délateurs (pendant l'Inquisition) et aux *Épikorsim*, « parce qu'ils mettent la communauté en danger et amènent les hommes à renier leur Dieu[66] ». Mais on ne peut retrancher une vie humaine en dehors du domaine de la loi pénale : la menace formulée ici ne s'adresse pas aux organes chargés de l'application de la loi, mais plutôt au grand public, indiquant que la vie d'un tel délateur ou d'un *Epikoros* ne vaut pas la peine d'être vécue ou d'être sauvée[67], et reflétant l'extrême dédain pour le gaspillage et la dissipation d'une vie vouée à une hérésie perfide. Cependant, la suppression — par excommunication ou par d'autres moyens — d'opinions divergentes, excepté dans les cas extrêmes d'apostasie, est tout à fait contraire à la tendance générale de la loi juive et à sa philosophie.

Les différentes opinions contradictoires en matière de loi, y compris les opinions de la majorité et de la minorité, étaient considérées pareillement comme émanant du Dieu vivant[68]. La parole de l'Ecclésiaste[69] selon laquelle les paroles des Sages, les « maîtres des réunions », sont toutes « données par un même berger » était interprétée comme se rapportant aux différences d'opinion parmi les Sages, les « maîtres des réunions » étant les docteurs qui se réunissent pour discuter et constituer la loi :

65 *Ibid.*, 9.
66 Maïmonide, Akkum X, 1.
67 *Ibid.*
68 Eroubin, 13 b ; Guittin, 6 b.
69 12, 11.

vous trouverez dans leurs réunions ceux qui permettent et ceux qui interdisent le même acte, ceux qui déclarent pure une personne ou une chose dans des circonstances données et ceux qui la déclarent impure dans les mêmes circonstances, ceux qui admettent et ceux qui rejettent certains témoins ou certains prêtres. Un auditeur pourra se demander : comment saurai-je quelle est réellement la loi ? Voilà ce que signifient les mots « données par un même berger » : un même Dieu a donné toutes ces lois, elles viennent toutes du Seigneur, comme il est écrit : « Et Dieu dit toutes ces paroles[70]. » C'est pourquoi « dresse l'oreille pour entendre, et ouvre ton cœur pour comprendre les paroles de ceux qui déclarent pur et de ceux qui déclarent impur, de ceux qui permettent et de ceux qui interdisent, de ceux qui qualifient et de ceux qui disqualifient, de ceux qui admettent et de ceux qui rejettent[71] ». On ne propose aucune méthode toute faite pour faciliter cette compréhension : le seul point bien établi est que ce n'est pas le degré de compréhension qui peut, en matière de loi, fournir un argument suffisant pour préférer une opinion à une autre. Les différentes méthodes pour choisir une opinion afin de s'élever au rang de la loi positive (*halakha*) sont prédéterminées par la loi et n'ont rien à faire avec une compréhension individuelle. Peut-être que le but visé est particulièrement la compréhension des processus historiques, sociologiques et logiques en œuvre : c'est en analysant ces processus que chacune des opinions divergentes sera appréciée à sa valeur, sans se préoccuper de savoir comment la loi est éventuellement fixée.

Un sage du IIIe siècle a déclaré que si la loi avait été donnée « claire et nette », les docteurs n'auraient plus rien eu à discuter ; mais heureusement la loi n'était pas « claire et nette », chaque aspect de la loi projette « quarante-neuf ombres en faveur de la pureté et quarante-neuf ombres en faveur de l'impureté, et à

70 Exode XX, 1.
71 Haguiga, 3 b.

propos de chaque norme il y a des opinions contradictoires, et toutes pareillement sont les paroles du Dieu vivant[72] ». Le verset « Dieu a parlé une fois, deux fois je l'ai entendu[73] » est interprété comme signifiant que chaque parole de Dieu admet plusieurs significations, mais jamais deux paroles de Dieu n'ont le même sens[74]. L'allégorie du prophète selon laquelle la parole de Dieu est pareille au feu et « au marteau qui fait éclater le rocher[75] », était utilisée pour conclure que, pareille aux coups du marteau, la parole de Dieu produit des myriades d'étincelles — des myriades d'opinions étincelantes[76]. Ce n'est que très rarement que nous trouvons des expressions de regret quant à la division des opinions[77] ; normalement, la pluralité des opinions exprimées et la possibilité de choisir entre des opinions normatives contradictoires sont exaltées comme un phénomène absolument positif.

Maïmonide écarte comme « laide et indécente » l'idée que les divergences d'opinions parmi les Sages puissent être attribuées à la discutaillerie ou au manque de mémoire ou à d'autres faiblesses humaines. Il explique ces divergences comme résultant de différences d'attitude ou d'intelligence, les justifiant en citant la prédilection ou l'indulgence de la Bible pour les Juges et les Sages « que vous avez à votre disposition en votre temps[78] », dont l'attitude et l'intelligence seront naturellement différentes de celles de Juges et de Sages d'autres temps. Si des opinions divergentes datant de différentes générations sont jugées dignes d'être exprimées et préservées, il n'y a pas de raison pour que des divergences d'opinions contemporaines soient traitées différemment.

---

[72] Sopherim XVI, 5-7.
[73] Psaumes LXII, 12.
[74] Sanhédrin, 34 a.
[75] Jérémie XXIII, 29.
[76] Sanhédrin, 34 a ; shabbat, 88 b.
[77] Baba Bathra IX, 10.
[78] Deutéronome XVII, 9.

Une tradition mishnaïque dit qu'un conflit d'opinions « durera » s'il est bon « pour l'amour du ciel », et ne « durera » pas s'il n'est pas bon « pour l'amour du ciel[79] ». Comme exemple de conflit pour l'amour du ciel, on donne les disputes entre les célèbres écoles de Hillel et de Shammaï ; des conflits non entrepris pour l'amour du ciel sont par exemple ceux engendrés par la rébellion de Koré et de ses complices contre Moïse[80]. La durée ou la persévérance des conflits d'érudits poursuivis avec un *animus sanctus*, c'est-à-dire dans le but d'interpréter et d'accomplir la Loi divine, ne signifient pas seulement que toutes les opinions divergentes sont à conserver pour la postérité[81], mais aussi que les défenseurs des différentes opinions, y compris ceux dont les opinions ne furent pas en définitive retenues, étaient vénérés et immortalisés pour les opinions authentiques qu'ils avaient émises et soutenues. D'autre part, des rebelles qui avaient échoué, tels que Koré, sont mentionnés surtout à cause de leur chute et de leur punition, tandis que le conflit qu'ils avaient suscité est mort avec eux.

Toutefois, la liberté de pensée et de parole n'est pas le privilège des docteurs ou des prophètes. Le droit de l'Homme d'avoir et de soutenir ses propres opinions, même si elles diffèrent de toutes les autres, est attesté dans une ancienne source haggadique, bien qu'il ne soit pas mentionné dans les textes législatifs. La légende dit que lorsque Moïse était sur le point de mourir, il s'adressa à Dieu en ces termes : « Créateur de tous les univers, tu connais l'esprit de chaque homme, et tu sais que l'esprit d'un homme ne ressemble à l'esprit d'aucun autre homme. Maintenant que mon heure est venue de me séparer de mon peuple, que ce sera ta volonté, Seigneur, si tu t'apprêtes à leur nommer un chef, choisis un homme prêt à tolérer (littéralement : à souffrir) chacun d'entre eux conformément à son esprit

[79] Michna Avoth V, 17.
[80] Nombres XVII.
[81] Eduyot I, 5-6.

particulier. » Et c'est pourquoi Dieu est appelé « Dieu des esprits de toute chair[82] » — non Dieu de l'esprit, mais Dieu de tous les esprits[83]. Nous avons ici non seulement la reconnaissance de la diversité des esprits, de la diversité des pensées humaines et de la légitimité de chacun d'eux, mais aussi — et c'est même plus significatif — le postulat explicite que les chefs de l'époque doivent gouverner leurs peuples de telle manière que cette diversité puisse se manifester effectivement et être autorisée à se déployer en s'exprimant sans entraves. La notion de l'indépendance de l'esprit et de l'individualisation de la pensée et du raisonnement a fait de plus amples progrès avec l'évolution de la philosophie médiévale juive. Un docteur a comparé les croyants qui ne se posent pas de questions et ne pensent pas à un groupe d'aveugles qui ne peuvent avancer qu'en se tenant l'un l'autre par la main, et tous dépendant aveuglément de l'unique voyant qui guide la file (Bahya Ibn Pakouda). Un homme que Dieu a béni en lui conférant l'intelligence, le désir et la curiosité de se livrer à des investigations par ses propres moyens, par des méthodes rationnelles, même sur des principes fondamentaux tels que l'existence, l'omniscience et d'autres attributs de Dieu — cet homme a le devoir de faire usage de ses capacités et talents dont Dieu l'a gratifié, et de s'engager dans de telles investigations ; et manquer à ce devoir n'est qu'un manque de sagesse.

Dans le même esprit, un philosophe postérieur, Joseph Albo[84], a soutenu que tout homme au cœur sage « peut librement examiner tous les principes fondamentaux de la Loi et interpréter l'Écriture, de la manière qui le mènera à la vérité en accord avec sa propre façon d'aborder les problèmes ».

Je conclurai en citant le bon conseil d'un célèbre sage du XVIe siècle, Juda Loew de Prague (Maharal) : « Même si les

---

82 Nombres XXVII, 16.
83 Nombres, Rabba 21.
84 Rabbin et théologien espagnol du XVe siècle *(Note de l'éditeur)*.

paroles prononcées par [un homme] sont dirigées contre la foi et la religion, ne dites pas à cet homme de ne pas parler et d'étouffer ses paroles. Autrement il n'y aura pas de clarification en matière religieuse. Au contraire : il faut dire à toutes les personnes d'exprimer tout ce qu'elles désirent. Et elles ne devront jamais affirmer qu'elles auraient voulu dire plus, si on leur en avait donné l'occasion.

« Ainsi mon opinion est contraire à ce que certains hommes pensent. Ils pensent que s'il est défendu de parler contre la religion, la religion est fortifiée ; mais il n'en est pas ainsi. L'élimination des opinions des adversaires de la religion sape la religion et l'affaiblit. »

Si l'on objecte que ceci aussi est une opinion dissidente, on ne saurait trouver un meilleur témoignage attestant la liberté des paroles dissidentes.

Marion MUSHKAT
Ancien directeur de l'Institut israélien des affaires internationales.

LE JUDAÏSME ET LA « TROISIÈME GÉNÉRATION » DES DROITS DE L'HOMME

La plupart des exégètes sont d'accord sur un point : la Bible exprime la conscience de la nécessité qu'a l'homme d'un dialogue permanent avec ses semblables. Ce dialogue porte sur la signification dynamique du bien et du mal dont la spécificité ne peut être établie de façon immuable.

Certes, l'être humain peut progresser dans son appréhension de ces deux pôles, en tenant compte de l'évolution incessante de la condition humaine et de la réciprocité des devoirs qu'elle impose. Les devoirs et les droits qui leur correspondent, c'est-à-dire les lois en vigueur, dépendent de cette appréhension. Or, ils évoluent à travers les âges, selon les circonstances de la vie et des rapports entre les individus et les peuples. La Bible nous enseigne leur constante métamorphose et leur possibilité de surmonter l'opposition qu'ils rencontrent tant sur le plan psychologique, moral et religieux que social. L'homme doit faire face à une réalité fréquemment dure, et lutter pour la transformer, mais il cherche souvent à se réfugier dans la mystique. Celle-ci lui permet d'accepter le statu quo, de s'accoutumer au mal et même à l'esclavage.

Tant d'années après l'insurrection du ghetto de Varsovie, il n'y a aucune illusion à se faire quant au choix difficile mais inévitable, si on veut préserver la dignité et l'espoir de la liberté. C'est justement cela que la Bible, par la voix des prophètes, nous enseigne en mettant en relief les obligations auxquelles l'homme est soumis, afin d'atteindre le bonheur.

La prophétie biblique est une protestation contre le mal et l'injustice, mais c'est aussi un appel à l'espoir et un immense acte de foi en l'homme puisqu'elle le voit capable de transformer le monde.

Lorsque Moïse parle à Dieu, il ne cherche pas seulement à définir ce qu'est le bien ou ce qu'est le mal. Dans son dialogue, et dans le dialogue avec le peuple d'Israël, il se demande encore — tout comme les autres prophètes qui viendront après lui — quels sont les principes, quelles sont les institutions qui répondent aux nécessités de la vie, quelles sont les structures à former pour mettre fin à la captivité en Égypte et la remplacer par l'établissement d'une nation sur une terre qui lui a été promise. Sur cette terre, chaque homme, l'étranger de même que l'esclave, doit être de la même façon que les enfants d'Israël.

Contrairement à la croyance mystique en un Messie qui promet la justice au ciel, Moïse parle de solutions terrestres qui dépendent de l'esprit et du courage du peuple. Il conjure le peuple de surmonter les souffrances dans le désert et de ne pas craindre la longue et difficile marche vers la liberté.

Cependant, dans son désir du statique, dans son refus d'affronter la misère de sa condition, le peuple a changé l'appel biblique en religion. Il a accepté aussi la pétrification de ses mœurs et de ses institutions et finalement la perte de son indépendance.

II a fallu des siècles pour que la tendance libératrice puisse prendre un nouveau cours et aboutir à la déclaration d'Indépendance d'Israël.

Il a aussi fallu beaucoup de temps pour voir se réaliser — en partie du moins — la décolonisation chez d'autres peuples, décolonisation qui a donné naissance à un drapeau de souveraineté, mais n'a pas assuré encore le succès économique, culturel, ni les libertés fondamentales humaines dans les nouveaux États. Et il a fallu presque autant d'années de souffrance, d'holocauste et de guerre mondiale avant d'arriver à la Déclaration universelle des droits de l'Homme et au début de la réalisation des conventions qu'elle suppose.

Le temps écoulé entre le vote aux Nations unies sur la Déclaration universelle en 1948 et l'acceptation des Pactes sur les droits de l'Homme de 1966 — ainsi que sur plusieurs autres accords définissant les crimes contre l'humanité et contre la paix, établis par le verdict de Nuremberg et confirmant la sentence du génocide, interdisant la discrimination raciale, sociale et sexuelle, exigeant l'abolition des injustices dans les domaines du travail et de la culture, — a été relativement bref. Cela indique cependant qu'il s'agit là d'un processus qui ne pourra jamais prendre fin.

Il sera toujours nécessaire de changer ou d'améliorer ses propres actes en considérant les nouveautés apportées par la vie, le progrès de la science et de la technologie, en tenant compte des collisions d'intérêts, des idéologies nées de ces nouveautés et de ce progrès, et des formes d'esclavage et d'agressions inconnues dans le passé, ainsi que du danger de la course aux armements et d'une extermination massive.

Il est alors toujours indispensable de réexaminer le sens du bien et du mal dans le nouveau contexte et de lutter contre toute pétrification sociale ; et il est toujours important, en s'opposant à la stagnation, de travailler à la réalisation des principes qui conservent leur actualité, mais qui sont encore dépourvus de sanctions effectives.

Il suffit de rappeler l'impasse de la conférence de Madrid[1], la deuxième après celle de Helsinki, en 1975, pour s'apercevoir combien il fut difficile d'arriver à la spécification des devoirs, même dans les domaines aussi importants pour notre survie que ceux qui traitent : 1) de la sécurité en Europe et par conséquent dans le monde entier ; 2) des relations économiques et culturelles ; 3) des droits de l'Homme.

D'après les Soviétiques, le plus important consistait naguère en un accord international au sujet de la sécurité à la base d'un équilibre, comparable à celui qui était déjà établi entre grandes puissances. En Occident, on était cependant d'avis que pour préserver la paix il était indispensable de renforcer la légalité et les droits de l'Homme. Inutile de souligner que cette dernière conclusion est déterminée aujourd'hui aussi par la situation tragique de l'Afghanistan et de beaucoup d'autres pays du tiers-monde. Leurs dictatures militaires ont aboli les droits les plus élémentaires de l'Homme. De sorte que la tension s'accroît dans ces régions et dépasse les frontières nationales.

On qualifie souvent de nos jours les droits politiques dérivant des proclamations de la grande Révolution française, et adoptés par presque toutes les constitutions du monde, comme la « première génération » des droits de l'Homme. Et bien que ces droits soient respectés uniquement par quelques démocraties occidentales, on propose déjà la codification d'une « deuxième génération » de droits, notamment les droits économiques, sociaux et culturels se rapportant aux conditions de travail, à la santé, à l'accès aux institutions de l'éducation et de la culture.

On sait que dans la plupart des pays du tiers-monde et dans les pays encore communistes, les droits politiques, économiques

[1] Le document de clôture de la deuxième réunion de suivi de la Conférence sur la sécurité et la coopération en Europe (CSCE), qui s'est tenue à Madrid du 11 novembre 1980 au 9 septembre 1983, constate des déficiences sérieuses dans la mise en œuvre de l'Acte final d'Helsinki et réaffirme l'engagement des États participants à respecter les principes qui régissent leurs relations mutuelles notamment en matière de règlement pacifique des différends, de désarmement et de droits de l'Homme.

et culturels sont très limités, entre autres du fait de l'interdiction des grèves et à cause du monopole du parti au pouvoir dans les domaines culturel, éducatif et informatif. Les dirigeants de ces pays considèrent même chaque appel demandant le respect des droits de l'Homme comme une ingérence dans leurs affaires intérieures. Mais ce sont justement ces mêmes hommes d'État qui insistent pour que soit codifiée rapidement aussi la « troisième génération » des droits de l'Homme, à savoir le droit à l'autodétermination économique, au développement et à un nouvel ordre économique mondial.

L'analyse de leur argumentation révèle qu'il ne s'agit pas là d'une exigence qui porte sur l'augmentation de l'aide de tous les pays riches, notamment celle des pays producteurs de pétrole, à leurs frères pauvres, mais qu'il est question d'un support politique et militaire aux mouvements dits de libération nationale. Cela était déjà évident lors de la charte d'Alger de 1976 où aucune condition ne fut posée pour l'assistance accordée aux Palestiniens, pas même l'abandon de leurs tactiques terroristes et de leur plan d'élimination de l'État d'Israël.

Parallèlement, les auteurs de cette charte n'ont fait mention d'aucune aide, pourtant vitale et indispensable, à des peuples afro-asiatiques qui, bien que décolonisés depuis longtemps, souffrent terriblement de la répression de prétendus frères ou de celle de leurs élites gouvernantes.

Le génocide à Assam, dans un pays avec une structure parlementaire comme l'Inde, l'exode atroce des Ghanéens du Nigeria, les souffrances des patriotes afghans, pour ne rappeler que des tragédies tout à fait récentes survenues dans les pays du tiers-monde, tout cela ne les intéresse guère.

Et il s'agit pourtant d'une violation brutale des « trois générations » des droits de l'Homme.

Nombreux sont les dirigeants du tiers-monde qui voient dans les pays riches en pétrole (ceux-là mêmes qui ont augmenté leur misère) des alliés. Par ailleurs, ils ne se sentent aucunement tenus de mettre en application le contenu desdites « générations » des droits de l'Homme, au bénéfice de leurs frères alliés les plus démunis. À vrai dire, l'idée d'une hiérarchie possible de ces droits paraît refléter les étapes du dialogue permanent indispensable au progrès des droits et des devoirs toujours renouvelés qui naissent constamment du réexamen des concepts du bien et du mal. Sa réalisation semble aujourd'hui encore plus légitime et plus nécessaire que par le passé. C'est là une conséquence de la menace croissante qui pèse sur l'existence même de notre planète, due au développement rapide de la technologie militaire. Le danger ne peut être facilement surmonté dans une atmosphère de répression qui s'exhale des pays totalitaires, lesquels rendent toujours plus compliquée la coopération internationale économique, culturelle et même scientifique.

Dans cette situation, la question se pose de savoir s'il n'est pas préférable de se concentrer sur la réalisation effective de la « première génération » des droits de l'Homme, de porter plus d'attention à l'amélioration de la « deuxième », de s'opposer même aux propositions nébuleuses, sélectives, discriminatoires de la « troisième génération » et de donner la préférence aux plans élaborés par les Nations unies au sujet de l'aide aux pays sous-développés. Et surtout on peut se demander s'il ne faut pas mettre l'accent sur le droit à la paix et à l'humanisation des conflits comme élément capital de la lutte contre la violence et pour le règlement pacifique de toutes les controverses internationales et intra nationales. Le droit à la paix, sa réalisation, est donc après tout la condition du progrès sinon de l'existence même de tous les droits de l'Homme, indépendamment de leur génération d'origine.

Nous avons déjà souligné l'importance de l'approche biblique qui s'oppose à la pétrification de chaque statu quo d'injustice et de servitude, ainsi qu'à l'abandon de la lutte pour la liberté par le recours à la mystique.

Soulignons aussi que la pensée traditionnelle juive, humaniste dans son fond, mais malheureusement ignorée parfois par certains de ses propres héritiers, a constitué la base rationnelle, morale et humaine du droit à la paix et du droit d'agir dignement et noblement, même à l'égard de ses ennemis et même pendant le déroulement des conflits, et a représenté la base indubitable de toutes les « générations » des droits de l'Homme.

Il est vrai qu'on parle aussi dans la Bible d'une guerre d'extermination, celle d'Amalek, semblable d'ailleurs aux conceptions de la Grèce antique et de tout le bassin méditerranéen.

Mais Josué[2] nous dit aussi un peu plus loin que nous avons juré au nom de Dieu de ne pas frapper nos ennemis. L'Ecclésiaste[3] nous enseigne que la sagesse est meilleure que la force, et le prophète Isaïe[4] a demandé de changer les épées en charrues. Contrairement à Balaam[5] qui croyait qu'Israël devait s'isoler et se méfier des autres peuples, le roi Salomon était fier des relations amicales, culturelles et commerciales avec l'Égypte, le Liban, l'Éthiopie et d'autres pays. Certains prophètes ont même parlé de la formation d'une famille universelle harmonieuse se servant de la même langue et constituant une vraie Société des Nations[6].

Dans le Talmud, on parle de la distinction des différentes guerres. Les enfants d'Israël n'étaient pas obligés de participer aux guerres « profanes » déclarées en vue d'un élargissement du territoire ou de pillage. Cependant, ils devaient se présenter à l'armée si naissait la nécessité de défendre la nation, de mener en fait une « guerre sainte » contre un envahisseur.

La Bible répète à plusieurs reprises le devoir de protéger les femmes, les enfants et les biens en cas de conflit et « d'inviter à la paix » avant d'attaquer l'ennemi[7], de respecter la vie et les

[2] IX, 10.
[3] IX, 16-18.
[4] II, 4.
[5] Nombres XXIII, 9.
[6] Isaïe LXVI, 18.
[7] II Rois VI, 2 ; I Samuel XXX, 24-25 ; XX, 10-14.

droits des étrangers, de les traiter comme des frères, et de se comporter avec générosité envers les esclaves.

Plusieurs commentateurs de la Bible et du Talmud ont souvent demandé de donner la préférence aux procédures amiables au lieu de résoudre par la force les litiges pouvant mener aux conflits armés. Ils ont même proposé (dans *Sanhédrin*) d'établir un arbitrage avec engagement de respecter ses décisions.

Il est spécialement intéressant pour terminer de rappeler la théorie sur la souveraineté conçue par le Maharal de Prague, le savant Yehuda Loew Ben-Bezalel (1512-1609).

Le Maharal était d'avis que chaque nation est dotée d'une nature spécifique et d'une image distincte. Elle existe de son propre droit et il est interdit de la contraindre. Chaque nation, d'après lui, a sa place dans le monde et le droit d'y vivre. Chacune a le droit d'adorer son propre Dieu et de se comporter selon sa foi et sa pensée.

Le Maharal s'oppose à toutes les formes de conflits violents et souligne la vigueur du droit à l'indépendance, même en ce qui concerne les peuples vaincus. Une nation qui a perdu sa souveraineté est considérée par lui comme une entité seulement « temporairement malade », limitée dans l'exercice de ses droits et fonctions, mais non privée du droit essentiel, « naturel », de les regagner pour reconquérir sa liberté.

Jacques HASSOUN[1] (1934-1999)
Psychanalyste et auteur de nombreux ouvrages, dont L'Exil de la langue, Le Passage des étrangers *et* Actualités d'un malaise.

LE RÔLE DU KAHAL DANS L'ÉDUCATION AUX DROITS DE L'HOMME

Les Juifs et les droits de l'Homme... Depuis la Révolution française, l'accolement de ces deux termes semble avoir une résonance quasiment tautologique.

D'où une question que je formulerais en ces termes : « Si nous considérons qu'il n'est pas de principe transcendantal ou mystique qui rendrait compte que le Juif ait une relation privilégiée auxdits droits de l'Homme (même si, ici ou là, dans la Torah ou dans la littérature rabbinique nous rencontrons telle mention sur la tolérance, sur la liberté que le Juif se doit d'assurer aux autres...), qu'est-ce qui, dans la Cité juive telle qu'elle s'est organisée au sein des nations durant plus de vingt-deux siècles, rendrait compte de ce lien qui nous autorise à écrire sur *Judaïsme et droits de l'Homme* ? »

Notons au passage, tout en considérant que cela n'entre pas directement dans notre propos, les relations qui ont pu se nouer

[1] Né dans une famille juive d'Alexandrie, Jacques Hassoun a passé sa vie à relier les cultures. Auteur de nombreux ouvrages, il a également collaboré à des revues comme *La Nouvelle Revue d'ethnopsychiatrie*, *Che Vuoi ?*, *Autrement*, etc., ainsi qu'à de nombreux ouvrages collectifs.

entre les groupes proches des mouvements mystiques et les mouvements révolutionnaires : telles que la participation des frankistes de la cour d'Offenbach à la Révolution française (particulièrement dans le groupe des Enragés) ; le rôle des shabbatéens *Doemneh* au mouvement des Jeunes Turcs (le plus célèbre d'entre eux fut le compagnon de Kemal Ataturk, Ismet Inonü) ; le fort investissement des jeunes issus du hassidisme dans les partis socialistes révolutionnaires ou bolcheviks en Russie tsariste, ou ceux qui, proches des Kabbalistes au Proche-Orient, ont fourni dans les deux premiers tiers du XXe siècle des cadres au mouvement communiste en Égypte, Irak, Syrie...

Mais notre propos est autre. Au-delà de l'engouement pour l'idée révolutionnaire, au-delà de l'adhésion par ceux qui semblent être des exclus de l'histoire à un mouvement d'idées qui leur permettait de sortir de leur enfermement sans avoir à passer par l'infamie d'un billet d'entrée dans la bonne société payé au prix du baptême ou de l'apostasie, cette aptitude à entendre les idéaux d'une société libérale à ses débuts, nous nous proposons de la référer à la vie quotidienne des communautés juives organisées en nations (cf. le *Vaad Arba' Artzot* dans la Grande Pologne d'avant le XVIIe siècle, ou la *davlat moussavi* dans l'Empire ottoman).

Nous rappellerons auparavant que la vie sociale des communautés juives est structurée suivant deux types d'instances :

— La *'éda* : assemblée de mâles « en âge de porter les armes » (livre de Josué), terme dont la traduction moderne serait « la congrégation ». Groupe qui, fermé sur lui-même, jouit de droits et accepte des devoirs d'où sont exclus les Juifs étrangers à ladite congrégation.

— Le *kahal* : cette structure qui regroupe les enfants, les femmes et les hommes d'une ville, d'un pays ou d'une région est celle dont les Juifs se sont dotés très tôt, dès les premiers temps de la diaspora. Déjà en Alexandrie hellénique, un *kahal* qui se distinguait de la *'éda* se chargeait de la vie socio-politique des Juifs. Plus tard, en Irak (Babylonie) des *resh galouta*, en Égypte des *raïs el-Yahoud* sont placés à la tête des communautés. Parfois, comme en Égypte (et durant la période précédant les croisades à Jérusalem), ces chefs communautaires sont karaïtes, mais ils ne représentent pas moins l'ensemble des Juifs, qu'ils soient « talmudiques ou rabbanites », samaritains ou karaïtes. Ébauche d'une séparation du temporel et du spirituel qui perdurera dans ces communautés jusqu'au XXe siècle.

Aussi étudierons-nous plus particulièrement le *kahal* tel qu'il s'est structuré dans l'Empire ottoman, du XVIIIe siècle au premier tiers du XXe siècle.

Le *kahal* est la forme dont la nation mosaïque (*davlat moussavi*) se dote, centralement à Istanbul et régionalement à Damas, à Jérusalem, au Caire…

Trois assemblées sont chargées de régir la vie des Juifs :

Le *majlis 'ummumi* (assemblée générale) élu au suffrage censitaire est composé de 80 membres laïcs et rabbins. Il a la charge de régir tous les aspects de la vie communautaire. Sur le plan social (écoles, cimetières, associations philanthropiques diverses), politique (relation avec le pouvoir central, relation avec les autres « nations »…), civil (naissances, mariages, divorces, décès), économique (vie des corporations, fiscalité interne), et pénal (pendant un temps relativement long, les différentes communautés juives avaient même leurs prisons où étaient incarcérés tous ceux qui avaient enfreint les lois de la communauté ou de l'Empire).

De cette assemblée émane le *majlis rouhani* (assemblée spirituelle) qui régit la vie religieuse. Composé de sept rabbins ayant tout pouvoir pour harmoniser les impératifs de la vie civile avec les exigences religieuses, il n'est pas moins soumis au pouvoir temporel du *majlis 'ummumi.* Ce collège rabbinique élit parmi ses membres le *hakham bachi,* « grand rabbin » de l'Empire ottoman, qui jouit d'un statut diplomatique, interlocuteur privilégié de la Sublime Porte, Juif de Cour, il est choisi par ses pairs plus pour ses qualités de diplomate, de lettré, d'homme de culture, que pour son souci de l'orthodoxie religieuse.

Une troisième chambre composée de neuf membres, le *majlis jismani* (assemblée dirigeante composée de laïques) est le véritable gouvernement du *kahal.*

Cette armature socioculturelle d'une société essentiellement marchande, dont la division en classes sociales est indéniable, représente pour chacun de ses membres, y compris les « marginaux, les exclus et les enfants indignes », un cadre de référence. Alors que la majorité du monde des « gentils » vivait sous l'absolutisme féodal ou le fait du prince, dans ces « nations » de minoritaires s'esquissent la séparation des pouvoirs, la possibilité d'un recours grâce à un système complexe d'institutions religieuses ou charitables, l'exercice du droit de vote des ressortissants d'une « cité » que nous devons nous représenter non pas comme l'expression d'un enfermement ghettoïque, mais comme celle d'une institution tout à la fois diluée et contenue dans un ensemble beaucoup plus vaste.

Il est notable enfin que les tensions entre le *kahal* et le monde extérieur étaient plus exacerbées à l'endroit des autres minoritaires (Grecs, Arméniens, Maronites, Coptes...) qu'à celui de la population majoritaire et du pouvoir central qui, en échange d'une « protection » lointaine, ne formulait qu'une exigence : que la communauté et ses trois instances (les « *majaless* ») fassent en sorte que les autorités n'aient pas à intervenir dans la vie du *kahal.*

D'où le sentiment confus d'une « citoyenneté » juive régionale, mêlé à un vague sentiment d'appartenance « au petit reste des enfants d'Israël » en leurs multiples dispersions. Cette sédentarité a pu selon les circonstances historiques amener par exemple certaines communautés rhénanes, comtadines ou romaines à prendre le risque de décréter l'interdiction (sous peine d'excommunication) d'accueillir des Juifs venus d'ailleurs (*hérem ha-yichouv*) : plutôt encourir la réprobation des autres communautés et se dérober aux règles religieuses de l'hospitalité plutôt que de nuire de quelque manière que ce fût aux ressortissants de la communauté allogène. Cette démarche n'interdisait pas d'ailleurs à ces mêmes communautés de s'occuper du rachat des esclaves ou des otages juifs afin de leur rendre leur liberté. Ce trait anecdotique nous permet de percevoir les éléments contradictoires qui travaillent les structures communautaires. Loin d'être des unités disparates, anarchiques ou désuètes, celles-ci ont une cohérence interne qui annonce le modernisme de la société marchande — dont elles procèdent d'ailleurs étroitement.

Si nous considérons que le prélude à l'exercice des droits de l'Homme suppose le droit de protester contre les mauvais traitements, contre l'injustice, contre l'inégalité devant le droit à la santé ou à l'éducation, nous pouvons ici ou là repérer l'exercice de ce droit inscrit dans l'organisation même du *kahal*, sinon dans ses statuts. Ou du moins, le *kahal* comme instance éligible et élue par ses ressortissants représente le lieu où une protestation peut se faire entendre.

Ainsi, en 1908, une association nommée « Société pour la renaissance culturelle juive », dont le siège social était Rue-des-Juifs (*Haret el-Yahoud*) au Caire, diffusait ce tract rédigé en arabe dialectal[2] :

« Le réveil de la nation juive.

« Je commence mon propos en invoquant le nom d'Allah tout-puissant,

[2] Exemple unique dans l'aire arabo-islamique, les Juifs d'Égypte écrivaient l'arabe en caractères arabes et non pas hébraïques. En 1908, moins de 15 % des Juifs du Caire résidaient encore dans le quartier juif.

« Messieurs,

« Nous sommes actuellement dans une situation critique, car nous n'avons pas instruit et éduqué nos enfants, et plus particulièrement les indigents. La cause est imputable à l'absence d'écoles susceptibles de dispenser un enseignement efficace. Vous n'ignorez pas la situation de nos écoles et leur inefficacité totale en raison du manque de professeurs, de sorte que les élèves qui les fréquentent n'en tirent aucun profit. C'est là l'état de nos écoles depuis vingt ans, état qui inspire la préoccupation pour toute personne honnête et consciente du problème.

« Messieurs, depuis quelques jours il a été constitué au sein de notre nation une association qui a pris le nom de Société pour la renaissance culturelle juive dont le but est de servir notre peuple, d'étudier ses problèmes, d'assurer son avenir en éduquant ses enfants, et particulièrement les plus défavorisés.

« En raison du retard pris par nos écoles, et leur niveau très bas, nous avons présenté une requête au président de notre Communauté, comportant plus de cent signatures et qui tend à attirer son attention sur les lacunes de nos institutions scolaires, afin qu'il y remédie, et surtout pour que nos enfants ne soient pas privés d'études et d'éducation, et plus particulièrement les plus pauvres. Nous lui avons en outre demandé l'autorisation de contrôler et de surveiller ces écoles, dans l'intérêt exclusif de notre nation, comme devrait d'ailleurs le faire chacun d'entre nous. Mais il ne nous a pas promis de le faire.

« Mes frères, vous nous voyez désolés par le manque d'organisation de nos écoles, et du peu d'intérêt qu'elles suscitent. Nous plaignons les élèves qui les fréquentent sans aucun profit. Certains les fréquentent sans aucun résultat depuis plus de cinq ans, sans en avoir retiré le moindre bénéficie et ce, faute de discipline, et de professeurs. Les frais engagés à leur intention soit par la collectivité soit par les biens Wakfs[3] ont été inutiles.

[3] Biens religieux inaliénables.

« Mes frères, quelqu'un parmi vous peut-il me donner l'exemple d'un élève qui aurait réussi à ses examens de fin d'études ou obtenu le certificat d'études primaires (qui lui aurait ouvert la possibilité de devenir fonctionnaire) ou qui aurait appris une langue vivante, qui aurait même été initié aux prières ?

« Mes frères, quelle que soit la durée de fréquentation de ces écoles, les élèves qui en sortent ne peuvent que vendre des pépins grillés, des billets de loterie... à moins qu'ils ne deviennent des terreurs de quartier, des truands. C'est la réalité cruciale de nos écoles aujourd'hui.

« Jusques à quand cette inertie, ce retard... ? Ne pensez-vous pas que nos enfants sont les hommes de demain ? S'ils conservent leur niveau actuel, quel malheur !

« Nous devons renaître, et nous réveiller de notre léthargie. Joignez votre voix à la nôtre, afin que nous demandions tous ensemble la rénovation de nos Institutions communautaires et nous aurions ainsi rempli notre devoir envers notre patrie. Mes frères, rassemblez-vous, appelez, exigez, criez votre désir de voir nos écoles se moderniser. Tendez à notre association une main secourable, afin que nous ne soyons qu'une seule voix, et ainsi nous atteindrons l'objectif que nous nous sommes fixé.

« Mes frères, nous vivons dans un siècle de progrès rapide, et toutes les nations se sont réveillées de leur profond sommeil alors que nous sommes encore profondément plongés dans le nôtre. Nos adolescents traînent dans les rues sans instruction ni métier, et nos enfants sont abandonnés.

« Mes frères, prêtez-moi attention, et unissez-vous. Joignez votre voix à la notre... Qu'Allah tout-puissant, dans ses sphères célestes, nous entende et nous réponde.

« Que toute personne qui s'oppose à notre ligne de conduite vienne exposer son point de vue à notre Société. Notre association accueille tous ceux qui veulent y adhérer. Adresser toute correspondance à notre association dont le siège est à Haret el-Yahoud. »[4]

Une telle démarche effectuée auprès des autorités communautaires n'est pas exceptionnelle. Nous pouvons lire trente ans plus tard dans le numéro daté du 6 décembre 1939 de *La Tribune juive*[5], journal édité au Caire et à Alexandrie par la frange sociale et maçonnique des dignitaires de la communauté, un écho placé sous le titre révélateur de « Regrettable incident » :

« De regrettables incidents se sont déroulés dans le courant de la semaine passée au sein de notre communauté (d'Alexandrie). Un groupe de chômeurs (juifs) s'est, en effet, rassemblé et a manifesté devant la chancellerie communautaire, au siège du bureau de placement de la *Bnei Brith* et devant les bureaux de quelques notabilités (juives) de la ville. La situation de ces chômeurs est d'autant plus malheureuse qu'elle est presque sans issue. Ce sont pour la plupart des jeunes, mais ils ont eu une instruction des plus rudimentaires et ne connaissent aucun métier. »

Ces deux faits nous semblent exemplaires. Ici le *kahal* — même si nous pouvons considérer que cela fut à son corps défendant — a littéralement permis une éducation à l'exercice des droits les plus élémentaires de l'Homme, cependant que le pays dans lequel vivaient ces protestataires était alors en deçà de ce type de manifestation. Cette éducation est d'ailleurs souvent encouragée par des personnages qui, en dehors des structures mêmes des

[4] Ce tract a été publié par Jacob Landau in *Jews in Nineteenth Century*, Egypt, New York University, Press-University of London, Press United, 1969. Quinze ans plus tard, cinq écoles primaires et deux écoles secondaires juives scolarisent l'ensemble des Juifs du Caire. En 1925, l'Alliance israélite se retire d'Égypte, considérant son action terminée, le *kahal* ayant pris en charge l'éducation (en français et/ou en arabe) de tous les enfants du Caire, d'Alexandrie et du Delta.

[5] Six hebdomadaires juifs relevant directement ou indirectement du *kahal* paraissent en Égypte jusqu'en 1948 : trois sont édités en langue française, trois autres en langue arabe. (Notons aussi l'existence de feuilles périodiques de langue judéo-espagnole ou yiddish — et de deux revues littéraires, dont l'une, *Les Cahiers juifs*, coéditée à Paris.)

différentes institutions, vont « aller vers le peuple » pour l'aider à survivre. D'où la création des confréries parallèles (telles la Confrérie de la distribution du pain, la Confrérie pour l'obtention des bourses d'études aux lycéens méritants...) animées par des « populistes » acharnés à élever le niveau socioculturel des membres de leur communauté.

En quoi ce survol impressionniste nous donne-t-il à entendre la particulière sympathie des Juifs pour les droits de l'Homme ?

Si l'on considère les droits de l'Homme comme l'expression raisonnée d'une protestation et la prise en compte de l'insupportable attaché aux disparités sociales, nous pouvons constater que ces sociétés ont dû pour survivre, mais aussi pour se développer, se doter de médiations institutionnelles efficaces susceptibles de prendre en compte les contradictions qui les traversaient, et se ménager impérativement un espace où la protestation de l'habitant de la Cité — du citoyen de ces micropoles éclatées dans un espace géopolitique hostile, bienveillant mais le plus souvent indifférent — pouvait s'exprimer.

Aussi pour nous l'aptitude à entendre les droits de l'Homme est-elle une aptitude à vivre dans la Cité et à l'organiser, au nom d'une fraternité, d'une égalité qui devaient pouvoir constamment mesurer leur réalité effective à l'aune de l'idéalité qui les proclamait. En attendant que ces manifestations inventent, rencontrent, découvrent ou redécouvrent la proclamation que le monde allait lancer afin d'étendre aux séparés (les minoritaires) ces droits formulés au nom de l'universalité et de la liberté.

Dès lors que le Juif est admis au rang du citoyen, qu'il est émancipé, le *kahal* traditionnel éclatera. Même si la survivance des institutions communautaires pourra donner — et donne encore — l'illusion d'une persistance. Même si beaucoup par nostalgie essayent de lui assurer une survivance de parade.

Le Juif comme citoyen du *kahal* a disparu. Sa trajectoire s'est épuisée dans la modernité dont il a été en toute ignorance le support.

Mais ses héritiers sont légions : ils ont pour nom le dissident, l'antifasciste, l'opposant aux racismes, aux guerres menées au nom de « la vraie religion » ou de « la bonne frontière », ils sont ceux qui, face à la calomnie et aux injures, résistent.

À ce titre, la position du Juif est tenable ; à ce titre, le Juif est vivant.

Claude-Annie GUGENHEIM
Rédactrice en chef du journal Hamoré.

La femme dans la loi juive

On entend par le terme « loi juive » la loi écrite et la loi orale la première, la Bible, étant immuable, intangible, depuis des milliers d'années, mais accompagnée, dès l'origine, d'une loi orale dynamique et mouvante. Le mot qui désigne celle-ci en hébreu, *halakha*, vient de la racine HLKH, « marcher ». C'est son caractère dynamique qui lui permet de suivre le peuple juif à travers l'histoire et de s'adapter, dans une certaine mesure, à toutes les situations.

Mais la mouvance de cette loi n'est pas indéterminée, elle ne peut prendre n'importe quelle direction, elle obéit à certains principes absolus qui découlent justement de la loi écrite.

La conception que la loi juive a de la femme est fondée sur les trois premiers chapitres de la Genèse et sur la différenciation des rôles de l'homme et de la femme, liée à leur différenciation biologique. Mais différenciation dans la complémentarité, selon l'expression hébraïque *ézer kenegdo*[1] très difficile à traduire : *ézer*, c'est l'idée d'aide, d'auxiliaire, de collaboratrice, et *kenegdo* signifie « en face de », « vis-à-vis de » — « confrontation » ou « affrontement », d'après l'expression de Josy Eisenberg[2], selon

[1] Genèse I, 18 et 20.
[2] À Bible ouverte II : *Et Dieu créa Ève*, Albin Michel, coll. « Présence du Judaïsme ».

les rapports que l'homme et la femme entretiennent dans le couple.

Face à cette différenciation dans les rôles, nous trouvons le principe d'égalité devant la Loi, exprimé dans le premier texte révélé à l'ensemble du peuple d'Israël, les Dix Commandements. À propos du shabbat, il est dit : « Tu n'y feras aucun travail, toi, ton fils, ta fille, etc. » Or « toi », *ata*, inclut aussi le féminin *ate*, sinon cela aurait été précisé comme on le voit ensuite au niveau des enfants et des domestiques.

Cependant, dans le détail de la législation de la Torah, dans la loi orale, nous trouvons un très grand nombre d'indications concernant la position de la femme en regard de celle de l'Homme.

On divise les 613 *mitzvot*[3] de la Torah en diverses catégories :

1) Les *mitzvot* « *lo taassé* », les interdits, au nombre de 365, pratiquement toutes imposées aux femmes comme aux hommes ;

2) Les *mitzvot* « *assé* », les Commandements positifs, parmi lesquels on distingue les *mitzvot* liées au temps et celles qui en sont indépendantes. À cette dernière espèce, les femmes sont astreintes au même titre que les hommes (par exemple : le respect des parents, la *mezousa*[4]). Par contre, pour les *mitzvot* liées au temps, il est précisé par différents textes que les femmes en sont dispensées. Que signifie cette dispense ? Les femmes ont-elles le droit d'accomplir les Commandements dont elles sont dispensées ? Faute de temps pour entrer dans le détail, nous nous bornerons à dire que, d'une manière générale, il existe dans ce domaine des divergences entre les rabbins des communautés occidentales et ceux des pourtours du Bassin méditerranéen. Les premiers autorisent les femmes à pratiquer presque toutes les *mitzvot* dont elles sont dispensées, tandis que les seconds considèrent qu'elles ne doivent pas réciter les bénédictions attachées à ces Commandements.

[3] Préceptes.
[4] L'inscription des Dix Commandements au chambranle des portes.

Nos Sages se sont interrogés sur ces dispositions de la loi, apparemment discriminatoires, à l'égard des femmes. Voici quelques-unes des explications qu'ils en ont données.

D'abord — et c'est la raison la plus répandue —, la législation a voulu privilégier leur rôle spécifique d'épouse et de mère, selon le principe de la différenciation énoncé plus haut.

Par ailleurs, certains (en particulier le Maharal de Prague et Rav S. R. Hirsch) ont considéré qu'elles n'ont pas besoin au même titre que les hommes des *mitzvot* liées au temps, par leur nature d'abord mais aussi du fait que leurs fonctions les maintiennent plutôt dans un milieu protégé, où elles sont peu exposées à la tentation. En effet, les *mitzvot* liées au temps sont destinées à rappeler aux Juifs que, lorsqu'ils se trouvent dans la société, hors de leur foyer, ils doivent se souvenir de la Torah et se comporter en conséquence, observant la *cacherout*, le shabbat, les interdits sexuels, etc. Les *tsitsit*[5], entre autres, sont là pour le leur rappeler.

Un rabbin américain contemporain, N. Lamm, a démontré que, biologiquement, la femme a le sens du temps. Ce n'est pas seulement le cycle des règles qui rythme les mois, mais c'est quelque chose de beaucoup plus profond et dont la femme découvre la finalité lorsqu'elle devient épouse et mère, qu'elle se soumet à la régénération périodique de l'immersion rituelle, entrant ainsi dans la « sainteté du temps[6] ».

Nous nous proposons, à titre d'exemples, d'examiner un certain nombre de cas qui déterminent le statut liturgique de la femme juive, son statut matrimonial et son statut social, au sens plus général.

Le statut liturgique de la femme — sa place dans l'office synagogal, ses obligations par rapport à la prière — découle de la dispense qui lui est accordée de prier trois fois par jour (*mitzva*

[5] Le port permanent du châle de prière et de ses franges.

[6] A. Heschel, *Les Bâtisseurs du temps*, Éditions de Minuit.

positive liée au temps) d'une part, de la définition du *minian* d'autre part (le *minian*, le quorum nécessaire pour le déroulement de l'office public, ce sont dix hommes, et non dix hommes ou femmes), et enfin de la conception que la Torah a des rapports de la religion et de la sexualité. Conclure de l'absence de participation féminine à la prière publique que « la femme ne compte pas pour le Judaïsme », c'est oublier que « le culte domestique » joue un rôle primordial et que la femme y jouit d'une place prépondérante.

Pour décrire le statut matrimonial, il faudrait en retracer l'évolution très visible à travers toute la littérature talmudique, les codes et les *responsa*[7] ; on verrait alors comment l'institution du mariage est devenue quelque chose de très élaboré et qui prend en compte de plus en plus les droits de la femme. Si c'est à propos des droits de la femme esclave que le livre de l'Exode énonce le régime matrimonial — assurant à l'épouse la nourriture, le couvert et l'amour —, il a fallu attendre encore près de quinze siècles pour que la *ketouba*[8] garantisse la sécurité de la femme en rendant sa répudiation plus difficile.

Dans ce dernier processus également comme dans la législation en matière d'héritage, on constate au cours des derniers siècles l'apparition de diverses mesures visant à sauvegarder les intérêts de l'épouse et des filles.

Par statut social, j'entends différents points liés à l'insertion dans la société, par le travail en particulier.

Le droit à l'étude mériterait à lui seul un exposé détaillé, depuis l'interprétation très étroite qu'en donne le verset du *Shema* : « Vous les enseignerez à vos fils », compris par le Talmud comme excluant les filles, jusqu'à nos jours où les autorités religieuses ont reconnu l'urgence de diffuser la connaissance dans l'ensemble de la jeunesse juive.

[7] Ernest Gugenheim, *Les Portes de la Loi*, Albin Michel, coll. « Présence du Judaïsme », 1982.
[8] Contrat de mariage.

Le droit à l'exercice d'une profession est reconnu à la femme depuis des temps très anciens, comme le prouve le portrait de la femme idéale esquissé par le roi Salomon dans le dernier chapitre du livre biblique des Proverbes. Partout et à travers toute notre histoire, nous rencontrons des femmes dans les métiers les plus variés, y compris les plus gratifiants : la banque, les affaires même au niveau international, l'imprimerie de livres hébraïques, la littérature…

La maternité, considérée pendant longtemps comme un rôle privilégié et le signe de la bénédiction divine, tend à perdre aujourd'hui, même dans la communauté juive, son halo. La découverte de la pilule contraceptive, la libéralisation de l'avortement, entre autres, sont à l'origine d'un nouveau principe — tout à fait étranger à la Torah —, celui du droit de disposer de son corps à sa guise. Pour le Judaïsme, la femme, pas plus que l'homme, n'est autorisée à jouer avec la vie et la mort. Le corps humain est une « demeure sainte », car il abrite l'âme qui est un don divin. La fécondité des familles reste le gage de la continuité du peuple juif. Mais le mariage a une autre finalité que la procréation : c'est lui qui permet aux deux individualités du couple de trouver leur équilibre et leur épanouissement. Cependant la femme, à la différence de l'homme, n'est pas astreinte à la *mitzva* de procréation et n'est pas soumise à l'obligation du mariage. Célibataire ou épouse stérile, elle ne bénéficie pas d'un statut religieux différent, et conserve les dispenses accordées par la Torah. Ses enfants à elle, ce seront ses œuvres…

Enfin, les malédictions divines, accumulées sur Ève à la suite du « péché originel », sont devenues pour la femme juive, par le biais des *mitzvot*, des sources possibles de bénédiction, de même que le travail pénible, auquel avait été condamné Adam, est devenu la condition nécessaire du shabbat : « Six jours, tu travailleras… et le septième jour… shabbat, tu ne feras aucun travail…[9] ».

[9] Exode XX, 9-10.

Annette LÉVY
Ancienne avocate, ancien vice-président du tribunal de grande instance de Versailles et aujourd'hui magistrat honoraire.

Les droits de la femme dans la tradition juive

Ces quelques lignes n'ont pas la prétention d'être une étude, encore moins d'être exhaustives. Qui pourrait y prétendre en pareille matière ?

C'est une protestation, une réaction à l'exaspération d'entendre partout répéter : si la femme est subordonnée, si elle est dominée par l'homme, c'est la faute de la conception judéo-chrétienne des choses — ou des femmes, disons des femmes objets.

Pour les Chrétiens, nous ne répondrons pas, nous n'avons pas qualité pour le faire. Pour les Juifs, peut-être vaut-il la peine d'y aller voir.

Partons en ce cas de la Création : « D.[1] créa l'homme à son image, c'est à l'image de D. qu'il le créa. Mâle et femelle il les créa[2]. »

Ainsi l'homme n'est ni un mâle ni une femelle, il est mâle et femelle et c'est sans subordination qu'ils furent créés.

C'est ce qu'explique Rachi selon Josy Eisenberg. « Tout d'abord l'homme fut créé à double face, masculin et féminin. Ensuite il fut partagé en deux sexes distincts. Selon l'opinion de nos Sages[3], Adam fut créé androgyne. »

[1] La tradition recommande de ne pas écrire en toutes lettres le nom du Créateur.
[2] Genèse I, 27.
[3] Berechit 61 a.

C'est ce que confirme le verset suivant de la Genèse par lequel D. bénit Sa créature et lui donne ses instructions… au pluriel. D. les bénit en leur disant : « Croissez et multipliez, remplissez la terre et soumettez-la. Commandez aux poissons de la mer, aux oiseaux du ciel, à tous les animaux qui se meuvent sur les terres[4] »…

Et Josy Eisenberg de continuer[5] : « D. n'a pas voulu créer la femme derrière l'homme, ni à côté de lui. Il a plus profondément voulu faire accomplir par l'être humain un type de sexualité : la sexualité face à face… »

On pourrait parler longuement de la sexualité, le Judaïsme ne voit pas là de tabou et ne fait pas à la seule Ève le reproche d'avoir croqué la pomme — qui d'ailleurs n'en était pas une. Mais là n'est pas notre propos et il nous faut poursuivre.

Reprenons le livre et l'histoire de nos Mères : Sarah, Rébecca, Léa et Rachel étaient-elles soumises, secondes par rapport à leurs époux ?

Ce n'est pas Abraham qui a ri à l'annonce d'une postérité, Abraham a souri et aussitôt a cru. C'est Sarah qui a ri, puis a nié avoir ri, car Sarah voyait ce que son mari ne voyait pas : l'avenir de cette postérité, et pour ses enfants elle avait peur.

Rébecca ? C'est elle aussi qui voit ce que son mari ne peut discerner. La spiritualité de Jacob et sa valeur par rapport à Ésaü. Pour faire aboutir ce qu'elle voit et qu'Isaac ignore, elle n'hésite pas à recourir à la ruse, au déguisement, à la tromperie. Mais ces fautes devront être payées, car ce sont des fautes et Rébecca est responsable. Elle ne sera pas désavouée pour autant : Isaac confirmera sa bénédiction.

C'est encore à la ruse et au déguisement qu'ont recours Léa et Rachel : elles non plus ne seront pas désavouées. Jacob travaillera sept ans de plus pour mériter Rachel et obéir à « ses »

[4] Genèse I, 28.
[5] *Du côté d'Adam*, p. 140.

femmes. Un développement sur l'amour-passion et l'amour construit au travers du dialogue serait ici le bienvenu : c'est Léa, et non Rachel, qui sera enterrée aux côtés de son époux.

Myriam ou la reine Esther : bien d'autres femmes, mères, épouses ou sœurs jouent un rôle déterminant dans l'histoire du peuple juif. Dans le Dialogue où il s'est engagé, leur voix n'est pas subordonnée.

Sans doute, objectera-t-on, mais dans le quotidien ? Dans la vie de tous les jours, la voyez-vous aussi cette belle indépendance, cette liberté d'esprit et de jugement ? Où est le rôle des femmes dans le culte du Temple ? Quel est-il dans l'étude ?

Pour l'étude, les filles de Rachi ont répondu en transmettant elles-mêmes l'héritage de leur Père. Pour le service du Temple, il n'existe plus pour le moment, et ce qui le remplace, ce qui remplace les sacrifices ne serait-ce pas la *cacherout* ?

La femme n'est pas soumise à tous les Commandements : serait-ce que son rôle, que son action soient mineurs ? C'est oublier la fonction des Commandements qui sont une pédagogie, une contrainte pour aider à parvenir au but : si la contrainte est allégée pour la femme, c'est qu'elle n'en a pas besoin ou en a moins besoin que l'homme. N'oublions pas que lorsque les Temps seront accomplis les Commandements disparaîtront.

Mais encore, le domaine économique, le domaine juridique : la femme peut-elle être témoin ? Peut-elle vivre seule, sans mari et sans père ? A-t-elle la libre disposition de ses biens ?

Nos Maîtres nous enseignent qu'il faut répondre à une question par une question : l'économique, le juridique sont-ils les plans essentiels dans la vie de l'individu, voire d'un peuple ? Et si l'économie asservit, faut-il en rendre la Torah responsable ? Qui a eu le droit d'aînesse, Ésaü le chasseur, ou Jacob qui vivait sous sa tente et accommodait les lentilles ?

Encore le Judaïsme a-t-il pris, pour protéger les femmes et préserver leur dignité, d'innombrables précautions. Par la

Ketouba[6] sont fixés les droits et devoirs réciproques des époux ainsi que le sort des biens de la femme, par les règles du *Guet*[7] est codifiée la séparation du couple, lorsque la vie commune devient intolérable.

Certes le *Guet* apparaît comme une répudiation, et les mesures de protection mettent en évidence la faiblesse et la dépendance de celles auxquelles elles s'appliquent : il serait cependant trop simple de s'en expliquer par le seul contexte historique au cours duquel ces règles furent élaborées. Le sort misérable des femmes non juives à l'époque nous a été amplement décrit, mais une femme, en Égypte, pouvait être pharaon.

Il nous faut ici répondre : oui, les femmes ne disposent pas de la même force physique que les hommes, oui, cela les rend sinon toujours dépendantes en tout cas toujours vulnérables. Mais le reconnaître et en tirer les conséquences, est-ce les inférioriser ? Admettre qu'elles sont dominables les rend-elles dominées ?

En fait, il est exact que, dans la tradition juive, les femmes ne sont pas les égales des hommes. Elles sont différentes. Elles occupent une position symétrique. Pas égales mais complémentaires, l'erreur consistant en l'espèce à prendre une partie, quelle qu'elle soit, pour le tout.

Par contre, autant que l'homme, et ni plus ni moins que lui, elles sont libres : libres de rire quand D. parle, libres d'interpeller le mari ou le père, responsables quand leurs actes ou leurs paroles sont entachés d'erreurs.

Car finalement, tout réside dans le troisième partenaire, que nos modernes intellectuels se plaisent à ignorer : la Torah, pour la réalisation de laquelle la femme comme l'homme furent créés.

À vouloir s'en affranchir tombe-t-on dans l'esclavage ? Certes oui, la tradition juive l'a toujours proclamé. Mais il n'apparaît pas que sur ce point les hommes soient mieux traités que les

[6] Contrat de mariage.
[7] Divorce.

femmes. L'aliénation par le travail économique a été constatée par un homme. Et ce n'était pas un juif religieux.

Ainsi, la femme n'est pas créée par rapport à l'homme mais en quelque sorte parallèle à lui. C'est le problème de la relation humaine d'obtenir que les parallèles se rencontrent.

Tout au long des textes nous est décrit le processus pour parvenir à la rencontre : c'est le même que celui de l'Homme pour parvenir à D. : c'est le processus d'élaboration de l'Amour qui n'est pas une histoire sentimentale.

C'est pourquoi l'homme est défini en tant que couple : l'individu isolé n'est pas complet, son être n'est pas complet : il lui manque la Joie, la Bénédiction et le Bien. Le Talmud de Babylone enseigne : « L'homme qui est sans femme, est sans Torah, sans Protection, sans Paix. »

C'est pourquoi D. ayant un jour dit : « Il n'est pas bon que l'homme soit seul », ajouta : « Je lui ferai une aide digne de lui[8]. »

Une aide : s'il le mérite ; s'il ne le mérite pas, elle sera seulement face à lui, en opposition.

Pierre de touche finalement, si l'homme ne la mérite pas elle disloque sa personnalité, s'il la mérite elle la confirme et donne la joie de vivre.

Mais ce n'est pas pour la joie de l'homme qu'elle fut créée, en tout cas pas pour le « repos du guerrier », car la joie du couple ne sera acquise que si l'homme en est digne : s'il remplit ses propres obligations à l'égard de sa partenaire.

La femme non plus n'est pas complète sans l'homme. Il est dit : « Remplissez la terre et soumettez-la... ![9] ». Le Talmud enseigne : c'est l'habitude de l'Homme de dominer, pas celle de la femme, et pourtant ils doivent le faire ensemble. L'aide est mutuelle : c'est le dialogue. Et comment pourrait-il y avoir dialogue si l'un des partenaires était inférieur à l'autre, ou moins libre que lui ?

---

[8] Genèse II, 18.
[9] Genèse I, 28.

En guise de conclusion, nous ne résisterons pas au plaisir de conter une anecdote : les Juifs adorent cela.

Comme nous étudiions un jour la Torah sous la conduite de notre Maître — un homme qui enseigne même aux femmes et a bien voulu accepter de relire ces lignes —, il lui advint de nous apprendre que l'homme avait sept membres... et que le 7e était la femme.

Un membre, rien qu'un membre, au même titre qu'un bras ou une jambe ? Pas tout à fait, et nous ne manquâmes pas, l'interpellant, de remarquer que c'était le 7e, et que ce chiffre renvoyait au shabbat.

Il se devait d'avoir le dernier mot, et il l'eut.

Nos Sages, nous répondit-il, nous apprennent qu'il ne faut pas trop enseigner les femmes, car alors elles prennent conscience de leur importance, et elles deviennent insupportables.

QUESTIONS DE PHILOSOPHIE

Philippe MESSER
Directeur de rédaction d'un magazine scientifique pendant plus de dix ans. Autodidacte, aujourd'hui journaliste indépendant et auteur d'articles concernant l'histoire des sciences, la littérature et l'art.

La tradition humaniste du Judaïsme[1]

Il y a de cela à peu près deux mille ans vivaient deux maîtres juifs : l'un s'appelait Hillel et l'autre Shammaï. Un jour, un païen décida d'aller se moquer d'eux. Il alla d'abord voir Shammaï et lui demanda d'expliquer toute la Torah (les rouleaux contenant les cinq premiers livres de l'Ancien Testament), en se tenant sur une seule jambe. À cette requête, Shammaï répondit simplement en chassant *manu militari* l'irrespectueux interlocuteur. Quand le païen fit la même demande à Hillel, ce dernier lui répondit : « Fils, aime ton prochain comme toi-même. Voilà le texte de la Loi ; tout le reste est commentaire. Va et étudie. »

Le Judaïsme, comme la plupart des religions, ne peut pas être étudié simplement par opposition aux autres religions, mais bien en mettant en avant les deux tendances qui s'y sont confrontées depuis à peu près cinq millénaires. La première de ces tendances, la plus importante et la plus déterminante durant tout le développement du Judaïsme, c'est la tradition « universaliste » où l'homme agit par idéal constant de justice et d'amour. Elle s'oppose à la tendance « intégriste » où l'homme, replié sur lui-

[1] In *Solidarité et Progrès*, revue de l'association du même nom.

même, agit en confrontation constante avec le monde extérieur. Il est vrai que l'on retrouve ces deux tendances dans l'Ancien Testament ou dans le Talmud, qui recueille les commentaires des rabbins au sujet de l'Ancien Testament. Mais considérant que la rédaction de la Bible a duré plus d'un millénaire, entre 1200 et 100 avant J.-C., et que la rédaction du Talmud a duré aussi longtemps, entre 200 et 1300 après J.-C.[2], il est assez normal qu'on n'y trouve pas une uniformité parfaite. De la même manière, les idées universalistes seront exprimées différemment par Abraham, chef de tribu nomade et sans instruction, ou par Moïse éduqué par les prêtres égyptiens, ou encore par Isaïe vivant un millénaire plus tard dans un des centres de la culture mondiale.

À l'image de Dieu

Dieu, omnipotent, crée l'univers et toutes les choses vivantes et inanimées. Il est celui qui régit et mesure chaque chose, et sa puissance opérante va donner forme au monde. « L'esprit du Seigneur planait au-dessus des eaux » et devient le principe premier et la cause première de toutes choses. Dès lors, il n'existe qu'un seul mode légitime de génération, une loi universelle. C'est donc un rejet de toute forme de relativisme, qu'il soit culturel, racial... puisque tout homme sera jugé suivant cette loi. On proclame qu'il existe une vérité et qu'elle est valable pour tout le monde : quelque chose est juste ou injuste pour un individu — peu importe sa religion, la couleur de sa peau ou ses coutumes. C'est une grande révolution qui vise à mettre fin aux lois arbitraires des païens où chacun faisait ce qu'il voulait au nom de « sa vérité » puisque chaque chose, chaque phénomène dépendait d'une divinité différente avec un mode et des lois différents. De plus, tous les individus humains se trouvent liés

[2] Si l'on inclut les écrits de Maïmonide.

puisqu'ils descendent d'Adam et Ève. Le Talmud ajoute : « C'est pourquoi Dieu créa Adam seul (dont les descendants remplissent le monde entier), pour nous faire voir que celui qui sauve un seul être humain sauve le monde entier et que celui qui perd un homme doit être assimilé à celui qui perd le monde. »

Quant à la nature de l'Homme, elle est aussi une rupture avec les croyances de l'époque : « Dieu dit : "Faisons l'homme à notre image, selon notre ressemblance, et qu'il domine sur les poissons de la mer, sur les oiseaux du ciel, sur les bestiaux, sur toutes les bêtes sauvages et sur tous les reptiles qui rampent sur la terre." Dieu les bénit et leur dit : "Fructifiez et multipliez-vous, remplissez la terre et soumettez-la." » L'homme n'est donc pas une créature comme les autres : il doit dominer la Nature du fait de son caractère divin. En effet, être « à l'image de Dieu » ne doit pas être pris au sens morphologique comme l'ont pensé de nombreux Juifs — ce qui a amené la religion juive à interdire toute représentation de l'Homme. Moïse Maïmonide attaque cette conception matérialiste : « (...) à cause de l'intellect divin joint à l'homme, il a été dit de celui-ci qu'il était (fait) à l'image de Dieu et à sa ressemblance. » Ainsi, ce que l'homme reçoit de plus que les autres créatures, c'est la raison créative.

Salomon Ibn Gabirol, le philosophe juif du XIe siècle, explique ce qui est « le plus important de rechercher (...), à savoir pourquoi l'homme a été créé » dans un dialogue entre un Maître et un Disciple :

« *Le Disciple :* Quelle est donc la cause finale de la génération de l'Homme ?

« *Le Maître :* L'attachement de son âme au monde supérieur, afin que chaque chose retourne à ce qui lui est semblable.

« *Le Disciple :* Comment atteindrons-nous cela ?

« *Le Maître :* Par la connaissance et l'action, parce que c'est par la connaissance et l'action que l'âme se lie au monde supérieur (...) ; la cause de la génération de l'Homme, c'est le fait que la connaissance passe dans l'âme, de la puissance à l'acte. »

Il n'y a donc pas de séparation totale entre Dieu et l'Homme. Philon d'Alexandrie, philosophe juif du début de l'ère chrétienne, dit que « le monde intelligible n'est que le Logos de Dieu, déjà en acte de créer, car la cité intelligible n'est que le calcul de l'architecte en tant qu'il projette de fonder la cité », et en ce qui concerne l'homme, « Dieu semble ne s'être servi, pour le fabriquer, d'aucun autre modèle pris dans le devenir, mais uniquement de son propre Logos. (...) Tout homme, par son intelligence, est uni intimement au Logos divin, car il est une empreinte, un fragment, un reflet de la nature bienheureuse, et par la constitution de son corps il est uni au monde entier. »

Ainsi, l'homme peut, grâce à sa participation au Logos divin, comprendre les lois universelles, transformer et améliorer le monde dans lequel il vit. Cependant, cette qualité exceptionnelle — qu'aucune autre créature ne possède — existe en puissance. Adam et Ève sont comme l'enfant à sa naissance : ils ont un potentiel infini de développement, mais il n'est pas encore réalisé. Ce qui fait qu'au départ Adam et Ève vivent tranquillement au jardin d'Éden sans se soucier de quoi que ce soit. La Nature pense et agit pour eux et, ainsi guidés par leur instinct, ils n'ont aucun effort à fournir pour satisfaire à leurs besoins. Ils passent du désir à la jouissance et de la jouissance au désir. Ils sont tels des enfants qui ne savent pas ce qui est bien ou ce qui est mal. Dieu tient à préserver Adam et Ève dans cet état et leur interdit de toucher à l'arbre de la connaissance du Bien et du Mal. Tentés par le serpent, Adam et Ève goûteront au fruit défendu. Même si leur désobéissance est une faute, cet acte les place pourtant à un niveau de conscience plus élevé. En effet, Dieu leur dit : « Voilà que l'homme est devenu comme l'un de nous (Dieu et les anges), pour connaître le Bien et le Mal ! Qu'il n'étende pas maintenant la main, ne cueille aussi de l'arbre de vie, n'en mange et ne vive pour toujours ![3] ». Alors qu'on aurait pu craindre une déchéance de l'Homme à cause de cette faute, Dieu affirme qu'il est devenu comme lui et se voit obligé de chasser Adam et Ève, qui pourraient, après la connaissance du Bien et du Mal, devenir éternels.

Le Judaïsme universaliste ne considère pas du tout cet acte comme étant le péché originel ou une faute qui « souillera » l'homme dès sa naissance, pour des générations et des générations. Adam et Ève sont, au début, comme des enfants : ils agissent « en toute innocence », tel un enfant qui ne peut être tenu pour responsable de ses actes tant qu'on ne lui a pas enseigné un jugement moral. Il fera quelque chose, que ce soit une bêtise ou non, par instinct plus que par raison. En fait, manger la pomme représente le premier acte raisonnable et véritablement souverain de l'Homme, qui lui fera perdre son « innocence première » ou son état « naturel » pour accéder à un état moral. D'ailleurs, après cet acte, les hommes se rendront compte qu'ils sont nus et se cacheront, ayant honte de leur nudité : ils sont devenus conscients à part entière. Cette interprétation de la « chute » de l'Homme, différente de l'interprétation habituellement admise du Christianisme[4], se retrouve aussi chez Friedrich Schiller, le philosophe humaniste allemand du XVIIIe siècle, dans *Quelques considérations sur la première société humaine*, qui prend pour

---

[3] Genèse III, 22.

[4] Cette interprétation est en fait récente et opposée à l'esprit réel du Christianisme. Ce sont en effet la Réforme et la Contre-Réforme qui consacrèrent toutes deux l'idée d'un homme marqué de manière indélébile par le « péché originel », et qui par conséquent définirent d'abord sa foi par et dans son repentir. Dans la doctrine des Pères de l'Église, et plus généralement en dehors du champ de la Réforme et de la Contre-Réforme, c'est dans la participation à la Création que l'homme créé à l'image de Dieu exprime sa foi sa capacité de créer — à l'image du Créateur (*capax Dei*). Faire le bien — les œuvres — est ainsi l'expression de la foi, participation à la joie divine, et l'on ne se repent qu'ensuite de ne l'avoir pas fait ou d'avoir fait son contraire. En fait, la distorsion opérée par la Réforme et la Contre-Réforme relève d'un aristotélisme réducteur incapable de rendre compte de la Création et lui préférant un système à référence fixe. C'est pourquoi, dans cette conception, traquer le mal tient trop souvent lieu de Bien. De même, d'ailleurs, que dans les versions « castigatrices » du Judaïsme ayant subi les mêmes influences déformantes.

guide le témoignage de Moïse. Schiller explique en effet que l'homme aurait pu devenir le plus heureux et le plus intelligent des animaux, mais qu'il était destiné à autre chose : « Cette défection de l'Homme envers l'instinct, qui porta, il est vrai, le mal moral dans la Création, mais seulement pour y rendre possible le bien moral, est incontestablement le plus heureux et le plus grand événement de l'histoire de l'Homme : c'est de ce moment que date sa liberté... Celui qui enseigne le peuple a raison de considérer cet événement comme une chute de l'Homme, et d'en tirer, si faire se peut, d'utiles leçons morales ; mais le philosophe n'a pas moins raison de féliciter la nature humaine en général de ce pas important vers la perfection. Le premier a raison de l'appeler une chute, car l'homme, de créature innocente devint créature coupable ; d'élève parfait de la nature, être moral imparfait ; d'instrument utile, artiste malheureux. De son côté, le philosophe a raison de le nommer un pas gigantesque de l'humanité ; car l'homme devint par là, d'esclave de l'instinct qu'il était, une créature librement active ; d'automate, un être moral ; et ce pas, le premier, le plaça sur l'échelle qui, après bien des milliers d'années, doit le conduire à cette indépendance où il sera lui-même son maître. »

Ainsi, cet état naturel que l'homme avait acquis par la seule volonté de Dieu, il doit maintenant le retrouver guidé par sa raison. Contrairement aux autres espèces animales, l'homme n'est pas condamné à vivre sous le joug de ses instincts. Toutefois, afin d'être libre et souverain, il doit développer une autorité intérieure, conforme à la loi universelle et forgée par sa raison. Le shabbat[5], le seul des dix Commandements à être de type rituel, vise à rappeler cela. L'homme, afin de commémorer la nouveauté de la Création, ne doit accomplir aucun travail. Le sens du mot « travail » n'est pas du tout à prendre en tant qu'activité nécessitant un effort physique — les transactions

[5] Ce jour correspond au samedi du calendrier chrétien.

commerciales, par exemple, sont interdites pendant le shabbat —, mais plutôt comme l'intervention de l'Homme dans le monde « matériel ». Pendant le shabbat, l'homme doit se recueillir sans aucune préoccupation liée au maintien de son existence biologique ou à la lutte pour sa survie. Bref, c'est le moment où l'homme se consacre à son caractère spécifiquement humain, c'est-à-dire sa raison.

Philon dit que « ceux qui vivent selon [la Droite Raison] sont des hommes libres. C'est une loi infaillible que la Droite Raison, non pas une loi qui est écrite par tel ou tel, œuvre périssable d'un mortel, sur le parchemin ou la pierre — loi sans âme sur des matériaux sans âme —, mais une loi impérissable, que l'immortelle nature a imprimée dans l'intelligence immortelle ». Si, au contraire, il accepte l'autorité de ses instincts, il dépendra entièrement de ses désirs et de ses besoins immédiats. Ce qui fait dire à Philon d'Alexandrie que les rois étaient plus souvent le troupeau que l'on mène que le berger qui le conduit, car ce qui motive les rois ce sont les convoitises, les plaisirs immédiats et les honneurs. Ainsi, pour Philon : « Si donc quelqu'un pense que deviennent aussitôt esclaves ceux qui ont été vendus à vil prix par des trafiquants d'hommes, celui-là est bien loin de la vérité. Car la vente ne fait de celui qui achète un maître et de celui qui est acheté un esclave. (...) les lois naturelles, plus fortes que celles d'ici-bas, les inscrivent au nom des hommes libres. »

L'affirmation du caractère divin de l'Homme a amené le Judaïsme à combattre sans relâche le culte des idoles. Le Judaïsme est important non seulement en tant que première grande religion monothéiste déclarée et constante, où toute chose dans l'univers est régie par un principe cohérent et harmonieux de développement, mais il est aussi crucial du fait de la participation de l'Homme à la Création. Le culte des idoles est un retour à l'esclavage des instincts ; en effet, l'homme vénère un objet en espérant qu'il soit la solution à ses problèmes. Au lieu de transformer et améliorer le monde qui l'entoure, il se soumet totalement au soi-disant pouvoir de l'idole et devient impuissant face aux événements extérieurs. C'est le règne de l'irrationalité et de la superstition, tout au profit des dirigeants qui peuvent, de cette manière, contrôler la population. Moïse Maïmonide dit : « Tels furent les prophètes de Baal et les prophètes d'Aschérâ, dont il est parlé chez nous et dans lesquels s'étaient fortifiées ces idées, de manière qu'ils abandonnèrent l'Éternel et s'écrièrent : "Ô Baal, exauce-nous ![6]". Ce qui en fut la cause, c'est que les opinions étaient très communes, que l'ignorance s'était répandue et que le monde était alors plongé dans les folles imaginations de cette espèce ; il se forma donc chez eux (les Hébreux) des idées qui donnèrent naissance aux pronostiqueurs, aux augures, aux sorciers, aux enchanteurs, aux évocateurs, aux magiciens et aux nécromanciens. » L'individu, plongé dans son ignorance, nie ses qualités de raison et de créativité et perd automatiquement son caractère spécifiquement humain. Voici ce que dit le psaume CXV : « Elles (les idoles) ont des mains et ne touchent point, des pieds et ne marchent point, elles ne produisent aucun son dans leur gosier… Ils leur ressemblent, ceux qui les fabriquent ! » L'idole est un objet fini, mort, et celui qui la vénère l'est aussi. Les prophètes définissent d'ailleurs l'idolâtrie comme une humiliation infligée à soi-même. Au contraire, le Dieu de la Bible est un Dieu vivant, comme le dit Jérémie : « Mais le Seigneur est un Dieu de vérité, il est un Dieu vivant… » L'idée du Dieu vivant est celle du Dieu en constant développement et en création permanente. Il est plus que tous les objets de l'univers, il est le principe premier et la cause première de toute chose. Mais surtout, l'homme, fait à l'image de Dieu, a une parcelle de puissance divine qui lui permet d'intervenir dans le monde et ne doit donc pas attendre ou implorer que Dieu résolve ses problèmes car il trouvera la

[6] I Rois XVIII, 26.

solution dans sa raison créatrice. De ce fait, l'homme n'est pas prédestiné et tous ses malheurs ne peuvent être imputés à la fatalité, mais bien à ses propres actions. Maïmonide dit : « Le libre-arbitre est accordé à tout être humain. Si l'un d'eux désire se tourner vers le bon chemin et la vertu, il a le pouvoir de le faire. Si un autre veut se tourner vers le mauvais chemin et être méchant, il en a la liberté... Ne laissez pas pénétrer dans votre esprit la notion, exprimée par des Gentils stupides et la plupart des gens insensés parmi les Israélites, qu'au début de l'existence d'une personne le Tout-Puissant décrète qu'elle est vertueuse ou méchante... »

Même si, à de nombreuses reprises, Dieu intervient en accomplissant des miracles, il ne se comporte pas de la même manière qu'un dieu grec ou romain qui utiliserait ses pouvoirs afin de manipuler les hommes comme des marionnettes. En Égypte, par exemple, différents miracles se produisent, mais leur nature ne diffère pas des « tours de magie » des prêtres égyptiens, même si ces derniers seront ensuite battus sur leur propre terrain. À aucun moment ces miracles ne transformeront le cœur du pharaon, qui refusera toujours de laisser partir les Hébreux, pas plus qu'ils ne transformeront les Hébreux, qui n'abandonneront pas pour autant leurs idoles. Ils suivront Moïse à cause de sa supériorité sur les magiciens du pharaon, en pensant que le Dieu de Moïse est plus fort que ceux des Égyptiens. Ces miracles renforceront seulement une vérité historique, celle de la nécessité du peuple hébreu d'aller vers la Terre promise. Enfin, le miracle décisif qui va permettre aux Hébreux de se sauver ne surviendra pas sans un minimum de volonté de la part des Hébreux. En effet, quand Moïse fait rentrer son état-major dans la mer Rouge, les eaux ne se sont pas retirées ; c'est seulement lorsque les premiers Hébreux y ont pénétré qu'eut lieu le miracle. Ce qui fait dire à Maïmonide : « Quoique tous les miracles relatés dans l'Écriture consistent dans le changement de la nature d'un être quelconque d'entre les choses qui existent, Dieu ne change pourtant pas par miracle la nature des individus humains. »

L'Alliance

Au début, l'image de Dieu est celle du souverain absolu. Il a fait la nature et l'homme, et si ceux-ci lui déplaisent, il peut détruire ce qu'il a créé. Et c'est ce qu'il fera en décidant de détruire toute vie sur la terre parce que l'homme « est méchant ». Cette conception est alors semblable à celle de la mythologie babylonienne, dans laquelle les dieux font périr les hommes car ils sont « dérangés » par leur prolifération et leurs clameurs. Mais surgit une première évolution dans l'image du Dieu-souverain absolu car il se repent de sa décision et décide de sauver Noé, sa famille et chaque espèce animale. De plus, Dieu conclut une alliance symbolisée par l'arc-en-ciel, avec Noé et tous ses descendants : « J'établis mon alliance avec vous ; aucune chair ne sera plus exterminée par les eaux du déluge et il n'y aura plus de déluge pour détruire la terre[7]. » Dieu s'engage à un respect absolu de toute vie et ne se donne pas le droit de modifier ce droit à la vie. Cette alliance se fait avec toute l'humanité, puisqu'elle est conclue avec Noé et tous ses descendants. La bonté de Dieu vis-à-vis des hommes et l'amour qu'il manifeste à leur égard rompent dès lors totalement avec le modèle babylonien du Maître égoïste, jaloux et vengeur.

Après cette première alliance de Dieu avec Noé, il en conclura une deuxième avec Abraham. Dieu dit : « Va-t'en de ton pays, de ta patrie et de la maison de ton père, dans le pays que je te montre. Je ferai de toi une grande nation, et je te bénirai : je rendrai ton nom grand, tu seras une source de bénédiction. Je bénirai ceux qui te béniront, et je maudirai ceux qui te

[7] Genèse IX, 11.

maudiront ; et toutes les familles de la terre seront bénies en toi[8]. » Cette nouvelle alliance consiste en ce qu'Abraham soit à l'origine d'une multitude de nations, c'est-à-dire qu'il ne doit pas simplement suivre les préceptes de Dieu dans sa vie personnelle, mais que ces principes soient incarnés dans une nation. Ce n'est pas une alliance de type chauvin entre Dieu et les Hébreux : il n'est pas question de construire une nation sur des liens biologiques de race, de sol et de sang, mais sur les principes de justice et d'amour devant illuminer les autres peuples.

C'est d'ailleurs en ce sens que doit être comprise l'élection du peuple juif : en une plus grande responsabilité dans le développement des autres nations. Un passage du Lévitique[9] condamne très clairement l'idée d'une nation pratiquant l'exclusion : « Si un étranger vient séjourner avec vous dans votre pays, vous ne l'opprimerez point. Vous traiterez l'étranger en séjour parmi vous comme un indigène au milieu de vous ; vous l'aimerez comme vous-mêmes, car vous avez été étrangers dans le pays d'Égypte. » Il n'existe pas dans le Judaïsme véritable d'attachement biologique ou physique à une terre quelconque[10]. D'ailleurs, l'homme dans la Bible est constamment en séparation avec son foyer. Que ce soit Adam et Ève qui sont expulsés du Paradis, Noé face au Déluge, Abraham pour aller en terre de Canaan ou Moïse afin de sortir d'Égypte[11].

On retrouvera cette volonté de défendre les individus humains, sans considération de leurs origines, dans le rappel de la première alliance que fera Abraham à Dieu, en défense de Gentils. En effet, quand Dieu décide de détruire Sodome et Gomorrhe en

---

[8] *Ibid.* XII, 1-3.
[9] XIX, 33-34.
[10] « L'an prochain à Jérusalem ! » est pourtant le credo que récitent les Juifs dans toutes leurs prières depuis leur expulsion de leur terre par les Romains en 70 ap. J.-C. *(Note de l'éditeur).*
[11] Mais qui pourtant arrive, avant de mourir, à l'entrée de la « Terre promise » *(Note de l'éditeur).*

raison de leur méchanceté et informe Abraham de son plan, ce dernier répondra : « Feras-tu aussi périr le juste avec le méchant ? Peut-être y a-t-il cinquante justes au milieu de la ville, les ferastu périr aussi, et ne pardonneras-tu pas à la ville à cause des cinquante justes qui sont au milieu d'elle ? Faire mourir le juste avec le méchant, en sorte qu'il en soit du juste comme du méchant, loin de toi cette manière d'agir ! Loin de toi ! Celui qui juge toute la terre n'exerce-t-il pas la justice ?[12] » Abraham n'est pas un rebelle, c'est simplement un homme libre rappelant à Dieu son engagement de la première alliance. Cependant, cette conception de Dieu, capable d'actes arbitraires, reste assez archaïque.

C'est avec Moïse que cette conception de Dieu disparaîtra et que se scellera une nouvelle alliance concrétisée sous la forme des dix Commandements. L'Égypte, depuis 1700 avant J.-C., est au pouvoir des Hyksos, dynastie étrangère favorable aux sémites. Joseph, fils de Jacob, en devenant vizir du pharaon fera venir tout le clan des Hébreux qui souffrait de la famine. Les Hébreux recevront la terre de Gessen, au nord-est de l'Égypte. Plus tard un bouleversement politique, l'avènement de la XVIIIe dynastie, entraîne l'asservissement des Hébreux, et le pharaon, voulant contenir ces 2 millions d'âmes, fera tuer tous les nouveau-nés mâles, Moïse étant sauvé *in extremis.* À cette époque, les Hébreux vouent un culte aux idoles et Moïse a pu être préservé de ces croyances arriérées grâce à l'éducation qu'il reçut de certains prêtres égyptiens.

Ces prêtres avaient développé le monothéisme à l'intérieur du Temple. Ayant peur de faire effondrer tout l'édifice social et politique en révélant l'idée d'un Dieu unique, ils préférèrent garder une apparence polythéiste tout en préparant et éduquant la population au monothéisme. Ces apparences prenaient la forme de mystères qui, hélas, plus tard devinrent une fin en soi au lieu

[12] *Ibid.* XVIII, 23.

de disparaître au profit de la vérité. Ces prêtres reconnaissaient une cause unique et suprême de toutes les choses, mais à ce Créateur ils ne donnaient aucun nom : « Un nom, disaient-ils, n'est qu'une nécessité de distinction ; celui qui est seul n'a pas besoin de nom, car il n'est rien avec quoi il puisse être confondu. » Et sur une statue d'Isis, on pouvait lire : « Je suis ce qui est » ou sur une pyramide à Saïs : « Je suis tout ce qui est, qui fut et qui sera ; aucun homme mortel n'a levé mon voile. »

Or, l'essence d'une idole réside justement dans le fait d'avoir un nom. Toute chose finie a un nom parce qu'elle est achevée dans le temps et dans l'espace. L'univers des idoles est un univers d'objets fixes placés les uns à côté des autres et dont les seules relations résident dans les rapports de force des différentes divinités. Aussi, lorsque Moïse rencontre Dieu et lui demande sous quel nom il doit le faire connaître aux Hébreux, Dieu lui dira : « Je suis celui qui est. » Et il ajoute : « C'est ainsi que tu répondras aux enfants d'Israël, "Celui qui est m'envoie vers vous"[13]. » En hébreu, c'est *Ehyé acher Ehyé.* « *Ehyé* » est la première personne de l'imparfait du verbe être en hébreu. Il faut signaler ici qu'en hébreu le présent n'existe pas, seuls le parfait et l'imparfait existent, en plus du futur. La forme parfaite exprime une action terminée et la forme imparfaite exprime une action non achevée. En fait, la traduction littérale serait : « Je suis étant celui qui est étant. » Ce qui veut dire que Dieu est dans le temps de tous les temps, passé, présent et futur. Aux yeux des hommes, il ne peut donc être considéré comme un objet fixe qu'on peut être certain de détenir, « une existence », mais comme unité s'exprimant dans le multiple connaissable, dans le devenir. Il est un processus en constant développement et non pas un objet fixe. Le philosophe Maïmonide ajoute : « (...) En exprimant le premier nom, qui est le sujet, par *ehyé*, et le second nom, qui lui sert d'attribut, par ce même mot *ehyé*, on a, pour ainsi dire,

[13] Exode III, 14.

déclaré que le sujet est identiquement la même chose que l'attribut. C'est donc là une explication de cette idée, que Dieu existe, mais non pas par l'existence ; de sorte que cette idée est ainsi résumée et interprétée : l'Être qui est l'Être, c'est-à-dire, l'Être nécessaire. » André Chouraqui note avec raison que le terme même de Dieu est une usurpation puisqu'il dérive du latin Deus, apparenté à Zeus. En fait le terme exact dans la Bible est celui d'*Adonaï-Elohim* : *Adonaï* étant l'Être suprême, l'Unité, et *Elohim*, un pluriel, se référant aux puissances créatrices de l'Être. Ainsi, l'on ne se trouve ni en face d'un Dieu monolithique, ni de plusieurs dieux, mais en face d'un Être regroupant paradoxalement les qualités d'unité et de multiplicité.

Donc, ce Dieu sans nom, après avoir conclu deux premières alliances, va en conclure une nouvelle en donnant les Dix Commandements à Moïse[14].

Dieu demande à Moïse de révéler la Loi au peuple hébreu. Cependant, le Judaïsme ne connaît pas de religion révélée. Comme le dit celui que Heine appelait « le Socrate juif », Moïse Mendelssohn : « Les Israélites ont une législation divine : lois, injonctions, Commandements, règles de vie, enseignement de la volonté de Dieu concernant la manière dont ils doivent se comporter pour obtenir la félicité temporelle et éternelle ; ces propositions et prescriptions leur ont été révélées par Moïse d'une manière miraculeuse et surnaturelle ; mais on ne nous a pas révélé des doctrines, des vérités salvatrices ni d'axiomes raisonnables universels. L'Éternel nous révéla ces derniers, comme aux autres hommes, en tous temps, par la nature et les choses, jamais par la parole et les signes écrits. » D'ailleurs, Moïse brisera les Tables de la Loi en voyant les Hébreux célébrer le Veau d'Or, comprenant que ce n'est pas la simple communication de ces lois, même de manière miraculeuse, qui changerait leur comportement.

[14] Voir en annexe le texte de ces Commandements.

Ces lois sont importantes car elles sont un moyen d'enseignement de vérités historiques entre les hommes, mais ne sont en aucune manière l'accès aux vérités éternelles. Mendelssohn dit : « En ce qui concerne les vérités éternelles, dans la mesure où elles sont nécessaires pour le salut et la félicité des hommes, Dieu les enseigne d'une manière plus appropriée à la divinité : non par des paroles et des écrits qui sont ici et là compréhensibles à celui-ci ou celui-là, mais par la Création elle-même et ses rapports internes, lisibles et compréhensibles par tous les hommes. Il ne les confirme pas par des miracles qui ne produisent que des croyances historiques, mais il réveille l'esprit qu'il a créé et lui donne l'occasion d'observer ces rapports entre les choses, et de l'observer lui-même et de se persuader des vérités qu'il est destiné à connaître ici-bas. » Dieu, dans sa bonté, a donné la raison aux hommes pour qu'ils accèdent à ses vérités éternelles, que ce soit par les sciences ou par les arts. En y regardant de plus près, on s'aperçoit que toutes les prescriptions de la Loi mosaïque concernent les actions de l'Homme : elle dit « tu dois faire ou tu ne dois pas faire ». À aucun moment, elle ne dit « tu dois croire ou tu ne dois pas croire », car la foi ne se commande pas, elle ne peut venir que par la voix de la raison puisqu'elle ne repose pas sur des préceptes moraux mais sur notre connaissance de la vérité et de l'erreur. C'est pour cela, souligne Mendelssohn, que dans l'ancien Judaïsme il n'existe pas d'articles de foi ou de livres symboliques et que personne ne devait jurer sur des symboles ou n'était assermenté à des articles de foi.

Ces lois se fondent évidemment sur des vérités éternelles : elles ne sont pas arbitraires comme celles des divinités grecques, romaines ou babyloniennes, où le plus fort l'emporte sur le plus faible, mais, au contraire, sont des lois où le juste l'emporte sur l'injuste. La Loi ne doit jamais être en contradiction avec les principes de respect de la vie et d'amour de son prochain. Tous les Commandements, qu'il s'agisse du shabbat, des rituels relatifs à la nourriture, de la prière, ou de toute autre ordonnance, dont le respect est un devoir strict, sont suspendus si leur observance peut mettre la vie en danger. Il n'est pas seulement autorisé d'enfreindre ces lois en de telles circonstances, c'est un devoir de les enfreindre pour sauvegarder une existence, car il a été écrit dans le Lévitique[15] : « Il vivra par eux (les Commandements) mais ne mourra pas à cause d'eux. »

L'Arche d'Alliance, contenant les Tables de la Loi, sera placée au centre du Temple construit par le roi Salomon. Seule la partie la plus sainte sera inaccessible au public, car « le voile vous servira de séparation entre le saint et le saint des saints[16] ». Ce voile est toujours présent dans les synagogues, où il marque une séparation entre les hommes et la Torah. L'accès à celle-ci ne peut se faire qu'à partir de l'âge de treize ans, au moment où l'enfant devient adulte grâce à la cérémonie de la *bar-mitzva.* Le voile ne marque pas une rupture entre Dieu et les hommes mais fait allusion à ce que, à cause de la matière, nous sommes incapables de percevoir Dieu. Dieu n'est pas une idole que l'on puisse connaître par nos sens.

Le Temple ne représente pas une « forteresse » de la religion juive, mais a une vocation universaliste : Salomon, dans son discours après l'édification du Temple, explique que « même l'étranger, qui n'est pas de ton peuple d'Israël, et qui viendra d'un pays lointain à cause de ton Nom — car on entendra parler de ton grand Nom, de ta main forte et de ton bras étendu —, s'il vient prier vers cette maison, toi, écoute aux cieux, le lieu de ta demeure, et fais tout ce pour quoi t'aura invoqué l'étranger, afin que tous les peuples de la terre connaissent ton Nom (...)[17] ».

[15] XVIII, 5.
[16] Exode XXVI, 34.
[17] I Rois VIII, 41-42.

L'importance des prophètes

Dès la mort de Salomon, en 930 avant J.-C., le royaume sera divisé en deux : les royaumes d'Israël et de Juda. Cette période d'instabilité permettra au culte de Baal d'entrer en force dans ces royaumes qui connaîtront les pressions et les dominations tantôt syrienne, tantôt assyrienne, tantôt égyptienne, et cela jusqu'à la destruction de Jérusalem et de son Temple par les Chaldéens, en 586 avant J.-C., avec déportation des élites à Babylone.

Des prophètes comme Isaïe ou Jérémie seront la garantie de la continuation d'une pensée universelle et d'une résistance à l'oppresseur.

Maïmonide décrit la prophétie comme « une certaine perfection (existant) dans la nature humaine ; mais que l'individu humain n'obtient cette perfection qu'au moyen de l'exercice, qui fait passer à l'acte ce que l'espèce possède en puissance (...). Si l'homme supérieur, parfait dans ses qualités rationnelles et morales, possède en même temps la faculté imaginative la plus parfaite (...), il sera nécessairement prophète ; car c'est là une perfection que nous possédons naturellement. (...) Dieu rend prophète qui il veut et quand il veut, pourvu que ce soit un homme extrêmement parfait et (vraiment) supérieur ; car pour les ignorants d'entre le vulgaire, cela ne nous paraît pas possible — je veux dire que Dieu rende prophète l'un d'eux —, pas plus qu'il ne serait possible qu'il rendît prophète un âne ou une grenouille. Tel est notre principe (je veux dire) qu'il est indispensable de s'exercer et de se perfectionner, et que par là seulement naît la possibilité à laquelle se rattache la puissance divine. » Les prophètes ne sont donc pas des exaltés ou des fous de Dieu. Ils réaffirment à l'homme qu'il y a un Dieu unique, d'où leurs dénonciations constantes des idoles et des divinités comme Baal, Ishtar ou Astarté. Ils protestent quand l'homme prend le mauvais chemin et montrent les alternatives qui lui permettront de faire son choix. Ils ne présentent pas l'avenir comme une fatalité mais comme une conséquence des actes présents. Les prophètes apparaissent ainsi aux moments de crise pour apporter des solutions.

Les problèmes auxquels sont confrontés les prophètes sont multiples. D'abord, les Hébreux ont vidé les Commandements de leur sens profond pour en faire de simples rituels qui en soi devraient les sauver : ils ont idolâtré les rituels. Par rapport à cela, Isaïe écrit : « Que me fait la multitude de vos sacrifices ? dit Yahvé. Je suis rassasié des holocaustes de béliers et de la graisse des veaux gras ; et le sang des taureaux, et des agneaux et des boucs, je n'en veux pas ! (...) Vos noémies et vos solennités, mon âme les hait, elles me sont un fardeau, je suis las de les supporter. Quand vous étendez les mains, je ferme les yeux devant vous ; vous avez beau multiplier la prière, je n'écoute pas ! Vos mains sont pleines de sang. Lavez-vous, purifiez-vous, ôtez de devant mes yeux la malice de vos actions. Cessez de faire le mal, apprenez à faire le bien. Recherchez le droit, secourez l'opprimé, rendez justice à l'orphelin, défendez la veuve. »[18] Jérémie[19] voit même l'urgence d'établir une nouvelle alliance : « Voici venir le temps, déclare Yahvé, où Je conclurai avec Israël et Juda une Alliance nouvelle : non plus comme celle que J'avais conclue avec leurs pères, lorsque Je les pris par la main pour les tirer d'Égypte ; car ils l'ont violée, tant et si bien que J'ai dû les éliminer, déclare Yahvé. Voici donc ce que sera l'Alliance qu'après ce temps-ci Je conclurai avec Israël, déclare Yahvé : Je placerai Ma Loi à l'intérieur d'eux-mêmes et c'est au fond de leur cœur que Je l'inscrirai (...) ».

Un autre problème surgit du fait des oppressions diverses : le repli sur soi. Le meilleur exemple est le message du prophète Ézéchiel qui va définitivement rompre avec l'esprit universaliste et de générosité de Jérémie et d'Isaïe. Ézéchiel, membre du

[18] Isaïe I, 11-17.
[19] XXXI, 31-33.

clergé du Temple de Jérusalem, voit le message de Yahvé comme destiné aux seuls Israélites : « Ce n'est pas aux autres peuples, avec leurs inintelligibles parlers et leurs langues barbares, que tu es envoyé ; mais à la seule Maison d'Israël ![20] » Il contredit même le discours de Salomon à propos du Temple en disant : « Nul étranger, incirconcis de cœur comme de corps, n'aura le droit de pénétrer en Mon Sanctuaire ![21] » Ézéchiel défend donc le retranchement des Israélites sur Jérusalem et son Temple par simple prérogative de peuple de Dieu. Paradoxalement, en marge de ses préoccupations isolationnistes, Ézéchiel va introduire tout un cérémonial marqué par l'influence de la mentalité et du rituel de Babylone. En fait, en enlevant les fondements universels du Judaïsme, Ézéchiel va le reléguer au niveau des autres cultes de l'époque. À partir de ce moment, la conception d'Ézéchiel du peuple élu rivalisera avec celle plus élevée d'Isaïe qui dit[22] : « Voici Mon serviteur que Je soutiens, Mon élu, que Mon cœur préfère ! Je lui ai infusé Mon Souffle, pour qu'il révèle la Vérité aux Nations. Sans crier, ni hausser le ton, sans faire retentir sa voix au-dehors, sans briser le roseau cassé, sans éteindre la lampe vacillante, il révélera aux peuples la Vérité : lui-même ne sera vacillant ni cassé, tant que la Vérité ne sera pas instaurée sur la Terre et que les Îles espéreront sa doctrine ! »

Les prophètes sont aussi connus pour avoir annoncé la venue du Messie. L'ère messianique est une ère de paix, de raison et de réconciliation avec Dieu. La connaissance de Dieu recouvrira le monde et elle amènera le pardon, l'amour de la paix, du bien et de la justice. L'arrivée du Messie sera marquée par l'avènement d'une humanité parfaite. Voici ce qu'en dit Isaïe[23] : « Alors s'ouvriront les yeux des aveugles, s'ouvriront les oreilles des sourds ; alors le boiteux sautera comme un cerf, et la langue du

[20] Ezéchiel III, 5-6.
[21] *Ibid.* XLIV, 9.
[22] XLII, 1-4.
[23] XXXV, 5-10.

muet éclatera de joie. Car les eaux jailliront dans le désert, et les ruisseaux dans la solitude ; le mirage se transformera en étang et la terre desséchée en sources d'eaux ; dans le repaire qui servait de gîte aux chacals croîtront des roseaux et des joncs. Il y aura là un chemin frayé, une route, qu'on appellera la voie sainte ; nul impur n'y passera ; elle sera pour eux seuls ; ceux qui la suivront, même les insensés, ne pourront s'égarer. Sur cette route point de lion ; nulle bête féroce ne la prendra, nulle ne s'y rencontrera ; les délivrés y marcheront. Les rachetés du Seigneur retourneront, ils iront à Sion avec chants de triomphe, et une joie éternelle couronnera leur tête ; l'allégresse et la joie s'approcheront, la douleur et les gémissements s'enfuiront. » Daniel annonce aussi la résurrection des morts, et Dieu lui-même est le rédempteur, l'auteur du miracle ultime qui parachèvera la création du monde.

L'imitation et la connaissance de Dieu

L'homme doit marcher aux côtés de Dieu et non pas en dessous. L'homme n'est pas Dieu, mais il a été fait à son image et est donc de même nature. Voici ce que dit un passage du Lévitique[24] : « Le Seigneur parla à Moïse et dit "Parle à toute l'assemblée des enfants d'Israël et tu leur diras : Soyez saints, car je suis saint, moi, le Seigneur, votre Dieu." » La juste voie à suivre est donc l'imitation de Dieu. Cette imitation a pris la forme de lois ou de Commandements ; la Torah en comporte 613. Moïse Maïmonide résumait le rôle de ces Commandements à « produire une opinion saine, ou détruire une opinion erronée, ou donner une règle de justice, ou faire cesser l'injustice, ou former l'homme aux bonnes mœurs, ou le préserver des mœurs dépravées ». La Torah est la Loi qui conduit l'homme à imiter Dieu en lui enseignant la juste façon d'agir, les Dix Commandements mosaïques en étant le noyau central. Il est vrai, comme nous l'avons dit dès le début,

[24] XIX, 1-2.

qu'il existe certaines contradictions entre les différents textes. Dans l'Exode, par exemple, il est dit qu'une faute retombera sur les enfants de celui qui l'a commise jusqu'à la quatrième génération, tandis qu'il est dit dans le Deutéronome : « On ne fera point mourir les pères pour les enfants, et l'on ne fera point mourir les enfants pour les pères. » D'où l'importance de l'esprit dans lequel la Loi sera abordée : appliquer la loi du talion et les Commandements de vengeance à la lettre, ou privilégier la compassion pour le pécheur. À partir du Ier siècle après J.-C., les rabbins vont commenter et interpréter la Loi, car c'est « l'interprétation vivante de la Loi qui vivifie la lettre ». Ces commentaires s'appellent la *halakha* ou — littéralement — « la voie dans laquelle on doit marcher ».

La triple observance de respecter les principes d'amour et de justice, de ne pas blasphémer Dieu et de ne pas adorer les idoles est de loin plus importante que les rituels. C'est pour cela que, pour les Juifs, le salut universel ne dépend pas de l'adhésion au Judaïsme et même pas du culte de Dieu. Le salut universel est accessible à tout le monde dès lors qu'il suit des principes justes. Le Talmud dit : « Les justes parmi les Gentils ont leur place dans le monde à venir. » Ou encore, Moïse Maïmonide : « Un païen qui accepte les sept Commandements de Noé et les observe scrupuleusement est un païen juste et il aura sa part dans le monde à venir. »

Quant à ceux qui ne suivent pas cette voie, ils ne reçoivent pas les foudres d'un Dieu vengeur et en colère, comme on a souvent tendance à le croire, l'opposant ainsi au Nouveau Testament qui mettrait en scène un Dieu rempli d'amour et de miséricorde. L'Ancien Testament présente Dieu comme miséricordieux et compatissant, lent à la colère, riche en bonté et en fidélité. Sa compassion apparaît clairement dans l'Exode : « Longtemps après, le roi d'Égypte mourut, et les enfants d'Israël gémissaient encore sous la servitude et poussaient des cris. Ces cris, que leur arrachait la servitude, montèrent jusqu'à Dieu. Dieu entendit leurs gémissements et se souvint de son alliance avec Abraham, Isaac et Jacob. Dieu regarda les enfants d'Israël et connut leur condition[25]. » Or les enfants d'Israël n'implorent pas Dieu et ne font pas de prières pour qu'il intervienne car, à cette époque, ils étaient idolâtres. Un commentateur dit d'ailleurs : « Bien que les enfants d'Israël ne méritassent pas d'être délivrés, leurs cris provoquèrent la compassion de Dieu à leur égard. » Ce principe sera à nouveau exprimé par le prophète Isaïe[26] quand il dit : « Je me suis laissé trouver par ceux qui ne me cherchaient pas. »

L'expression de cette compassion se retrouve aussi dans la manière dont le pécheur est traité. L'homme qui se repent est un homme qui revient sur ses pas, qui rentre dans le droit chemin, qui revient à Dieu et à lui-même. L'opinion de la tradition talmudique à l'égard du pécheur repentant est décrite par le terme : *baal teshuvah,* ce qui signifie littéralement « le maître du retour ». Le maître du retour n'est pas un homme honteux d'avoir péché, c'est un homme fier d'avoir réalisé son retour. Le Talmud va plus loin en disant que « même l'homme complètement juste ne peut atteindre la position des maîtres du retour ». Ceci est d'ailleurs aussi très explicite dans l'histoire du Fils prodigue. Un autre passage du Talmud dit ceci : « Quand un homme a péché, s'il a de bons avocats, il est sauvé, mais sinon il ne l'est pas. Et voici quels sont les bons avocats : le repentir et les bonnes actions. Et même si 999 plaident contre lui, il suffit qu'un seul plaide en sa faveur pour qu'il soit sauvé. »

Maintenant, en ce qui concerne la connaissance de Dieu, on peut constater qu'il existe deux écoles opposées au sein du Judaïsme : la première considère qu'il faut seulement appliquer et interpréter les lois et que des règles comportementales suffisent pour suivre la bonne voie, l'autre école de pensée affirme

25 Exode II, 23-25.
26 LXV, 1.

qu'imiter Dieu nécessite de le connaître à travers sa Création et grâce à la métaphysique. Des philosophes comme Moïse Maïmonide, Philon d'Alexandrie ou Salomon Ibn Gabirol ont choisi la deuxième approche, ce qui les met quelquefois en marge de la religion juive officielle, mais certainement pas du Judaïsme. Inspirés de la philosophie platonicienne, ces philosophes ne se sont pas contentés de commenter les Écritures, ce qui choqua profondément de nombreux rabbins. Un texte du Talmud illustre parfaitement ce type de réaction : « Celui qui se demande ce qu'il y a en haut, ce qu'il y a en bas, ce qu'il y avait avant, mieux vaudrait pour lui n'avoir pas été créé[27]. » Maïmonide polémiquera contre cette tentative de réduire le Judaïsme à une série de lois et rituels, interdisant de ce fait un dialogue œcuménique et philosophique avec les autres religions. Il critique les talmudistes « qui admettent par tradition les opinions vraies, qui discutent sur les pratiques du culte, mais qui ne s'engagent point dans la spéculation sur les principes fondamentaux de la religion, ni ne cherchent en aucune façon à établir la vérité d'une croyance quelconque ». Il faut donc suivre l'exemple de Moïse qui adressa cette prière à Dieu : « Fais-moi donc connaître tes voies, afin que je te connaisse pour que je trouve grâce à tes yeux. » Maïmonide précise que « celui-là seul qui connaît Dieu "trouve grâce devant ses yeux", et non pas celui qui se borne à jeûner et prier ».

La vraie Sagesse s'appelle *hokhma* : elle est la réunion des qualités intellectuelles et morales dans le but de connaître Dieu — la fin dernière de l'Homme. Cette connaissance de Dieu ne se fait pas par des voies symboliques, des apparitions ou par une extase mystique. Maïmonide dit : « Il n'y a aucun moyen de percevoir Dieu autrement que par ses œuvres ; ce sont elles qui indiquent son existence et ce qu'il faut croire à son égard, je veux dire, ce qu'il faut affirmer ou nier de lui. Il faut donc

[27] Hagigah, 11 b.

nécessairement examiner les êtres dans leur réalité, afin que de chaque branche de science nous puissions tirer des principes vrais et certains pour nous servir dans nos recherches métaphysiques. Combien de principes ne puise-t-on pas, en effet, dans la nature des nombres et dans les propriétés des figures géométriques, principes par lesquels nous sommes conduits à connaître certaines choses que nous devons écarter de la Divinité et dont la négation nous conduit à divers sujets métaphysiques ! Quant aux choses de l'astronomie et de la physique, il n'y aura, je pense, aucun doute que ce ne soient des choses nécessaires pour comprendre la relation de l'univers au gouvernement de Dieu, telle qu'elle est en réalité et non conformément aux imaginations. » On ne peut donc connaître Dieu que grâce, d'une part, aux sciences physiques, dans ses attributs affirmatifs (le problème, c'est qu'ils n'indiquent jamais qu'une partie de la chose qu'on veut connaître, soit une partie de sa substance, soit une partie de ses accidents) et, d'autre part, à la métaphysique, dans ses attributs négatifs : en démontrant tout ce qu'il n'est pas. Cette connaissance est la seule dont on peut se glorifier. Jérémie dit : « Ainsi a parlé l'Éternel : Que le sage ne se glorifie pas de sa sagesse, que le fort ne se glorifie pas de sa force, que le riche ne se glorifie pas de ses richesses ; mais ce dont il est permis de se glorifier, c'est de l'intelligence et de la connaissance qu'on a de Moi, car je suis l'Éternel exerçant la bienveillance (*hesed*), la justice (*michpat*) et l'équité (*tzedaka*) sur la terre[28]. » C'est ainsi qu'il faut non seulement connaître Dieu, mais prendre aussi modèle sur son *hesed, michpat* et *tzedaka,* et ne jamais séparer la connaissance des principes de justice et d'amour.

[28] Jérémie IX, 22-23.

Blandine BARRET-KRIEGEL
Professeur à l'université de Paris X-Nanterre et agrégée de philosophie.

Judaïsme et droits de l'Homme

On s'est beaucoup battu cette dernière décennie pour la défense des droits de l'Homme. Réponse inévitable et nécessaire à l'indifférence, l'irrespect, l'outrage qui s'étaient manifestés devant la Déclaration universelle des droits signée en 1948. Partout des hommes atteints dans leur sûreté personnelle, leurs libertés politiques, intellectuelles, morales. La doctrine des droits de l'Homme ne s'est, il est vrai, universalisée que très récemment. Faut-il dire, pour paraphraser Saint-Just, qu'elle est une idée nouvelle dans le monde ? Je ne le crois pas. Mais quelle est au juste son origine ?

La défense des libertés individuelles est plus ancienne que nous ne le croyons. Elle ne date pas des déclarations des droits du XVIIIe siècle dont les plus fameuses sont l'américaine et la française, elle ne s'enracine pas comme on le croit trop souvent dans le seul mouvement de la pensée libérale et individualiste qui s'est développé dans la seconde moitié du XVIIIe siècle. Elle lui est bien antérieure. Elle ne vient pas non plus des démocraties ou des républiques antiques qui ont réservé les droits à la minorité des hommes libres. À l'intérieur du droit antique, et en particulier dans le système juridique le plus développé du droit antique, dans le droit romain, la notion de droits de l'Homme est introuvable. Comme l'ont bien compris Fustel de Coulanges, Ihering et plus récemment Michel Villey, ce qui manquait au droit antique c'est moins un statut juridique de l'individu qu'un statut juridique de l'Homme. L'individu existait sous la figure du *pater familias* ; l'Homme libre, le citoyen, jouissait de libertés proprement individuelles, il avait des droits publics, *jura publica,* et des droits privés, *jura privata*, comme le droit de suffrage, de plaidoirie, de culte, d'impôt, des droits militaires, le droit de succession.

Le Romain était seul responsable de la façon dont il exerçait ses droits sur sa propriété et sur sa famille. Mais ce statut d'individu était réservé à une seule catégorie de personnes. L'homme libre, le *pater familias* en jouissait seul. Le processus d'individuation étant une modalité de l'accès à la citoyenneté, non de la défense contre les abus de la cité, la relation de la sphère du public et du privé était très différente de la nôtre. L'homme libre n'avait nul besoin de défendre sa liberté contre la communauté politique puisque c'est précisément sa liberté qui fondait sa participation à la *res publica*. La notion d'individu n'avait nulle valeur privée. À Rome, l'individu n'était pas un homme. Chaque homme n'était pas un individu. L'individu c'était le maître.

La notion de l'Homme ? Toute une série de dispositions propres au droit romain découvre qu'il ne s'y est jamais élevé.

Le statut de citoyenneté ne s'accompagnait pas d'un statut de liberté ni du droit à la sûreté proclamé par les légistes anglais et français de l'Ancien Régime ; le droit à la vie est introuvable dans la législation antique. Sur chaque citoyen pesait, dans la mesure où chaque citoyen était soldat-citoyen (*quirites*, porteur de lance), un droit de vie et de mort *(jus vitae necisque)* qu'ont exercé tour à tour les rois, les consuls, les empereurs. Comment d'ailleurs aurait pu être fondé un droit à la vie dans une société esclavagiste où la guerre, après que chacun a mis en jeu sa vie, décide, pour les uns, la maîtrise, pour les autres, l'esclavage ? Selon la judicieuse observation d'Hannah Arendt, l'*Homo* dans la Rome antique, c'est précisément, par opposition au citoyen, l'homme sans droit, autrement dit l'esclave.

Pour qu'une doctrine et à plus forte raison une déclaration des droits de l'Homme soit possible, il fallait trois conditions :

– que l'homme soit reconnu comme valeur ;

– que cette valeur ait un statut juridique ;

– que ce statut juridique soit garanti par une communauté politique.

L'origine de la notion d'Homme au sens moderne du mot, celle d'une humanité unique qui rassemble également et sans différence de nature tous les hommes, est biblique. La source de cette notion ne se trouve pas dans le droit romain mais dans les seuls textes qui lui aient d'abord donné une réalité et reconnu une valeur, les textes bibliques. Qui s'intéresse aux sources judaïques du droit moderne pourrait suivre l'exemple donné naguère par le professeur Nathan Isaacs de l'université de Harvard pour montrer comment telle ou telle disposition particulière de la *halakha* a directement influencé le *common law* anglais ou le droit civil américain ; on pourrait s'inspirer de la leçon du professeur Prosper Weil pour mettre en évidence l'influence des textes et de la pensée juifs dans telle ou telle disposition du droit international. Mais on retrouvera aussi l'influence biblique en lisant simplement les légistes et les philosophes classiques qui, comme Jean Bodin et Thomas Hobbes, sont les premiers théoriciens de la doctrine des droits de l'Homme.

Les réflexions de Michelet hier, les travaux de Gershom Sholem plus récemment ont souligné combien l'influence de la pensée hébraïsante fut décisive à l'intérieur de la Renaissance. Elle éclaire peut-être l'étonnant étayage de la pensée politique des modernes, en rupture avec l'augustinisme politique, sur la lecture de la Bible et la place centrale de la méditation du modèle de l'État chez les Hébreux. Et pour ne prendre que ces deux exemples, celui de Hobbes et celui de Spinoza, il n'est peut-être pas inutile de rappeler que la moitié du *Léviathan*, l'œuvre maîtresse du philosophe anglais, est consacrée à une méditation des Écritures et que le *Traité théologico-politique* du philosophe d'Amsterdam est ordonné à une réflexion de l'organisation politique antique du peuple juif.

Commençons par le droit à la sûreté, le premier des droits de l'Homme dont Hobbes a été, dans la pensée politique occidentale, le théoricien le plus systématique après Bovin. Ce droit de tout individu à la possession de son corps propre est le plus fondamental des droits de l'Homme parce qu'il émancipe tout homme de la servitude et qu'il met fin au fameux droit de vie et de mort reconnu aux puissances antiques sur leurs citoyens. Il a été de grande conséquence en Occident puisque c'est son application progressive qui a fait disparaître le servage. Eh bien, ce droit à la sûreté est explicitement déduit par Hobbes du modèle du pacte d'Alliance et de la condition de l'individu dans l'État des Hébreux. Le droit à la sûreté requiert en effet la généralisation du Commandement « Tu ne tueras point » ; il implique un rapport communautaire dégagé de la guerre privée de tous contre tous, et inscrit dans le rapport de paix et de justice.

Il ne définit pas un attribut individuel mais un droit de l'individu, qui suppose que l'Homme ne soit plus un loup pour l'homme et que la société soit pacifiée. Là où le droit à la sûreté, après avoir été proclamé intellectuellement, a été établi juridiquement, le servage a disparu, les empires et les seigneuries, ces formes antiques et archaïques de la politique, se sont affaiblis.

Poursuivons par la liberté de conscience, la première des libertés civiles. Elle a été fondée par Spinoza à partir de l'exigence d'un système de valeurs théologico-politiques, inspiré du modèle de l'État hébreu, qui révoque également la conception d'une religion qui soit à la fois une gnose et une église. Les Commandements théologico-politiques ne doivent rien dire sur la nature, et c'est ainsi qu'ils laissent la place à la science, et ne doivent pas instituer une puissance chargée du culte de la divinité, et c'est ainsi qu'on écrit la discrimination de la puissance. Le temps manque pour développer ici ce que les penseurs savaient mieux que nous : la dette encore impayée que la doctrine des droits de l'Homme a contractée avec la Torah.

Franklin RAUSKY
Ancien directeur des études au Centre universitaire d'études juives de Paris.

CIVILISATION, RÉPRESSION ET LIBERTÉ : LA THÉORIE FREUDIENNE DU PHÉNOMÈNE TOTALITAIRE MODERNE

Fils d'une communauté opprimée durant des siècles, souvent persécutée, parfois tolérée, jamais pleinement et entièrement acceptée, membre d'une minorité différente et dissidente face à une majorité compacte et conformiste, penseur et savant marqué par l'indépendance et la distance critique par rapport au savoir et à la pensée de l'Establishment de l'Europe chrétienne moderne, Sigmund Freud est un observateur attentif et lucide de la montée du totalitarisme moderne. Ses hypothèses sont radicalement différentes de la plupart des explications fournies par des sociologues, des historiens, des politologues de son temps. En effet, entre 1920 et 1940 se constitue un discours scientifique qui met l'accent sur la modernité radicale du phénomène totalitaire, réalité nouvelle, originale, inédite, inconnue des sociétés du passé. Le totalitarisme serait l'expression d'une société de masse, à l'ère industrielle, une société marquée par des progrès technologiques et scientifiques mais aussi des conflits nouveaux et des tensions nouvelles qui exigent un arbitrage nouveau et différent, celui d'un État doué de pouvoirs nouveaux et étendus, et d'une autorité personnelle, celle d'un chef charismatique, seul capable de rassembler des hommes qui ne sont plus liés par des liens autrefois puissants et solides (la tradition, la religion, les coutumes, les mœurs), mais aujourd'hui affaiblis ou défaits.

Freud au contraire voit dans le phénomène totalitaire une régression irrationnelle vers le passé lointain, vers la nuit des temps de la préhistoire, vers une époque primitive à la fois révolue et présente, où les pulsions agressives, destructrices, meurtrières, érotiques n'avaient d'autre limite à leur défoulement que la loi du plus fort. La civilisation implique une nécessaire répression de ces tendances, répression indispensable à la vie collective. Ainsi, l'existence sociale exige un certain degré de renoncement à la liberté individuelle, ce qui crée, selon Freud, un « malaise dans la civilisation » (titre de l'un de ses essais).

Dès le début de *L'Avenir d'une illusion*, cette opposition de l'individu et de la société est présentée comme un paradoxe : « Il est curieux que les hommes, qui savent si mal vivre dans l'isolement, se sentent cependant lourdement opprimés par les sacrifices que la civilisation attend d'eux afin de leur rendre possible la vie en commun. »

Ainsi, les institutions et les lois ont une fonction de répression des pulsions instinctuelles de l'individu : tel est, au fond, le rôle de tout État (et pas seulement de l'État dictatorial ou totalitaire) : « La civilisation, poursuit Freud, doit ainsi être défendue contre l'individu, et son organisation, ses institutions et ses lois se mettent au service de cette tâche ; elles n'ont pas pour but unique d'instituer une certaine répartition des biens, mais encore de la maintenir, elles doivent de fait protéger contre les impulsions hostiles des hommes tout ce qui sert à maîtriser la nature et à produire les richesses. »

Cette vision pessimiste et désabusée des racines profondes du pouvoir politique nous fait penser à une maxime des Sages de la Michna (*Traité des Principes*) : « Prie pour l'intégrité du pouvoir, car sans la crainte de celui-ci, un homme dévorerait son prochain vivant. » (On observe ici un parallèle entre la vision classique juive du pouvoir comme mécanisme de limitation des tendances agressives des individus, et l'hypothèse freudienne, tout aussi dénuée d'idéalisation et d'apologétique.)

Mais l'analyse du phénomène national-socialiste allemand conduit Freud à des conclusions plus précises : dans le totalitarisme nazi, avec son principe moteur, l'antisémitisme racial du IIIe Reich, le mécanisme psychologique sous-jacent n'est pas la répression des pulsions instinctuelles des individus et la défense de la civilisation, mais plutôt le défoulement des pulsions instinctuelles et des tendances archaïques (haine, narcissisme, jalousie, désir meurtrier, désir incestueux, révolte contre le père) ; défoulement orienté contre le Juif, comme cible victimologique privilégiée, et l'abolition des contraintes et des garde-fous instaurés par la civilisation pour limiter cette agressivité et cette destructivité. Ce totalitarisme ne constitue pas un progrès politique (la prétendue « rationalité » planificatrice du pouvoir hitlérien), mais une forme de « régression vers une barbarie presque préhistorique » (*Moïse et le monothéisme*, avant-propos écrit avant mars 1938 à Vienne).

La foule moderne, même composée d'individus relativement instruits et modérés, n'en est pas moins irrationnelle, archaïque, soumise à des impulsions inconscientes, à la peur, à la rumeur, à la panique. Elle est, pour Freud, une reconstitution de la horde primitive, première forme de vie sociale humaine, dans la nuit des temps préhistoriques. La foule, dans un climat totalitaire comme celui du nazisme allemand, constitue le milieu de culture idéal pour l'émergence des pulsions agressives et meurtrières.

Le rôle du meneur de la foule est ici central : le Chef, le Conducteur, le Leader soumet la foule à une fascination de type suggestif, voire hypnotique : comme dans une séance d'hypnose collective, la foule s'abandonne librement aux suggestions, aux messages, aux ordres du meneur.

Le Juif apparaît ici comme la victime préférée de l'agressivité des masses, car celles-ci voient dans le Judaïsme la source d'un monothéisme sévère auquel les peuples d'Europe ont dû se soumettre contraints et forcés. Les nations européennes contemporaines, selon Freud, sont issues d'un « mal baptême ». Germains, Huns, Goths, Celtes, Ibères, Francs, Gaulois, Normands, Slaves, Latins ont dû abandonner extérieurement leurs pratiques païennes et adhérer extérieurement au monothéisme chrétien d'origine israélite, tout en conservant une mentalité profondément magique, fétichiste, païenne, et tout en gardant une rancune tenace contre le Judaïsme, source lointaine de la répression monothéiste chrétienne de leurs tendances polythéistes.

Les peuples ainsi « mal baptisés » ont connu et connaissent encore la tentation d'une révolte païenne contre la morale judéo-chrétienne. C'est pourquoi la haine du Judaïsme et du Christianisme, haine aux racines archaïques, apparaît, dans la « révolution » national-socialiste allemande, comme un principe majeur, nullement comme un vernis doctrinal superficiel.

En dévoilant le contenu inconscient collectif latent de haine archaïque du nazisme allemand, en mettant en lumière l'irrationalité préhistorique des grandes foules soumises aux messages et aux ordres des chefs charismatiques autoritaires, en dénonçant la régression infantile et l'abdication de l'intelligence qui marquent les totalitarismes contemporains (nazisme, stalinisme, fascisme), en comparant la personnalité du dictateur de l'État-nation à celle du meneur des hordes primitives de la nuit des temps, en établissant une analogie entre les doctrines de haine et de soumission des régimes totalitaires et des suggestions collectives de type hypnotique, Sigmund Freud a contesté le mythe de la « modernité » du totalitarisme, perçu par certains comme la nouvelle forme de société du futur.

Amoureux des avions, de la radiophonie, des automobiles dernier modèle, des trains à grande vitesse, féru de science et de technologie, admirateur du gigantisme architectural des grandes métropoles, l'homme totalitaire, dans les profondeurs de son inconscient, incarne cette régression vers l'irrationnel dans laquelle le père de la psychanalyse voyait l'illusion d'une félicité sans intelligence, d'une abolition de la civilisation, d'une liberté des instincts sans répression, et la réalité de nouvelles et cruelles contraintes, d'une civilisation du malheur, face à laquelle l'homme de science ne saurait rester indifférent.

Michel CALEF
Docteur en philosophie, consultant international, président de Leatid
(The European Center for Jewish Leadership).

Un regard juif sur l'ambiguïté des droits de l'Homme

Par Judaïsme, il faut nécessairement entendre la triple dimension qui enracine l'identité juive dans les textes d'une tradition (du *Tanakh* au *Talmud* sans oublier le *Zohar*), dans la mémoire collective d'un peuple et dans l'individualité concrète d'hommes et de femmes répondant « me voici » à l'appel de leur appartenance.

Par droits de l'Homme, que faudra-t-il entendre ?

La lente émergence de l'idée d'humanité ? La progressive élaboration de références et de codifications juridiques qui ont marqué l'histoire occidentale ? La violence des combats menés ici ou là pour arracher aux pouvoirs absolus d'excessives prérogatives ? La patience des opprimés pour obtenir enfin des privilégiés un regard de respect ?

Mettre en parallèle les textes fondamentaux de la tradition juive et les codifications juridiques qui se sont concentrées dans les différentes déclarations des droits de l'Homme, décrire l'histoire du peuple juif comme le paradigme d'un long combat pour le respect des droits de l'Homme, constater le rôle privilégié que des hommes juifs et des femmes juives ont pu jouer dans l'effort européen pour l'extension et le respect des droits de l'Homme… Tout cela est un exercice nécessaire et fort tentant, d'autant plus qu'on s'apercevrait alors combien la tradition juive bimillénaire fourmille de textes d'une modernité étonnante et qui conservent, encore aujourd'hui, des aspects futuristes.

Regardons d'abord l'idée, les textes et les comportements qui sont sous-jacents dans cette expression de « droits de l'Homme ». Mais tout regard est d'abord point de vue sur le monde et il est orienté, subjectif. Heureusement subjectif, car ce sont la multiplicité même des subjectivités, les contradictions et les variantes de regards différents qui sont seules garantes d'un réel équilibre et d'une hypothétique objectivité. C'est donc le Judaïsme qui sera ici le point de référence de notre regard et qui doit nous fournir la « grille d'analyse » avec laquelle nous décoderons événements, discours et idées du monde contemporain.

Le Judaïsme, en effet, nous fournit un certain nombre de clés et de critères pour observer, juger, choisir, en un mot pour agir en hommes libres, dans notre vie.

La seule lecture rapide d'un calendrier juif nous indique tout de suite que ces clés s'offrent à nous dans les trois dimensions de notre existence : la profondeur de notre for intérieur, le temps de notre histoire ou de nos sociétés, l'espace de notre univers. Pour sa part, le récit biblique et son commentaire précisent chacune des portes successives ainsi ouvertes.

La porte de la Création, dans un même mouvement, définit les limites absolues que l'orgueil d'un humanisme triomphant ne peut ni ne doit franchir, et fonde cependant l'avènement de la personne sur une dignité et une liberté consubstantielles à l'être adamique, image de son créateur.

Mais cette liberté et cette dignité semblent sombrer dans le silence du premier couple, se noyer dans le sang de la première fraternité ratée et disparaître dans les ruines de Babel.

Heureusement, grâce à Noé, voilà affirmé l'engagement qu'aucun échec humain ne justifie plus la tentation de la table rase.

La porte d'Abraham s'ouvre sur la promesse d'une reconstruction : celle de l'humanité. Au travers de la disponibilité absolue de celui qui dit « me voici » s'élabore au sein de cette famille l'aventure, en « modèle réduit », de la restauration de la fraternité. L'on voit alors s'inverser les priorités : la fraternité et sa difficile construction apparaissent comme le passage obligé, comme la condition nécessaire à la réalisation de la liberté.

Les portes du Sinaï, après l'expérience égyptienne, s'ouvrent sur un changement d'échelle : avec Moïse, l'aventure quitte le « modèle réduit », s'échappe de la « maquette », pour devenir « prototype ». Ce « prototype », c'est le peuple d'Israël, et, aujourd'hui, sa période d'essais n'est peut-être pas terminée, malgré le saut qualitatif que représente le retour à Sion.

Notre paysage juif serait en effet incomplet si ne s'y ajoutait la dimension particulière de l'État d'Israël. Le mot « Israël » est à cet égard un guide exigeant puisqu'à peine formé par la parole ou l'écriture il signifie en même temps chacun des fils de Jacob devenu Israël, le peuple d'Israël tout entier, la terre d'Israël enfin. Priver ce mot d'une seule de ces significations c'est l'appauvrir irrémédiablement.

Là encore il serait relativement aisé d'user de la démarche comparative et de montrer comment, par sa législation, comme par sa pratique démocratique, l'État d'Israël enfoncé dans l'océan de non-droit que sont les États qui l'environnent représente un îlot de droit et de respect humain dans cette région du monde.

Je voudrais ici poser la question des droits de l'Homme et d'Israël d'une manière particulière : en quoi l'attitude de cet État, sa politique et les réactions qu'il provoque dans le monde sont-elles révélatrices d'une question de fond ? En quoi l'attitude des autres nations, des groupes sociaux et intellectuels à l'égard de l'État d'Israël peut-elle être considérée comme un test à l'égard des droits de l'Homme et des valeurs qui les sous-tendent ?

Précisons encore ici la signification de « ce regard juif » porté sur les droits de l'Homme : l'une des particularités de notre tradition, c'est l'insistance mise à appeler les choses par leur nom, par leur juste nom. Par boutade je dirais presque que le Judaïsme est autant l'art du mot juste que celui du geste adéquat.

Il est ainsi l'art de la définition, de l'identification, par là de la séparation : séparation d'Israël d'avec les autres nations, séparation ordonnatrice de la vie quotidienne avec la *cacherout*, séparation des rôles de chacune des tribus, etc. Mais définir ainsi, n'est-ce pas préciser l'identité tant par éclairage du contenu que par dessin des différences constitutives de la notion d'altérité ?

C'est donc d'abord à un petit travail d'identification qu'il faut nous livrer pour distinguer les racines et les sources du concept de droits de l'Homme en en suivant rapidement la genèse.

Peut-être verrons-nous alors apparaître les contradictions nées d'héritages opposés mais accumulés qui se cachent derrière l'expression, aujourd'hui si évidente, de droits de l'Homme.

Ces contradictions nous permettront sans doute d'éclairer et d'expliquer une part des difficultés d'application de ces droits dans notre monde contemporain.

Face à cela, il n'est pas indifférent que l'univers juif s'ordonne autour d'une législation : parler de droits de l'Homme, et pas seulement de « dignité humaine » ou de « valeur de la personne », indique déjà le consensus sur le fait que les normes de valeur doivent, pour être efficaces, être institutionnalisées sous forme de normes juridiques. Le Droit, et par là ses instruments, législation et juges, est bien le lieu de rencontre de la Morale et du Pouvoir, le croisement de l'Éthique et du Politique. Et lorsqu'au pied du Sinaï le peuple juif accepte le « Nous ferons et nous écouterons », cette primauté de l'acte et du concret, cette nécessité préalable de la réalisation consacrent la nécessité de l'engagement humain, sa disponibilité première, essentielle pour éviter à l'Éthique de sombrer dans l'idéalisme moral ou le moralisme de bazar.

Quelle lumière brutale jetée sur « les droits de l'Homme » ! Car si les hommes sont soumis au Droit en ce qu'il institue les règles juridiques indispensables pour concrétiser l'idée de Justice dans leur vie collective, comment pourraient-ils posséder ce droit ? N'y a-t-il pas là incompatibilité entre le Droit qui instaure un certain type de relations entre les hommes, qui est « rapport entre des hommes[1] », et ce terme unique de l'Homme, avec une majuscule dont la typographie amenait sur les lèvres de M. Bonnefous, ancien ambassadeur de France à Jérusalem, cette belle image : « Une majuscule à l'Homme ? C'est-à-dire deux tours qui se lèvent dans ce H majuscule, comme deux tours de Babel. N'est-ce pas trop donner à l'Homme que de le mettre en comparaison avec des valeurs spirituelles, un sens du Monde et une Création ?... »[2]

Pourtant, malgré cette inadéquation, cette ambiguïté, l'engouement contemporain pour les droits de l'Homme est aussi porteur de signification : « L'homme du XXe siècle n'est plus un homme délibérant et prenant son temps avant d'agir[3] (...), il lit la presse, regarde la télévision, et est submergé par l'image ou les chocs émotionnels. Le langage des droits de l'Homme n'est-il pas avant tout un langage thérapeutique pour le rétablissement de l'équilibre psychique de nos contemporains... ? »

N'est-il pas aussi le substitut à un effondrement successif d'idoles politiques depuis quarante ans ? Ne cherche-t-il pas à remplacer les dangers de la réalisation politique, au sens noble, par l'illusion de la sécurité morale ?

---

[1] In *Le Droit et les droits de l'Homme*, Michel Villey, p. 154, PUF.
[2] Édouard Bonnefous, travaux de la 4e convention des Associations culturelles israélites de France, Jérusalem, 16-17 février 1981, Paris, Éditions du Consistoire central.
[3] In *Le Droit et les droits de l'Homme*, Michel Villey, p. 158, PUF.

Tel est peut-être un des dangers contemporains dans cette utilisation massive du concept de droits de l'Homme. Et les événements du Moyen-Orient semblent nous en fournir une clé grâce au refus de l'État d'Israël d'entrer dans le cercle vicieux du nihilisme d'un Occident aux prises avec le contradictoire héritage de sa mauvaise conscience coloniale d'une part et de sa vocation universelle d'autre part.

Droits de l'Homme aujourd'hui ? Un triple paradoxe

L'hommage du vice à la vertu

Les droits de l'Homme semblent être devenus une référence commune, une réflexion universelle dans le débat politique contemporain. Même les livres scolaires des classes d'histoire de terminale et de seconde y font allusion. De multiples institutions s'en réclament. La Fédération internationale des droits de l'Homme, Amnesty, d'innombrables comités de défense en ont fait leur raison d'être :

– les moyens de communication de masse leur accordent une place aussi grandissante qu'éphémère et aussi spectaculaire que superficielle, permettant tout de même à l'opinion internationale d'ébranler des régimes politiques ;

– des chefs d'État eux-mêmes ont prétendu en faire l'axe de leur politique malgré les sarcasmes des uns et l'indignation des autres, peu de gouvernements refusent ouvertement d'y faire référence et tout le monde sait combien respectueuse des droits de l'Homme était par exemple la constitution de l'Union soviétique, ou combien rares sont les prisonniers politiques dans les dictatures d'Amérique latine, d'Afrique ou d'Asie…

La disparition quasi générale de la notion « légale » et officielle de prisonnier politique semble bien être l'hommage involontaire du vice à la vertu.

Le déplacement des références

Hier encore, le vocabulaire politique trahissait de tout autres références.

Au XIXe siècle, le projet collectif d'un Occident en expansion s'exprimait dans le vocabulaire technique, industriel, scientifique, économique et colonial. On parlait encore de « civilisation occidentale » (indépendamment de la rigueur scientifique d'un tel concept). Au lendemain des deux conflits mondiaux, les valeurs politiques reflétaient un monde profondément ébranlé, mais à reconstruire, engagé dans les expériences et les espoirs successifs de la sécurité collective, de la décolonisation, du développement, de multiples tentatives politiques et idéologiques.

C'est sur une vision d'avenir que semblaient se fonder les hommes engagés dans la vie politique et sociale, vision au nom de laquelle les contraintes et réalités du présent étaient souvent forcées.

Avec l'émergence du concept de droits de l'Homme, nous assistons à un renversement du temps politique : l'action des hommes n'est désormais plus guidée par une vision préconçue mais par la référence à un passé qui doit mettre en garde et inspirer. La formule elle-même, droits de l'Homme, fait indiscutablement référence à un moment précis de l'histoire européenne, et l'on semble découvrir que « la mémoire est plus exigeante qu'un projet d'avenir, qu'il y a plus de garantie pour la liberté à se référer à un passé qu'à se prévaloir des promesses de liberté totale[4]... ».

Il semble que les limites de l'ère des « masses » et de l'espoir dans l'action collective aient été atteintes et que le retour aux dimensions individuelles de l'action comme des préoccupations s'exprime

[4] Paul Thibaud, *La Démocratie, une invention à continuer.*

dans ce repli vers un « minimum garanti » que constitue le « droit des gens » : renversement du temps, mais aussi de l'échelle.

Éthique et politique, une réconciliation ?

Le retour à l'histoire est aussi un retour aux textes, comme en témoigne l'attention portée aux diverses déclarations (universelles ou régionales) des droits de l'Homme : les comités russes de défense des accords d'Helsinki en fournissent le meilleur exemple quand ils expliquent que leur seul objectif est d'obtenir de l'État le simple respect de sa propre signature au bas de la Déclaration universelle de 1948.

Ne faut-il pas voir, dans cette démarche, l'antidote aux poisons inoculés dans l'histoire européenne par l'expérience hitlérienne ? Soixante ans après la guerre, très timidement encore, commence ainsi à se rétablir la confiance des hommes dans leur propre parole et leurs propres écrits. Les hommes acceptent à nouveau l'idée de la valeur des engagements écrits, du poids et de l'importance symbolique des signatures au bas des traités.

Quelque chose transparaît là d'une prise de conscience. Condamné à terme semble être le monde qui ne reposerait pas sur la valeur des mots et le poids des engagements. Miné de l'intérieur semble être le projet qui ne reposerait que sur les fortunes hasardeuses des jeux de la puissance et de l'histoire. En route vers la folie apparaît l'univers des idéologies, qui balayent le présent au nom d'un chimérique avenir, toujours renouvelé, toujours repoussé…

Le premier paradoxe de l'émergence contemporaine du thème des droits de l'Homme est que, provenant d'un scepticisme profond à l'égard de l'engagement politique et collectif, après quarante ans d'horreur et de tentatives idéologiques variées, elle reflète en même temps la progressive restauration d'une vision morale des rapports humains et de l'histoire.

Le second paradoxe est qu'au moment même où les mots de droits de l'Homme sont sur toutes les lèvres leur violation est de tous les pays et à des degrés rarement atteints. Plus de cent vingt nations sur tous les continents sont l'objet de rapports aussi accablants que réguliers, qui y attestent des atteintes aux droits fondamentaux. Technocraties, bureaucraties, technologies, *mass media* sont des moyens d'atteintes contre l'esprit, et les récentes découvertes de la génétique ou de la biologie permettront bientôt des atteintes contre l'espèce.

Peut-être est-ce d'ailleurs l'excès d'horreurs accumulées, d'illusions bousculées, et de rêves détruits, qui a poussé les Européens à chercher un « roc » plus solide où adosser leurs convictions. Et pourtant quelle fragile barrière que celle des mots !

Mais le fait que dans la civilisation moderne ces « droits de l'Homme » soient ainsi bafoués mérite réflexion, et dans le mépris ainsi accordé à la personne humaine, n'est-il pas possible de voir la source des difficultés dans lesquelles se débat la civilisation occidentale ?

« L'avantage des droits de l'Homme », écrit Paul Thibaud, « c'est de n'être pas opérationnels (...) ; ils ne permettent pas de gouverner... ». Résultat du scepticisme évoqué plus haut, l'utilisation du thème des droits de l'Homme concrétise aussi une méfiance à l'égard de tout « gouvernement » des hommes, à l'égard de la notion de pouvoir elle-même. Voilà donc le troisième paradoxe d'une vision du monde qui refuse désormais (à juste titre) l'autonomie et la toute-puissance du politique ; mais qui le fait en référence à des droits, à des normes juridiques, qui sont, au premier chef, des notions politiques, marquées en outre du sceau d'une histoire politique bien précise et localisée.

Trois paradoxes, trois contradictions, parmi d'autres, qui sont comme le reflet des déchirements de la société contemporaine. Il y a quelque chose de tragique à voir ainsi l'Occident tituber et tâtonner à la recherche d'un moyen terme qui éviterait à la politique de n'être qu'une violence sans morale, et aux droits qu'une morale sans force.

Auschwitz : négation du droit, négation des hommes ; un gouffre toujours ouvert

Le regard juif sur la question des droits de l'Homme est rendu particulièrement aigu par une expérience : Auschwitz et l'entreprise nazie.

Mais cette expérience ne concerne pas seulement les Juifs : l'Europe entière fait désormais de cette période la référence absolue d'un monde d'où le droit et les hommes seraient devenus soudain absents.

Le fait qu'Auschwitz soit entré dans les références de l'histoire occidentale est, en soi, une catastrophe, car c'est l'hypothèque du mal sur l'histoire, pire, l'hypothèse du non-sens même de cette histoire. C'est le visage d'un nihilisme contemporain, dont les formes présentes ne sont qu'une faible copie. C'est la marque tangible d'une route possible toujours ouverte au sein même de l'Occident et même de l'humanité : la route de sa mort.

Science et histoire. Éthique et esthétique

Le concept d'Occident appartient à ce genre de notion dynamique dont l'identité n'est pas préexistante ni la définition arrêtée, mais dont le sens réside dans le processus de constitution lui-même.

Nous postulerons que par Occident on peut comprendre le nœud où viennent s'arrimer, s'entremêler et s'équilibrer les éléments d'un héritage disparate. J'emprunterai à Michel Serres une intéressante définition qu'il a proposée lors d'un colloque sur « Le Modèle de l'Occident » : « Si l'Occident est né un jour, c'est de la rencontre de deux fleuves, ceux que nous appelons la science et l'histoire. Cette rencontre est celle des Grecs et des Juifs... »

Avec le *logos* grec, nous entrons dans le discours démonstratif et dans l'aventure d'une raison parlant la mathématique, ce langage qui fournira à l'Occident la raison de sa puissance et la justification de ses empires : la science. Avec l'invention juive, comme sortie d'Égypte, se lance la flèche du temps prophétique, temps qui appelle le « me voici » d'Abraham, temps irréversible, temps en marche, temps de l'Histoire.

Mais qui ne voit, qui ne sent combien étaient fragiles mais précis les équilibres de ces deux mondes : dans le monde grec, la béance infinie ouverte par l'universel lancé dans l'espace était compensée par la clôture d'un temps cyclique qui permettait à l'Esthétique de tenir lieu d'Éthique. Et l'histoire projetée des Hébreux ne trouvait son sens que dans les Commandements du Sinaï et la lecture de la tradition.

Il suffisait que dans les lignes d'héritage, l'Universel joint à l'Histoire ouvre les champs de l'orgueil humain, en perdant le contrepoids de l'Éthique ou de l'Esthétique, pour que la barbarie y trouve l'instrument de sa domination.

La dérive de l'éthique

« L'Occident a sans doute commencé à Byzance », écrit encore Michel Serres ; et, de fait, voilà Constantinople qui se veut à la fois grecque, romaine et chrétienne, résumant par là l'univers mental contemporain de la science, du politique et d'une certaine histoire. Mais à Byzance, le temps cyclique de la Grèce classique s'est déjà effondré, tandis que la voix juive s'est lentement déformée en théologie chrétienne. Cette théologie chrétienne se construit en particulier à travers la scolastique, autour de la pensée grecque qui finit par la gagner tout entière, par la pénétrer de toutes parts, la coupant pour très longtemps de ses racines juives. Mais, à Byzance, la lutte pour la vie oscille perpétuellement entre les guerres incessantes avec les Barbares et leur lente pénétration dans les murailles...

Il faudrait développer ici plus longtemps le mouvement lent et long de l'élaboration d'une catholicité transformant progressivement sa foi en un théisme et son Église en une puissance, entrant alors dans le même domaine que la raison ou le politique et ne pouvant, dès lors, que les soumettre (le Moyen Âge), s'y soumettre ou se démettre, ce qui prendra en dernier lieu la forme du rationalisme athée. Rationalisme athée qui, privant l'Éthique de ses fondements absolus ou révélés, aboutira à une mise en cause les notions de liberté, de choix, de valeur elles-mêmes, à une dérive de l'Éthique, et cherchera dès lors des bouées successives dans les avatars de l'histoire.

Rationalisme et idéologie

Le processus, trop rapidement décrit ici, poussé jusqu'à ses ultimes limites, aboutit au constat de l'impossibilité d'utiliser la vérité scientifique pour fonder ontologiquement une Éthique quelle qu'elle soit. Dès lors se creuse le gouffre entre l'étendue du savoir rationnel et technique d'une part, le rétrécissement régulier de l'efficacité pratique des sources de l'Éthique d'autre part. Qui ne voit le désespoir sourdre de cet écart ?

L'homme civilisé moderne est placé dans le mouvement d'une civilisation qui s'enrichit continuellement de pensées, de savoir, de problèmes. Il peut, à la rigueur, se sentir « las » de cette vie, mais nullement comblé par elle, au sens où l'on pouvait mourir « rassasié de jours ». Il ne peut jamais saisir qu'une infime partie de tout ce que la vie de l'esprit produit sans cesse de nouveau. Il ne peut saisir que du provisoire, jamais du définitif. Ainsi l'optimisme triomphant du rationalisme ne fait que masquer un profond désespoir, né de la conscience de l'inachevé et de la précarité.

L'homme, lancé sur les chemins d'un savoir inépuisable, ouvert sur l'avenir, s'acharne à chercher le sens dans l'univers des choses : cette quête le conduit à un scepticisme radical, car elle aboutit cycliquement à l'échec et à l'effondrement des certitudes d'hier devant les découvertes de demain. Nous sommes là au cœur du nihilisme occidental, et c'est ce nihilisme-là qui voit les figures successives de la raison (progrès-sciences-systèmes...) s'épuiser dans une vaine course au sens. C'est de ce nihilisme-là que sourd le poison dont la figure achevée se nomme Auschwitz.

C'est ici, en effet, que l'un des héritages de cet Occident entre en jeu : devant la dérive de l'Éthique et l'asphyxie spirituelle provoquée par l'infini déroulement du processus rationnel, c'est vers le vitalisme païen que d'aucuns se sont tournés pour trouver un point d'ancrage.

Il ne s'agit pas de sombrer ici dans je ne sais quelle exaltation romantique qui nierait ses droits à la raison, ou à la science, mais de montrer qu'au sein de l'écheveau occidental il suffit que l'équilibre se rompe pour que les vitalismes païens ou les manichéismes orientaux gangrènent la raison grecque, le politique romain ou le message juif. Tous ces moteurs se transforment alors en idoles dévoreuses car la raison déroule son infinie folie dans le rationalisme, qui pénètre à son tour le politique en le soumettant aux idéologies, elles-mêmes emballées par un messianisme dévoyé en « missionisme ».

On voit dès lors qu'Auschwitz est une voie toujours ouverte au sein de l'Occident, et que loin d'être rendu impossible demain par celui d'hier, il y a au contraire plus de probabilité pour demain, parce qu'il fut hier, et la rumeur qui monte d'un monde où plus de cent vingt nations piétinent les hommes semble être l'écho démultiplié de cette horreur qui s'est matérialisée là, en un moment précis de l'histoire européenne.

Frêle esquif dans un océan de dictatures, féodalités ou totalitarismes, l'embarcation des démocraties dispose-t-elle d'une volonté suffisante et des moyens de cette volonté pour maintenir le cap ?

Israël : le révélateur

L'aune à laquelle est mesurée la politique de l'État d'Israël, les réactions qu'elle provoque, le langage qu'elle fait venir aux lèvres nous semblent révélateurs de l'ambiguïté qui entoure aujourd'hui le concept de droits de l'Homme.

Partage et libération

Voilà un État qui, dès sa naissance, a reposé sur l'idée de partage : celui de la terre même qu'il revendique dans le cadre de son avènement national.

Se rend-on bien compte de la signification fondatrice du refus arabe opposé à l'acceptation sioniste du « plan de partage de la Palestine » ? Un État acceptait, dès le départ, à peine sa reconnaissance acquise, l'idée d'un partage, quel progrès ![5] Mais quatre guerres imposées en trente ans ont durci les esprits, tendu les âmes, déchiré les corps et alourdi le fardeau.

Pourtant, n'y a-t-il pas de quoi s'émerveiller de voir, malgré tout, l'obstination de l'État d'Israël à proposer, encore aujourd'hui, de substituer une dialectique du partage au processus d'exclusion ou de liquidation qui se cache derrière le grand mot de libération ?

Comment expliquer la cécité et la surdité — je ne dis pas des États soumis aux jeux économiques et énergétiques — mais de ceux qui, partout dans le monde, et surtout en Europe continentale, se proclament par ailleurs des défenseurs des droits de l'Homme ?

[5] Voir en annexe le texte de la Déclaration d'indépendance de l'État d'Israël.

L'analyse est faite[6], et bien faite, qui désigne du doigt l'incapacité de l'Europe, et de la France en particulier, à dépasser l'horizon de sa propre histoire coloniale et les limites de sa mauvaise conscience. Mais au-delà de ces explications historiques, quelle conception du droit se dessine là, qui fait de la disparition de l'un la condition de l'avènement de l'autre, et que signifient les droits d'un peuple qui reposeraient sur la nécessité d'un peuple sans droits ?

N'y a-t-il pas là comme l'image d'une plaie au cœur de la conception moderne des droits de l'Homme ?

Reconnaissance et puissance

« Israël est traité en nation contestée au moment même où on lui suppose la morgue et la sérénité des nations incontestables… » écrit Alain Finkielkraut.

Au-delà de la mauvaise foi ainsi dévoilée, qui refuse à l'État d'Israël cette évidence d' Être, accordée d'office à n'importe quel État, s'est-on interrogé un instant sur les soubassements moraux de l'argumentation de tous ceux et toutes celles qui refusent d'accepter et de comprendre le sentiment d'insécurité d'Israël ?

« Comment et de quoi, disent-ils, un pays doté d'une armée si formidable et couvert de dollars par les USA pourrait-il avoir peur ? Rien ni personne ne menace sérieusement Tsahal », et c'était le chancelier autrichien[7] Kreisky lui-même qui le déclarait.

Face à cela, voilà un État, l'État d'Israël, prêt aux plus grands sacrifices, aux plus grandes concessions, en échange d'une simple reconnaissance et de la paix, voilà un État assoiffé de droit et de négociations, acharné à obtenir sous les regards narquois, désabusés ou cyniques des autres la signature de traités en bonne et due forme et la rédaction de ce que Hitler appelait des « chiffons de papier »…

[6] Voir *La Réprobation d'Israël*, d'Alain Finkielkraut, (Denoël, 1983).
[7] Juif lui-même.

Ce sont deux logiques qui s'affrontent ici. Les uns affirment : « de quoi avez-vous peur, vous êtes les plus forts », révélant par là que l'histoire seule, dans la dureté de sa jungle, leur sert de référence. Oublieux que le destin d'une force est de croiser un jour plus fort qu'elle, ils admettent implicitement le naufrage successif des puissances et la disparition nécessaire des peuples, en en tirant un bilan globalement positif ! Mais fait-on des bilans avec de la chair humaine ?

Les autres crient que la vie ne peut reposer sur la force — tout juste la survie — et que seuls le droit, la parole entre les hommes, le poids des engagements, la reconnaissance réciproque, l'acceptation du face à face et du dialogue peuvent garantir (peut-être) l'avenir.

Pour les uns seule la force fait loi, pour les autres seule la Loi fait foi... deux conceptions encore qui traversent l'histoire occidentale des droits de l'Homme.

Et le refus de l'État d'Israël de se laisser dépecer sous les coups conjugués du terrorisme, de la guerre et des lâchetés, son refus d'abdiquer son propre droit au profit du droit éventuel des autres, sont autant d'affirmations d'une exigence éthique qui refuse les forces de l'histoire pour loi, ou l'oubli pour morale. En refusant de disparaître, ou de donner aux autres les moyens de le faire disparaître, l'État d'Israël se veut ainsi le témoin d'une conception du droit qui refuse de n'y voir que la légalisation des rapports de force.

Éthique et politique

Passant d'un excès à l'autre, ce sont les mêmes groupes de défenseurs des droits de l'Homme qui, hier, honnissaient cette « théocratie » que serait Israël, et qui, aujourd'hui, le mettent au pinacle après les résultats de l'enquête menée par la commission Kahane. De tels renversements, outre le manque de sérieux qu'ils révèlent dans les analyses, sont symptomatiques de l'incapacité des esprits européens à classer Israël dans les catégories de leurs références historiques.

Sans doute, derrière les événements d'août 1982 en Israël, et avec la commission Kahane[8], s'est-il produit un événement qui fera date dans l'histoire du droit international, puisque, comme l'a écrit le professeur Duverger : « À Jérusalem, une nation qui a commis une infraction s'est inculpée elle-même… On mesure l'extension de l'État de droit qui se trouve ainsi englober des actes de gouvernement en temps de guerre[9]… » Sans doute le peuple d'Israël a-t-il, à ce moment-là, refusé à son État le droit de perdre la raison[10], mais plus profond encore nous semble le problème posé par l'irréductible originalité de cet État, de ce peuple : ne serait-il pas le lieu d'une recherche, l'endroit où se produit une série de confrontations, où se heurtent, en tâtonnant, des modèles de civilisation ? Ne serait-il pas, comme l'écrit Emmanuel Levinas, « un lieu où se produit la confrontation de l'éthique et du politique, où se cherchent leurs limites… » ?

Échapper à la double malédiction du cynisme de la *realpolitik* et de l'angélisme d'une morale sans effets, telle semble être la tentative de l'alchimie israélienne. Faire du droit les principes d'une politique, faire d'une politique les traces du droit, n'est-ce pas l'un des aspects de l'expérience israélienne ?

Car démocratique, Israël l'est à coup sûr. Avec une vie parlementaire aussi bouillante que brouillonne, une vie électorale

---

[8] À la suite des massacres commis dans les camps palestiniens de Sabra et Chatila, qui firent entre 700 et 800 victimes, le gouvernement israélien décida le 28 septembre 1982 de créer une commission d'enquête, présidée par le président de la Cour suprême, le juge Itzhak Kahane. La commission remit le 8 février 1983 un rapport accusant des dirigeants israéliens de n'avoir pas prévu ce qui résulterait de l'entrée des phalangistes dans les camps palestiniens, et de n'être pas intervenus pour faire sortir des camps les phalangistes lorsque les premières rumeurs sur le massacre eurent commencé à circuler. Il fut par la suite établi que le responsable direct des massacres était Élie Hobeika, chef des services de renseignements des Forces libanaises.

[9] Maurice Duverger, *Le Monde*, 21 mars 1983.

[10] « La raison d'État, c'est quand l'État perd la raison » (Daniel Mayer).

aussi intense que virulente, une indépendance du judiciaire digne de Montesquieu, un pluralisme qui frôle l'émiettement...

Moderne, Israël ne l'est pas moins, avec le plus faible taux d'analphabétisme de la région, le statut social féminin le moins déséquilibré du Moyen-Orient, l'utilisation des techniques de pointe non seulement dans l'industrie mais aussi et surtout dans une agriculture à la recherche de modèles généralisables dans un tiers-monde aux sols pauvres, à l'irrigation rare, à la désertification rampante.

Mais traditionnel et pré-moderne, Israël l'est aussi au travers de sa volonté d'être un État juif :

– En s'affirmant État juif, Israël refuse la naïveté ou l'hypocrisie d'une laïcité qui, pour avoir utilement séparé, en son temps, des institutions politiques et religieuses rivales, croit avoir extirpé les racines métaphysiques et morales de toute politique ;

– En s'affirmant État juif, Israël refuse la réduction du fait religieux au seul fait cultuel et empêche ainsi la réduction de l'éthique en moralisme individuel séparé de toute responsabilité ou réalisation collective ;

– En s'affirmant État juif, Israël se démarque d'un patriotisme biologique et purement territorial pour essayer de construire une relation à la terre, où la promesse de l'origine reste subordonnée à l'effort des hommes, et où la patrie est moins un héritage qu'une acquisition à mériter ;

– Tout en relevant des catégories européennes de la démocratie et de la culture, Israël échappe aux pièges de la modernité et se rapproche des intuitions du tiers-monde qui voit, dans ses retrouvailles avec la tradition, le moyen de contenir les ferments de destructions de l'apport européen ;

– Victime hier de la violence d'un Occident qui parlait le langage d'amour, le peuple d'Israël n'a pas l'intention non plus d'être victime aujourd'hui d'un tiers-monde en quête de lui-même.

Entre la technocratie et la théocratie, comment élaborer cette voie moyenne qui fera du droit plus qu'un principe, et de la politique plus qu'un fait ?

Naissance de la modernité : les sources d'un dilemme

Héritière de ce « siècle de fer » que d'autres ont aussi appelé « ère des Lumières », la notion de droits de l'Homme semble être l'expression synthétique d'un dilemme :

– Est-il possible d'éviter l'idéalisme d'un droit fondé sur une hypothétique et abstraite nature humaine qui sous-estime l'histoire sociale et relative du droit ?

– Est-il possible, a contrario, d'échapper au positivisme juridique pour lequel le droit n'est qu'attribut de l'État, ou la seule expression d'un rapport de forces, et qui réduit le légitime au légal ?

Les deux majuscules qui ornent la plupart du temps les mots Droits et Homme, sont la marque de deux exigences absolues qui ne peuvent que se limiter et se contrarier :

– Si l'Homme est porteur de droits « par nature », et dans l'absolu, qu'arrivera-t-il des relations concrètes mettant aux prises des hommes réels entre eux, et dont les droits apparaissent dès lors tout aussi légitimes que contradictoires ?

– Si le Droit est une propriété de la nature humaine, droit « inaliénable » comme le dit la formule consacrée, qu'advient-il de la liberté de chacun de revendiquer ou de refuser ces droits, considération faite des devoirs qui en sont la contrepartie ?

– Si le Droit est un catalogue de « dus » inhérents à la seule existence d'homme, quelle référence extérieure à l'homme en dressera la liste, quel pouvoir impartial en assurera la répartition et le respect ?...

Ces questions transparaissent dans le renversement de vocabulaire opéré entre le XVIe et le XVIIIe siècle. Dans l'Antiquité, les droits de l'Homme sont une notion impensable, car le droit n'y était qu'une répartition des devoirs, alors que la caractéristique de l'ère moderne est d'avoir transformé le droit en propriété privée.

Le droit comme répartition des devoirs

Comme l'écrit Cicéron, le droit, dans son acception antique classique, est « le service d'une juste proportion dans le partage des biens et les procès des citoyens… ». Tant en Grèce qu'à Rome, l'idée de droit est solidaire de celle de justice et dans l'œuvre platonicienne ou aristotélicienne, c'est en poursuivant l'analyse des finalités et des moyens de la justice que le philosophe aborde le concept du droit.

De quelle justice s'agit-il ?

La justice, chez les Grecs ou les Romains, c'est une conception de l'ordre cosmique universel : « Que l'Ordre en tout soit réalisé, telle s'avère la finalité de la justice générale… » L'homme juste est donc celui qui ne prend pas plus que sa part des biens extérieurs partagés dans le groupe social. Il est celui qui parvient à occuper, au sein du monde, la place précise, pleine et entière qui lui revient, celui qui s'acquitte le plus complètement possible de la tâche qui lui est assignée au sein de la cité par le destin. Il est celui qui fait ce pour quoi il a été fait.

Il existe alors deux préalables à une telle conception :

– L'équité du partage nécessite une référence extérieure aux parties pour mesurer et déterminer la proportion des biens et obligations des uns et des autres : ce sera le juge ;

– La fonction de juge nécessite à son tour de concevoir la nature du droit comme proprement politique, puisqu'elle repose sur l'existence de lois et sur la capacité des cités organisées à fixer des procédures et à désigner ou préciser le statut de leurs juges.

Le droit, dès lors, est avant tout une relation, un mode d'échange entre des partenaires, dont il suppose la pluralité de situations et la diversité de points de vue. Il est un partage de biens, d'objets, d'honneurs, de privilèges, de devoirs. Mais c'est surtout un acte, et être un homme ou une femme juste, c'est d'abord effectuer des actes justes. Il n'y a là rien d'idéal ou d'abstrait, et nous sommes très loin de l'optique moderne. Le droit antique n'est pas quelque chose que l'on posséderait, qui nous serait inhérent, il n'est pas un objet idéal inerte et consubstantiel, il n'est pas attribut d'un sujet. Il est catégorie de relation entre les hommes, relation aux autres, moyen de communication par le partage des biens extérieurs, et, rien que cela.

Nous voyons donc que si le droit antique est soumis à l'histoire par la jurisprudence des cités, il trouve néanmoins son point de référence dans la fixité de l'univers antique.

Cet univers au temps cyclique est mené par des déterminismes cosmiques, politiques et sociaux. La notion d'individu y est un non-sens et chacun des membres de la cité n'y est une personne qu'au sens latin de « *persona* » (le masque, le rôle de l'acteur social). La cité n'est pas peuplée d'hommes, elle l'est de citoyens, de métèques, d'esclaves, d'affranchis, de barbares, d'adultes mâles, de femmes, d'enfants, etc.

Le sujet du droit n'y est pas la personnalité de chacun, mais la place ou la fonction qu'il occupe au sein de l'échange social.

Prisonniers du destin dans un monde sans histoire, les hommes ne se voient reconnaître que la part de destin qui leur a été attribuée, et l'on comprend pourquoi l'idéal platonicien de *La République* est une cité immobile, parvenue à l'ordre immuable de la perfection... Voilà comment un système de devoirs réciproques, bien inséré dans le réel et non confiné dans le pur idéal, se brise sur une absence de liberté initiale : il n'y a d'erreur qu'involontaire, disait Platon.

Face à ce monde du droit sans hommes apparaît le monde hébreu et biblique de l'avènement de l'Homme.

La révolution hébraïque

Ce qui s'élabore aux mêmes époques, au pays de Juda ou d'Israël et sur les rives de l'exil, porte une vision qui se différencie des conceptions gréco-romaines, moins par la forme que par le fond.

Le droit, dans la tradition juive, joue un rôle d'autant plus central qu'une législation est le moteur du peuple juif, et que la tradition talmudique peut apparaître à beaucoup d'égards comme la somme compilée d'une dialectique jurisprudentielle de plus en plus fine. La primauté de l'action est essentielle à l'économie du Judaïsme et la *mitzva* est un accomplissement plus qu'un commandement. Le caractère profondément politique de ce droit se marque enfin nettement dans le lien indissoluble qui rattache la législation sinaïtique à la sortie d'Égypte.

La véritable révolution de la civilisation hébraïque consiste moins dans la forme qu'elle a pu revêtir que dans les fondements donnés à la législation.

Avec le peuple juif apparaissent à la fois le temps qui brise les déterminismes, et la liberté qui fait voler en éclat les destinées.

Sans doute le droit des hommes y reste-t-il enchâssé dans le concret d'une relation obligée aux autres hommes, mais du moins la dignité initiale d'un être adamique image de l'Éternel, fait-elle de lui non plus l'objet de sa destinée mais le sujet de son histoire. Elle fait craquer les masques des acteurs sociaux, pour permettre d'endosser les tuniques de la responsabilité et de la liberté.

Ce n'est plus seulement la place sur le théâtre du monde qui va déterminer la nature du devoir, mais l'acquiescement ou le refus d'être le partenaire de la Création.

Les limites de l'Être ne sont plus seulement l'ironique fardeau d'un destin hasardeux et tragique, mais bornent l'identité des hommes selon qu'ils en acceptent ou non le sens.

La même primauté de l'acte qui chez les Grecs ou les Romains réduisait toute morale aux bonnes mœurs devient, dans l'économie du projet hébraïque, la marque du privilège de pouvoir coopérer à l'avènement d'une promesse, ou de le refuser.

Quant au concept de Création, de commencement, il fait entrer le grand vent de l'histoire dans le monde, jusque-là « robotisé », d'hommes qui devaient seulement remplir le mieux possible ce pour quoi ils avaient été « programmés » par le vaste coup de dés de leur naissance. À un ordre préétabli se substitue une histoire, à des acteurs sociaux se substituent des hommes qui doivent assumer leurs choix et les conséquences afférentes.

Avec cette responsabilité, c'est l'individualité, l'unicité de la personne qui apparaissent. Jusque-là espèce zoologique déterminée (« êtres naturels du monde sublunaire », disait Aristote), l'homme accède désormais à la dignité de coopérant nécessaire au projet de l'Éternel.

La pensée juive traditionnelle a donc ceci de pré-moderne qu'elle est en accord complet avec son temps, pour concevoir le droit avant tout comme une répartition des devoirs. Mais elle est déjà moderne dans la mesure où elle libère cette répartition du destin et des poids de la cité, pour en faire un lieu de responsabilité.

Le droit comme propriété privée

Les routes sont ouvertes où vont s'opérer les glissements. Du droit comme règle de partage surgira le droit comme part qui est due à l'issue du partage. De la liberté initiale pour l'homme d'accepter ou de refuser les relations de droit surgira la notion de « nature humaine », englobant cette liberté même et la transformant en un droit parmi d'autres.

Ces glissements s'opéreront en deux temps : celui d'un Moyen Âge qui voit fleurir la pensée nominaliste de Guillaume d'Occam, et celle volontariste de Duns Scott, celui du branle philosophique et moral qui commence au XVIe siècle avec la redécouverte des textes de l'Antiquité, se poursuit au XVIIe siècle avec l'élaboration de la notion d'État, et atteint son apogée au XVIIIe siècle avec les théories du *Contrat* et l'élaboration des multiples déclarations des droits de l'Homme.

Dans un récent ouvrage, Michel Villey a très bien montré cette genèse du concept moderne des droits de l'Homme[11]. Il souligne l'importance de la transition médiévale et de la pensée nominaliste dans l'élaboration progressive d'une philosophie individualiste. Il dégage ainsi clairement les racines théologiques de la pensée moderne, car seule une conception individualiste de l'univers permettait à la pensée du XVIIe siècle de fonder une théorie de l'État sur les notions de droit naturel ou de nature humaine, en même temps qu'aux théories du XVIIIe de fonder, sur les mêmes bases, une théorie de la limitation des prérogatives de l'État, où le Contrat ne sera plus seulement l'abdication des droits de tous dans les mains de l'État, mais au contraire la stipulation de la protection des droits naturels de chacun, considérés comme une propriété privée.

Mais l'élaboration des systèmes de pensée n'est pas indépendante de leur cadre historique, et une part du caractère des textes fondateurs de la conception moderne des droits de l'Homme a été le résultat de luttes et de combats politiques et sociaux.

Après le choc de la Renaissance et de l'humanisme dans leur confrontation avec l'Antiquité, après le choc de la remise en question de la référence transcendante de l'univers, et la dislocation de l'unité religieuse européenne, le XVIIe siècle avait produit la

---

[11] M. Villey, *Le Droit et les droits de l'Homme*, Paris, PUF, 1983.

notion d'État, en réponse à la grande crise des fondements de la légitimité. Ce faisant, il nous faisait entrer dans l'ère moderne.

Mais c'est de l'excès même de cette conception, des excès de l'absolutisme que jaillira, au XVIIIe siècle, la conception contemporaine du Contrat : avec Hobbes, les droits naturels aboutissent à la puissance des rois, avec Locke et le mouvement des Lumières, ils passent au service des sujets et deviennent limitation du « Léviathan ».

Lorsqu'à son tour ce « libéralisme » aura trouvé ses limites et révélé ses « méfaits » au XIXe siècle, les « droits de l'Homme » redeviendront l'instrument adéquat d'une critique politique. Apparaîtra alors la notion des « droits économiques et sociaux » autrement appelés « droits de la deuxième génération ». C'est sans ironie que nous débouchons aujourd'hui sur les « droits de la troisième génération » qui, après avoir englobé le « droit des peuples », se préparent, demain, à faire face aux développements de la génétique, de la biologie et de l'informatique...

Comment ne pas voir qu'un tel processus dynamique a complètement inversé le sens du mot « droit », par rapport à celui qu'il avait dans l'Antiquité ?

Droit subjectif, propriété privée, il devient nécessairement l'objet d'une spirale de revendications sans fin que l'accumulation rend contradictoires et conflictuelles, chacune prétendant abolir ou dépasser la précédente.

N'est-ce pas dans ces contradictions, dans ce système de pensée, que gît la source du manque d'efficacité réel et concret des « droits de l'Homme » ? Les « droits de l'Homme », c'est quelque chose d'extrêmement vague, d'indéfini, les déclarations comportent des contenus aussi variés que contradictoires... nous confirme Paul Thibaud, que nous avons déjà cité.

En un mot, le concept moderne de droits de l'Homme semble ne plus appartenir à l'univers juridique ni au domaine strict du droit.

En accolant au mot droit le mot Homme, à l'abri de sa majuscule, n'a-t-on pas fait voler en éclat l'autonomie d'une réalité juridique, tâtonnante, concrète, jurisprudentielle, qui devenait inadéquate à la systématisation logique et abstraite impliquée par le concept de nature humaine ? Comme le montre si bien Michel Villey, le concept des droits de l'Homme n'est pas un concept juridique, mais bien plutôt une idée philosophique, une intention morale. Là encore, n'est-ce pas ce que révèle Paul Thibaud lorsqu'il écrit : « L'important dans les déclarations des droits n'est pas la liste qu'on en fait, c'est le fait qu'il y ait tout simplement des droits de l'Homme ; cela veut dire qu'on ne peut pas tout faire avec les gens. (...) Les droits de l'Homme ne proposent pas d'objectif, ils ne sont que l'expression contingente et balbutiante d'une espèce d'irréductible... »

N'entendons-nous pas là comme l'expression contemporaine de ce qu'un autre siècle appelait la Morale ?

Mais pour l'Antiquité, juive ou classique, le droit n'était pas la morale, il en était la condition de réalisation, le moyen indispensable sans lequel elle restait condamnée aux limbes.

Il n'y avait pas confusion des genres et des apparences, encore moins des sources. Transformer le droit, moyen approprié à l'ordre du politique, en principe, le substituer à la morale, c'est abolir la distance constitutive du principe à ses moyens, c'est priver le principe de ses moyens, c'est le rendre sourd, aveugle et paralytique, c'est en un mot le priver d'efficacité.

Nous voilà au cœur du dilemme contemporain : idée philosophique, principe d'action et non plus action elle-même, support de la revendication plus que moyen de sa réalisation, les « droits de l'Homme » ont quitté le domaine du droit, c'est-à-dire de la réalisation pratique. Ils sont devenus un idéalisme.

Mais, produits de l'histoire successive des revendications et des luttes politiques et sociales, instruments d'un combat, ils appartiennent aussi au cynisme de l'histoire.

Conclusion : pour un optimisme raisonné

La puissance symbolique du concept de « droits de l'Homme » en fait néanmoins son actualité et sa force, alors que c'est l'ambiguïté de son contenu qui en fait sa faiblesse. Mais le domaine politique a ceci de particulier que même les symboles y constituent une réalité : indépendamment de la validité de leurs contenus, ils conservent la capacité de mouvoir l'action concrète des hommes, la réflexion cohérente des esprits et l'espérance active des cœurs.

Voilà pourquoi, au-delà de la nécessaire lucidité de notre regard, nous conservons un optimisme raisonné grâce à trois principales raisons.

Première raison : « L'idée des droits de l'Homme représente une sorte de transcendance ouverte par rapport à la pratique démocratique, une sorte d'horizon commun à la fois relativement défini, et suffisamment indéfini pour être toujours un objet de recherche et d'invention, (...) c'est cet horizon commun qui permet à la démocratie d'être plus qu'un système institutionnel, plus qu'un procédé pour régler les conflits d'intérêt, (...) elle est une recherche éthique sans fin... » écrit Paul Thibaud.

Ce faisant, il décrit à merveille la capacité que conserve tout système de valeurs de créer des aspirations et d'ordonner des hiérarchies. Il souligne comment la notion de droits de l'Homme, non plus malgré son aspect « gigogne », mais grâce à lui, conserve dans la succession du temps son pouvoir de susciter la recherche d'une cohérence, et d'aider la liberté de chacun à s'inscrire dans des actes.

Par-delà l'ambiguïté des contenus, par-delà l'idéalisme de la formule, celle-ci reste porteuse d'une intuition initiale si forte, d'un signe si provocant, d'une nostalgie si intense, que le sens profond se transmet et sert de roc à la défense concrète, non plus de l'Homme en général, mais bien de telle ou telle personne, de tel homme ou de telle femme. Les centaines, voire les milliers, d'êtres humains sauvés grâce aux mouvements des « droits de l'Homme » suffisent à en porter témoignage.

Et chacun des visages ainsi rendu à sa dignité représente à lui seul un univers entier, une humanité complète : chaque homme restauré dans son droit est bien la marque d'une défense des droits de l'Homme.

La deuxième raison est la relation particulière qui régit les dimensions universelles et particulières de la défense du droit.

On pourrait croire, en effet, que seule la dimension individuelle constitue le roc sur lequel peut s'adosser l'action. Défendre les « droits de l'Homme » n'est-ce pas d'abord défendre des hommes et des femmes, réels, concrets, contre l'arbitraire, la dictature, le meurtre ou l'injustice ? Ce sont toujours des cas particuliers, des cas d'urgence : arracher aux flots de la mer de Chine un enfant « boat people », rendre la parole à un dissident bâillonné, tirer de la salle de torture un mineur chilien...

On pourrait croire aussi que c'est cette dimension individuelle sur laquelle repose le rétablissement de la valeur des mots, du poids des engagements, du sens de l'action qui donne au concept de « droits de l'Homme » cette force et ce rayonnement.

Mais qu'est-ce donc qui rend cette action si urgente, pour que celui qui n'est pas atteint en ressente l'ardente obligation ? Au nom de quelle communauté de destin l'homme protégé accourt-il vers l'homme nié ?

Qui ne sent que le seul acte de tendre l'oreille vers le cri d'autrui, de porter le regard sur sa peine et de lui tendre la main implique un monde où autrui existe dans sa spécificité en même temps que dans sa grande proximité, que la douloureuse nécessité de sa survie est un impératif de notre vie ?

Une seule personne seulement endosserait-elle le destin d'autrui, sans renier le sien bien sûr, qu'elle suffirait à porter témoignage de l'unité et du projet de fraternité qui définissent pour partie l'humanité.

La torture en fournit le contre-témoignage, qui enferme le bourreau dans une folie infinie : chaque minute qui passe dans le refus de parler de la victime représente la négation même de la vie du bourreau. Il s'efforce de faire taire cette négation par la souffrance et la mort, mais quand celle-ci survient, le corps massacré qui gît devant lui a emporté son mystère, et avec lui, la clé de l'énigme… Il ne reste plus qu'à recommencer, car la torture, dans cette aspiration infinie à gommer le mystère de l'Autre, ne peut être qu'une spirale infernale où chaque silence des torturés épaissit la ténèbre dans laquelle s'enfonce l'ombre du tortionnaire…

Chaque geste de chacun porte ainsi la dignité d'un témoignage universel.

La troisième raison, enfin, tient au temps qu'il nous faut apprivoiser. C'est en effet l'acte d'aujourd'hui qui fera qu'au moment de passer la torche de notre flamme aux mains de nos enfants la lumière sera encore là pour éclairer la longue route dont nous aurons fait notre part, et au long de laquelle nous aurons seulement fait notre devoir, parce que, tout simplement, celui qui passe la main trahit. Et c'est la lumière de nos petits enfants qui éclaire ainsi l'ombre de notre présent.

Textes fondamentaux

ÉDIT D'EXPULSION DES JUIFS D'ESPAGNE
31 mars 1492

Du Roi Ferdinand, et de la reine Isabelle, par la grâce de Dieu, Roi et Reine de Castille, du León, d'Aragon et autres possessions de la couronne — au prince Juan, aux ducs, marquis, comtes, les saints ordres, prieurs, chevaliers commandeurs, seigneurs des châteaux, cavaliers, et à tous les Juifs, hommes et femmes de tout âge, et à tous les autres que cette lettre pourrait concerner — que la santé et la grâce soit sur vous.

Vous savez fort bien qu'en nos territoires se trouvent certains mauvais Chrétiens qui se sont judaïsés et sont coupables d'apostasie envers notre Sainte foi Catholique, la plupart étant dues à des communications entre Juifs et Chrétiens. C'est pourquoi, en l'an 1480, nous ordonnâmes que les Juifs soient séparés des villes et cités de nos domaines et qu'il leur soit attribué des quartiers séparés, en espérant que le problème soit résolu par une telle séparation. Et nous ordonnâmes qu'une Inquisition soit établie en un tel domaine ; et en douze ans, cela a fonctionné, l'Inquisition a trouvé beaucoup de coupables. En outre, nous sommes informés par l'Inquisition et d'autres que le grand dommage occasionné aux Chrétiens persiste, et que cela continue du fait des conversations et communications qu'ils tiennent avec les Juifs, de tels Juifs tentant par tous les moyens de renverser notre Sainte foi Catholique et tentant de détourner de fidèles Chrétiens de leurs croyances.

Ces Juifs instruisent ces Chrétiens sur les cérémonies et observances de leur Loi, la circoncision de leurs enfants, et leur donnent des livres avec lesquels prier, leur décrètent les jours de jeûne, les rencontrent afin de leur enseigner les histoires de leur Loi, leur annoncent quand attendre la Pâque, et comment l'observer, leur donnent du pain azyme et des plats préparés rituellement, les instruisent de quoi ils devraient s'abstenir en ce qui concerne les aliments, et d'autres sujets nécessitant d'observer la Loi de Moïse, les invitant à comprendre qu'il n'y a d'autres lois ou vérités en dehors d'elle. De tout ce qui précède, il est donc clair que, sur base de confessions de tels Juifs, autant que de ceux qui ont été pervertis par eux, cela a causé un grand tort et détriment à notre Sainte foi catholique.

Et parce que nous savions que le vrai remède à de tels maux et difficultés résidait dans la rupture de toutes communications entre lesdits Juifs et Chrétiens, et à les renvoyer de tous les endroits de nos règnes, nous cherchâmes à nous satisfaire en [l']ordonnant auxdits Juifs de toutes les villes, villages et endroits d'Andalousie où il apparaissait qu'ils avaient fait de grands torts, croyant que cela suffirait à ce que ceux des autres villes, villages et endroits en nos règnes et possessions cesseraient de commettre les actes susdits. Et du fait que nous avons été informés que ni ceci, ni la justice rendue à certains desdits Juifs reconnus très-coupables desdits crimes et transgressions envers notre Sainte foi Catholique, n'a été un remède complet pour éviter et corriger une telle opprobre et offense à la foi et à la religion chrétiennes ; parce qu'il apparaît chaque jour qu'un nombre grandissant desdits Juifs continue à perpétrer leurs desseins mauvais et nuisibles où qu'ils résident et conversent ; et parce qu'il n'y a plus de place par où offenser davantage notre Sainte foi, tant pour ceux que Dieu a protégés jusqu'à ce jour que pour ceux déjà affectés, c'est à notre Sainte Mère l'Église de réparer et réduire l'affaire à son état antérieur, puisque, du fait de notre faiblesse humaine, il pourrait arriver que nous succombions à la diabolique tentation qui nous assaille continuellement, si sa cause principale n'en était pas retirée, ce qui signifie expulser lesdits Juifs du royaume. Car, à chaque fois qu'un crime grave et détestable est commis par les membres d'un groupe donné, il est raisonnable que soit dissous ou annihilé le groupe, les plus petits étant punis pour les plus grands, l'un pour l'autre ; et que ceux qui pervertissent la bonne et honnête vie des villes et villages, et qui pourraient blesser les autres par contagion, soient expulsés du sein du peuple, et qu'ils pourraient encore, pour d'autres raisons moindres, qui feraient du tort à la République, il en est ainsi à plus forte raison pour des crimes majeurs de cette sorte, dangereux et contagieux comme ils le sont.

Par conséquent, avec le conseil et l'avis des hommes éminents et des cavaliers de notre règne, et d'autres personnes de connaissance et conscience de notre Conseil Suprême, après avoir beaucoup délibéré, il a été conclu et résolu que soit ordonné à tous les Juifs et Juives de quitter nos royaumes, et qu'ils ne soient jamais autorisés à y retourner.

Et nous ordonnons en outre en cet édit que tous les Juifs et Juives de tout âge, résidant en nos domaines et territoires, partent avec leurs fils et filles, leurs domestiques et parents, grands et petits, quel que soit leur âge, d'ici la fin de juillet de cette année, et qu'ils n'osent pas revenir sur nos terres, fût-ce d'un pied, ni s'y introduire sans permission de quelque manière que ce soit. Tout Juif qui n'obéirait pas à cet édit et serait trouvé en nos royaumes et domaines, ou qui retourne dans le royaume de quelque manière que ce fût, encourra la peine de mort, et la confiscation de tous ses biens.

Nous ordonnons en outre que nul, quels que soient son poste ou sa situation de noblesse, ne cache, garde ou défende quelque Juif ou Juive, que ce soit de façon publique ou secrète, à partir de la fin de juillet et au-delà, en leur maison ou en quelque endroit que ce soit de notre règne, sous peine de punition de perte de leurs effets, vassaux, forteresses et privilèges héréditaires.

De façon à ce que lesdits Juifs puissent vendre leur ménage et leurs effets endéans la période donnée, nous les pourvoyons pour le moment l'assurance de notre royale protection et sécurité, de sorte que, d'ici la fin du mois de juillet, ils puissent vendre et échanger leur effets, meubles, et autres objets, et s'en défaire aussi librement qu'il leur plaira ; et que durant ladite période, personne n'a le droit de nuire, attenter à, ou porter préjudice à leurs personnes ou leurs biens, ce qui est contraire à la justice, et fera encourir la punition qui survient à ceux qui violent notre royale sécurité.

Nous accordons donc la permission auxdits Juifs et Juives d'emporter leurs biens et effets en dehors de nos possessions, que ce soit par voie maritime ou terrestre, à la condition qu'ils n'emportent ni or, ni argent, ni monnaie frappée, ou tout autre objet interdit par les lois du royaume.

Par conséquent, nous ordonnons à tous les conseillers, magistrats, cavaliers, porte blasons, officiels, gentilshommes de la cité de Burgos et autres villes et villages de nos royaumes et possessions, et à tous nos vassaux et sujets, qu'ils observent et se plient à cette lettre, et tout ce qu'elle contient, et qu'ils emploient tous leurs moyens et faveurs à l'exécuter, sous peine de punitions par notre souveraine grâce et de confiscation de tous leurs biens et charges au profit de notre royale maison.

Et de façon à porter ceci à l'attention de tous, afin que personne ne puisse prétendre l'ignorer, nous ordonnons que cet édit soit proclamé dans toutes les places et points de rencontre habituels de toute ville ; et qu'en toutes les grandes cités et villages du diocèse, cela soit fait par le tambour de ville en présence du scribe public ; et que ni l'un ni l'autre ne fasse le contraire de ce qui est désiré, sous peine de punitions par notre souveraine grâce et de confiscation de tous les biens et charges de qui que ce soit qui ferait le contraire. Et nous ordonnons de plus qu'une preuve soit fournie à la Cour, sous forme d'une déposition écrite, de la façon par laquelle l'édit est exécuté.

Lu en cette ville de Grenade le trente-et-unième jour de mars en l'an de notre Seigneur Jésus-Christ – 1492.

Signé, moi, le Roi, moi, la Reine, Juan de Coloma,
Secrétaire du Roi et de la Reine,
laquelle j'ai écrite sur l'ordre de nos Majestés.

« J'ACCUSE... »[1]
PAR ÉMILE ZOLA (EXTRAITS)
13 janvier 1898

Monsieur le Président,

Me permettez-vous, dans ma gratitude pour le bienveillant accueil que vous m'avez fait un jour, d'avoir le souci de votre juste gloire et de vous dire que votre étoile, si heureuse jusqu'ici, est menacée de la plus honteuse, de la plus ineffaçable des taches ?

Vous êtes sorti sain et sauf des basses calomnies, vous avez conquis les cœurs. Vous apparaissez rayonnant dans l'apothéose de cette fête patriotique que l'alliance russe a été pour la France, et vous vous préparez à présider au solennel triomphe de notre Exposition universelle, qui couronnera notre grand siècle de travail, de vérité et de liberté.

Mais quelle tache de boue sur votre nom — j'allais dire sur votre règne — que cette abominable affaire Dreyfus ! Un conseil de guerre vient, par ordre, d'oser acquitter un Esterhazy, soufflet suprême à toute vérité, à toute justice. Et c'est fini, la France a

[1] Début et fin de la lettre adressée par Émile Zola à Félix Faure, président de la République, publiée dans le journal *L'Aurore* du 13 janvier 1898.

sur la joue cette souillure, l'histoire écrira que c'est sous votre présidence qu'un tel crime social a pu être commis.

Puisqu'ils ont osé, j'oserai aussi, moi. La vérité, je la dirai, car j'ai promis de la dire, si la justice, régulièrement saisie, ne la faisait pas, pleine et entière. Mon devoir est de parler, je ne veux pas être complice. Mes nuits seraient hantées par le spectre de l'innocent qui expie là-bas, dans la plus affreuse des tortures, un crime qu'il n'a pas commis.

Et c'est à vous, monsieur le Président, que je la crierai, cette vérité, de toute la force de ma révolte d'honnête homme. Pour votre honneur, je suis convaincu que vous l'ignorez. Et à qui donc dénoncerai-je la tourbe malfaisante des vrais coupables, si ce n'est à vous, le premier magistrat du pays ? (...)

J'accuse le lieutenant-colonel du Paty de Clam d'avoir été l'ouvrier diabolique de l'erreur judiciaire, en inconscient, je veux le croire, et d'avoir ensuite défendu son œuvre néfaste, depuis trois ans, par les machinations les plus saugrenues et les plus coupables.

J'accuse le général Mercier de s'être rendu complice, tout au moins par faiblesse d'esprit, d'une des plus grandes iniquités du siècle.

J'accuse le général Billot d'avoir eu entre les mains les preuves certaines de l'innocence de Dreyfus et de les avoir étouffées, de s'être rendu coupable de ce crime de lèse-humanité et de lèse-justice, dans un but politique et pour sauver l'état-major compromis.

J'accuse le général de Boisdeffre et le général Gonse de s'être rendus complices du même crime, l'un sans doute par passion cléricale, l'autre peut-être par cet esprit de corps qui fait des bureaux de la guerre l'arche sainte, inattaquable.

J'accuse le général de Pellieux et le commandant Ravary d'avoir fait une enquête scélérate, j'entends par là une enquête de la plus monstrueuse partialité, dont nous avons, dans le rapport du second, un impérissable monument de naïve audace.

J'accuse les trois experts en écritures, les sieurs Belhomme, Varinard et Couard, d'avoir fait des rapports mensongers et frauduleux, à moins qu'un examen médical ne les déclare atteints d'une maladie de la vue et du jugement.

J'accuse les bureaux de la guerre d'avoir mené dans la presse, particulièrement dans *L'Éclair* et dans *L'Écho de Paris,* une campagne abominable, pour égarer l'opinion et couvrir leur faute.

J'accuse enfin le premier conseil de guerre d'avoir violé le droit, en condamnant un accusé sur une pièce restée secrète, et j'accuse le second conseil de guerre d'avoir couvert cette illégalité, par ordre, en commettant à son tour le crime juridique d'acquitter sciemment un coupable.

En portant ces accusations, je n'ignore pas que je me mets sous le coup des articles 30 et 31 de la loi sur la presse du 29 juillet 1881, qui punit les délits de diffamation. Et c'est volontairement que je m'expose.

Quant aux gens que j'accuse, je ne les connais pas, je ne les ai jamais vus, je n'ai contre eux ni rancune ni haine. Ils ne sont pour moi que des entités, des esprits de malfaisance sociale. Et l'acte que j'accomplis ici n'est qu'un moyen révolutionnaire pour hâter l'explosion de la vérité et de la justice.

Je n'ai qu'une passion, celle de la lumière, au nom de l'humanité qui a tant souffert et qui a droit au bonheur. Ma protestation enflammée n'est que le cri de mon âme. Qu'on ose donc me traduire en cour d'assises et que l'enquête ait lieu au grand jour ! J'attends.

Veuillez agréer, monsieur le Président, l'assurance de mon profond respect.

Émile Zola, 13 janvier 1898.

Loi de Nuremberg pour la protection du sang et de l'honneur allemands
15 Septembre 1935

Article 1er

1.- Les mariages entre juifs et citoyens de sang allemand ou assimilé sont interdits. Les mariages qui seraient tout de même célébrés sont déclarés nuls, même s'ils sont contractés à l'étranger pour contourner cette loi.

2.- Seul le procureur peut lever l'action de nullité.

Article 2

Les relations extraconjugales entre juifs et citoyens de sang allemand ou assimilé sont interdites.

Article 3

Les juifs n'ont pas le droit d'employer des citoyennes de sang allemand ou assimilé de moins de 45 ans dans leur ménage.

Article 4

1.- Les juifs n'ont pas le droit de hisser le drapeau national du Reich, ni de porter les couleurs du Reich.

2.- Par contre, il leur est permis de porter les couleurs juives. L'exercice de cette autorisation relève du contrôle de l'État.

Article 5

1.- Celui qui contrevient à l'interdiction du paragraphe 1 sera puni par une peine de réclusion.

2.- L'homme qui contrevient au paragraphe 2 sera puni par une peine de réclusion ou d'emprisonnement.

3.- Celui qui contrevient aux paragraphes 3 et 4 sera puni par une peine de prison pouvant aller jusqu'à un an ou par une amende ou par l'une de ces punitions.

Article 6

Le Ministre de l'Intérieur du Reich promulgue avec l'accord du suppléant du Führer et du Ministre de la Justice du Reich les mesures de justice et d'administration nécessaires à l'application et au complètement de ces lois.

Article 7

La loi entre en vigueur le jour de sa publication, mais toutefois l'article 3 seulement le 1er janvier 1936.

Nuremberg, le 15 septembre 1935.
Le Führer et Chancelier du Reich,
le Ministre de l'Intérieur du Reich,
le Ministre de la Justice du Reich, le suppléant du Führer...

Première loi française portant statut des Juifs du 3 octobre 1940
Journal officiel, 18 octobre 1940

Nous, Maréchal de France, chef de l'État français,
Le conseil des ministres entendu,

Décrétons :

Article 1er.- Est regardé comme juif, pour l'application de la présente loi, toute personne issue de trois grands-parents de race juive ou de deux grands-parents de la même race, si son conjoint lui-même est juif.

Art. 2.- L'accès et l'exercice des fonctions publiques et mandats énumérés ci-après sont interdits aux juifs :

1. Chef de l'État, membre du Gouvernement, Conseil d'État, conseil de l'ordre national de la Légion d'honneur, cour de cassation, cour des comptes, corps des mines, corps des ponts et chaussées, inspection générale des finances, cours d'appel, tribunaux de première instance, justices de paix, toutes

juridictions d'ordre professionnel et toutes assemblées issues de l'élection.

2. Agents relevant du département des affaires étrangères, secrétaires généraux des départements ministériels, directeurs généraux, directeurs des administrations centrales des ministères, préfets, sous-préfets, secrétaires généraux des préfectures, inspecteurs généraux des services administratifs au ministère de l'intérieur, fonctionnaires de tous grades attachés à tous services de police.

3. Résidents généraux, gouverneurs généraux, gouverneurs et secrétaires généraux des colonies, inspecteurs des colonies.

4. Membres des corps enseignants.

5. Officiers des armées de terre, de mer et de l'air.

6. Administrateurs, directeurs, secrétaires généraux dans les entreprises bénéficiaires de concessions ou de subventions accordées par une collectivité publique, postes à la nomination du Gouvernement dans les entreprises d'intérêt général.

Art. 3.- L'accès et l'exercice de toutes les fonctions publiques autres que celles énumérées à l'article 2 ne sont ouverts aux juifs que s'ils peuvent exciper de l'une des conditions suivantes :

a) Être titulaire de la carte de combattant 1914-1918 ou avoir été cité au cours de la campagne 1914-1918 ;

b) Avoir été cité à l'ordre du jour au cours de la campagne 1939-1940 ;

c) Être décoré de la Légion d'honneur à titre militaire ou de la médaille militaire.

Art. 4.- L'accès et l'exercice des professions libérales, des professions libres, des fonctions dévolues aux officiers ministériels et à tous auxiliaires de la justice sont permis aux juifs, à moins que des règlements d'administration publique n'aient fixé pour eux une proportion déterminée. Dans ce cas, les mêmes règlements détermineront les conditions dans lesquelles aura lieu l'élimination des juifs en surnombre.

Art. 5.- Les juifs ne pourront, sans condition ni réserve, exercer l'une quelconque des professions suivantes :

Directeurs, gérants, rédacteurs de journaux, revues, agences ou périodiques, à l'exception de publications de caractère strictement scientifique.

Directeurs, administrateurs, gérants d'entreprises ayant pour objet la fabrication, l'impression, la distribution, la présentation de films cinématographiques ; metteurs en scène et directeurs de prises de vues, compositeurs de scénarios, directeurs, administrateurs, gérants de salles de théâtres ou de cinématographie, entrepreneurs de spectacles, directeurs, administrateurs, gérants de toutes entreprises se rapportant à la radiodiffusion.

Des règlements d'administration publique fixeront, pour chaque catégorie, les conditions dans lesquelles les autorités publiques pourront s'assurer du respect, par les intéressés, des interdictions prononcées au présent article, ainsi que les sanctions attachées à ces interdictions.

Art. 6.- En aucun cas, les juifs ne peuvent faire partie des organismes chargés de représenter les professions visées aux articles 4 et 5 de la présente loi ou d'en assurer la discipline.

Art. 7.- Les fonctionnaires juifs visés aux articles 2 et 3 cesseront d'exercer leurs fonctions dans les deux mois qui suivront la promulgation de la présente loi. Ils seront admis à faire valoir leurs droits à la retraite s'ils remplissent les conditions de durée de service ; à une retraite proportionnelle s'ils ont au moins quinze ans de service ; ceux ne pouvant exciper d'aucune de ces conditions recevront leur traitement pendant une durée qui sera fixée, pour chaque catégorie, par un règlement d'administration publique.

Art. 8.- Par décret individuel pris en Conseil d'État et dûment motivé, les juifs qui, dans les domaines littéraire, scientifique, artistique, ont rendu des services exceptionnels à l'État français, pourront être relevés des interdictions prévues par la présente loi. Ces décrets et les motifs qui les justifient seront publiés au *Journal officiel.*

Art. 9.- La présente loi est applicable à l'Algérie, aux colonies, pays de protectorat et territoires sous mandat.

Art. 10.- Le présent acte sera publié au *Journal officiel* et exécuté comme loi de l'État.

Fait à Vichy, le 3 octobre 1940.
Philippe PÉTAIN, Maréchal de France,
chef de l'État français.

LOI FRANÇAISE SUR LES RESSORTISSANTS ÉTRANGERS DE RACE JUIVE DU 4 OCTOBRE 1940

Journal officiel, 18 octobre 1940

Nous, Maréchal de France, chef de l'État français,
Le conseil des ministres entendu,

Décrétons :

Article 1er.- Les ressortissants étrangers de race juive pourront, à dater de la promulgation de la présente loi, être internés dans des camps spéciaux par décision du préfet du département de leur résidence.

Art. 2.- Il est constitué auprès du ministre secrétaire d'État à l'intérieur une commission chargée de l'organisation et de l'administration de ces camps.

Cette commission comprend :

Un inspecteur général des services administratifs ;

Le directeur de la police du territoire et des étrangers, ou son représentant ;

Un représentant du ministère des finances.

Art. 3.- Les ressortissants étrangers de race juive pourront en tout temps se voir assigner une résidence forcée par le préfet du département de leur résidence.

Art. 4.- Le présent décret sera publié au *Journal officiel* pour être observé comme loi de l'État.

Fait à Vichy, le 4 octobre 1940.
Philippe PÉTAIN, Maréchal de France,
chef de l'État français.

LOI DU 2 JUIN 1941
REMPLAÇANT LA LOI DU 3 OCTOBRE 1940 PORTANT STATUT DES JUIFS
Journal officiel, 14 juin 1941

Nous, Maréchal de France, chef de l'État français,
Le conseil des ministres entendu,

Décrétons :

Article 1er.- Est regardé comme juif :

1. Celui ou celle, appartenant ou non à une confession quelconque, qui est issu d'au moins trois grands-parents de race juive, ou de deux seulement si son conjoint est lui-même issu de deux grands-parents de race juive.

Est regardé comme étant de race juive le grand-parent ayant appartenu à la religion juive ;

2. Celui ou celle qui appartient à la religion juive, ou y appartenait le 25 juin 1940, et qui est issu de deux grands-parents de race juive. La non-appartenance à la religion juive est établie par la preuve de l'adhésion à l'une des autres confessions reconnues par l'État avant la loi du 9 décembre 1905. Le désaveu

ou l'annulation de la reconnaissance d'un enfant considéré comme juif sont sans effet au regard des dispositions qui précèdent.

Art. 2.- L'accès et l'exercice des fonctions publiques et mandats énumérés ci-après sont interdits aux juifs :

1. Chef de l'État, membres du Gouvernement, du conseil d'État, du conseil de l'ordre national de la Légion d'honneur, de la cour de cassation, de la cour des comptes, du corps des mines, du corps des ponts et chaussées, de l'inspection générale des finances, du corps des ingénieurs de l'aéronautique, des cours d'appel, des tribunaux de première instance, des justices de paix, des tribunaux répressifs d'Algérie, de tous jurys, de toutes juridictions d'ordre professionnel et de toutes assemblées issues de l'élection, arbitres.
2. Ambassadeurs de France, secrétaires généraux des départements ministériels, directeurs généraux, directeurs des administrations centrales des ministères, agents relevant du département des affaires étrangères, préfets, sous-préfets, secrétaires généraux des préfectures, inspecteurs généraux des services administratifs au ministère de l'intérieur, fonctionnaires de tous grades attachés à tous services de police.
3. Résidents généraux, gouverneurs généraux, gouverneurs et secrétaires généraux de colonies, inspecteurs des colonies.
4. Membres des corps enseignants.
5. Officiers et sous-officiers des armées de terre, de mer et de l'air, membres des corps de contrôle de la guerre, de la marine et de l'air, membres des corps et cadres civils des départements de la guerre, de la marine et de l'air, créés par les lois du 25 août 1940, du 15 septembre 1940, du 28 août 1940, du 18 septembre 1940 et du 29 août 1940.
6. Administrateurs, directeurs, secrétaires généraux dans les entreprises bénéficiaires de concessions ou de subventions accordées par une collectivité publique, titulaires de postes à la

nomination du Gouvernement dans les entreprises d'intérêt général.

Art. 3.- Les juifs ne peuvent occuper, dans les administrations publiques ou les entreprises bénéficiaires de concessions ou de subventions accordées par une collectivité publique, des fonctions ou des emplois autres que ceux énumérés à l'article 2, que s'ils remplissent l'une des conditions suivantes :

a) Être titulaire de la carte du combattant, instituée par l'article 101 de la loi du 19 décembre 1926 ;

b) Avoir fait l'objet, au cours de la campagne 1939-1040, d'une citation donnant droit au port de la Croix de guerre instituée par le décret du 28 mars 1941;

c) Être décoré de la Légion d'honneur ou de la médaille pour faits de guerre ;

d) Être pupille de la nation ou ascendant, veuve ou orphelin de militaire mort pour la France.

Art. 4.- Les juifs ne peuvent exercer une profession libérale, une profession commerciale, industrielle ou artisanale, ou une profession libre, être titulaires d'une charge d'officier public ou ministériel, ou être investis de fonctions dévolues à des auxiliaires de justice, que dans les limites et les conditions qui seront fixées par décrets en Conseil d'État.

Art. 5.- Sont interdites aux juifs les professions ci-après :

Banquier, changeur, démarcheur ;

Intermédiaire dans les bourses de valeurs ou dans les bourses de commerce ;

Agent de publicité ;

Agent immobilier ou de prêts de capitaux ;

Négociant de fonds de commerce, marchand de biens ;

Courtier, commissionnaire ;

Exploitant de forêts ;

Concessionnaire de jeux ;

Éditeur, directeur, gérant, administrateur, rédacteur, même au titre de correspondant local, de journaux ou d'écrits périodiques, à l'exception des publications de caractère strictement scientifique ou confessionnel ;

Exploitant, directeur, administrateur, gérant d'entreprises ayant pour objet la fabrication, l'impression, la distribution ou la présentation de films cinématographiques, metteur en scène, directeur de prises de vues, compositeur de scénarios ;

Exploitant, directeur, administrateur, gérant de salles de théâtre ou de cinématographie ;

Entrepreneur de spectacles ;

Exploitant, directeur, administrateur, gérant de toutes entreprises se rapportant à la radiodiffusion.

Des règlements d'administration publique fixeront pour chaque catégorie les conditions d'application du présent article.

Art. 6.- En aucun cas, les juifs ne peuvent faire partie des organismes chargés de représenter les professions visées aux articles 4 et 5 de la présente loi ou d'en assurer la discipline.

Art. 7.- Les fonctionnaires juifs visés aux articles 2 et 3 sont admis à faire valoir les droits définis ci-après :

1. Les fonctionnaires soumis au régime de la loi du 14 avril 1924 recevront une pension d'ancienneté avec jouissance immédiate s'ils réunissent le nombre d'années de service exigé pour l'ouverture du droit à cette pension.

Si, sans remplir cette condition, ils ont accompli au moins quinze années de services effectifs, ils bénéficieront avec jouissance immédiate d'une pension calculée à raison, soit d'un trentième du minimum de la pension d'ancienneté pour chaque année de services de la catégorie A, soit d'un vingt-cinquième pour chaque année de services de la catégorie B ou de services militaires. Le montant de cette pension ne pourra excéder le minimum de la pension d'ancienneté augmenté, le cas échéant, de la rémunération des bonifications pour services hors d'Europe et des bénéfices de campagne ;

2. Les fonctionnaires soumis au régime de la caisse nationale des retraites pour la vieillesse obtiendront, s'ils comptent au moins quinze ans de services effectifs, la jouissance immédiate d'une allocation annuelle égale au montant de la rente vieillesse qui leur serait acquise à l'époque de la cessation de leurs fonctions si leurs versements réglementaires avaient été effectués dès l'origine à capital aliéné. Cette allocation cessera de leur être attribuée à compter de la date d'entrée en jouissance de leur rente sur la caisse nationale des retraites ;

3. Les fonctionnaires des départements, communes ou établissements publics qui possèdent une caisse spéciale de retraites bénéficieront, avec jouissance immédiate, de la pension d'ancienneté ou de la pension proportionnelle fixée par leur règlement de retraites, s'ils remplissent les conditions de durée de services exigées pour l'ouverture du droit à l'une de ces pensions ;

4. Les agents soumis au régime de la loi sur les assurances sociales et comptant au moins quinze années de services effectifs recevront, de la collectivité ou établissement dont ils dépendent, une allocation annuelle égale à la fraction de la rente vieillesse constituée par le versement de la double contribution durant toute la période où ils sont restés en service. Cette allocation cessera de leur être attribuée à compter de la date d'entrée en jouissance de ladite rente ;

5. Les fonctionnaires tributaires de la caisse intercoloniale de retraites ou des caisses locales, et comptant au moins quinze années de services effectifs, bénéficieront d'une pension dans les conditions qui seront déterminées par un règlement d'administration publique ;

6. Les fonctionnaires et agents ne remplissant pas les conditions requises pour pouvoir bénéficier des pensions et allocations ci-dessus recevront leur traitement pendant une durée qui sera fixée par un règlement d'administration publique ;

7. La situation des ouvriers des établissements militaires et industriels de l'État sera réglée par une loi spéciale.

Les fonctionnaires ou agents juifs visés par les articles 2 et 3 de la loi du 3 octobre 1940 sont considérés comme ayant cessé leurs fonctions à la date du 20 décembre 1940.

Les fonctionnaires ou agents qui sont atteints par les nouvelles interdictions édictées par la présente loi cesseront leurs fonctions dans le délai de deux mois après la publication de celle-ci.

L'application des dispositions de la présente loi aux prisonniers de guerre est différée jusqu'à leur retour de captivité.

Les fonctionnaires ou agents juifs visés aux articles 2 et 3 et actuellement prisonniers de guerre cesseront d'exercer leurs fonctions deux mois après leur retour de captivité.

Les dispositions de la présente loi ne seront applicables aux ascendants, conjoint ou descendants d'un prisonnier de guerre que dans un délai de deux mois après la libération de ce prisonnier.

En ce qui concerne les personnels en service outre-mer, un décret rendu sur la proposition des secrétaires d'État intéressés déterminera les conditions de la cessation de leurs fonctions.

Art. 8.- Peuvent être relevés des interdictions prévues par la présente loi les juifs :

1. Qui ont rendu à l'État français des services exceptionnels ;

2. Dont la famille est établie en France depuis au moins cinq générations et a rendu à l'État français des services exceptionnels.

Pour les interdictions prévues par l'article 2, la décision est prise par décret individuel pris en Conseil d'État sur rapport du commissaire général aux questions juives et contresigné par le secrétaire d'État intéressé.

Pour les autres interdictions, la décision est prise par arrêté du commissaire général aux questions juives.

Le décret ou l'arrêté doivent être dûment motivés.

Les dérogations accordées en vertu des dispositions qui précèdent n'ont qu'un caractère personnel et ne créeront aucun droit en faveur des ascendants, descendants, conjoint et collatéraux des bénéficiaires.

Art. 9.- Sans préjudice du droit pour le préfet de prononcer l'internement dans un camp spécial, même si l'intéressé est Français, est puni :

1. D'un emprisonnement de six mois à deux ans et d'une amende de 500 F à 10 000 F, ou de l'une de ces deux peines seulement, tout juif qui s'est livré ou a tenté de se livrer à une activité qui lui est interdite par application des articles 4, 5 et 6 de la présente loi :

2. D'un emprisonnement de un an à cinq ans et d'une amende de 1000 F à 20 000 F, ou de l'une de ces deux peines seulement, tout juif qui se sera soustrait ou aura tenté de se soustraire aux interdictions édictées par la présente loi, au moyen de déclarations mensongères ou de manœuvres frauduleuses.

Le tribunal peut, en outre, ordonner la fermeture de l'établissement.

Art. 10.- Les fonctionnaires ayant cessé leurs fonctions par application de la loi du 3 octobre 1940 et qui peuvent se prévaloir des dispositions de la présente loi, sont admis à solliciter leur réintégration dans des conditions qui seront fixées par décret en Conseil d'État.

Art. 11.- La présente loi est applicable à l'Algérie, aux colonies, pays de protectorat, en Syrie et au Liban.

Art. 12.- La loi du 3 octobre 1940, modifiée par les lois du 3 avril et du 11 avril 1941, est abrogée ; les règlements et les décrets pris pour son application sont maintenus en vigueur jusqu'à ce qu'ils soient modifiés s'il y a lieu par des règlements et des décrets nouveaux.

Art. 13.- Le présent décret sera publié au *Journal officiel* et exécuté comme loi de l'État.

Fait à Vichy, le 2 juin 1941.
Philippe PÉTAIN, Maréchal de France,
chef de l'État français.

Déclaration de l'indépendance de l'État d'Israël

Tel-Aviv, 14 mai 1948

La création de l'État d'Israël a été proclamée le 14 mai 1948, à quatre heures de l'après-midi, par le Conseil provisoire de l'État réuni au musée de Tel-Aviv. La Déclaration d'indépendance est lue à haute voix par David Ben Gourion. Ensuite, les trente-sept membres du Conseil apposent leur signature sur le document. Le soir même, peu avant minuit, le dernier haut-commissaire britannique quitte Haïfa. Le lendemain, les armées arabes entrent en Palestine.

La terre d'Israël est le lieu où naquit le peuple juif. C'est là que s'est formée son identité spirituelle, religieuse et nationale. C'est là qu'il a réalisé son indépendance et créé une culture qui a une signification nationale et universelle. C'est là qu'il a écrit la Bible et l'a offerte au monde.

Contraint à l'exil, le peuple juif est resté fidèle à la terre d'Israël dans tous les pays où il s'est trouvé dispersé, ne cessant jamais de prier et d'espérer y revenir pour rétablir sa liberté nationale.

Motivés par ce lien historique, les Juifs ont lutté au cours des siècles, pour revenir sur la terre de leurs ancêtres et retrouver leur État. Au cours des dernières décennies, ils sont revenus en masse. Ils ont mis en valeur les terres incultes, ont fait renaître leur langue, ont construit des villes et des villages, et ont installé une communauté entreprenante et en plein développement qui a sa propre vie économique et culturelle. Ils ont recherché la paix tout en étant prêts à se défendre. Ils ont apporté les bienfaits du progrès à tous les habitants du pays et se sont préparés à l'indépendance souveraine.

En 1897, le premier congrès sioniste, inspiré par la vision de l'État juif de Theodor Herzl, a proclamé le droit du peuple juif au renouveau national dans son propre pays.

Ce droit a été reconnu par la Déclaration Balfour du 2 novembre 1917, et réaffirmé par le mandat de la Société des Nations qui a apporté une reconnaissance internationale formelle au lien historique du peuple juif avec la Palestine et à son droit de rétablir son Foyer national.

Le récent holocauste, qui a anéanti des millions de Juifs en Europe, a de nouveau montré le besoin de résoudre le problème dû au manque de patrie et d'indépendance du peuple juif, par le rétablissement de l'État juif, qui ouvrirait ses portes à tous les Juifs et conférerait au peuple juif un statut d'égalité au sein de la communauté des nations.

Les survivants du terrible massacre en Europe, de même que les Juifs venus des autres pays, n'ont pas abandonné leurs efforts pour rejoindre Israël, en dépit des difficultés, des obstacles et des périls ; et ils n'ont pas cessé de revendiquer leur droit à une vie de dignité, de liberté et de travail honnête sur la terre de leurs ancêtres.

Pendant la Seconde Guerre mondiale, la communauté juive de Palestine a apporté sa pleine contribution au combat des nations éprises de liberté contre le fléau nazi. Les sacrifices de ses soldats et son effort de guerre lui ont valu le droit de figurer parmi les nations qui ont fondé l'Organisation des Nations unies.

Le 29 novembre 1947, l'Assemblée générale des Nations unies a adopté une résolution recommandant la création d'un État juif en Palestine. L'Assemblée générale a demandé aux habitants de ce pays de prendre toutes les mesures nécessaires pour l'application de cette résolution. Cette reconnaissance par les Nations unies du droit du peuple juif à établir son État indépendant est irrévocable.

C'est là le droit naturel du peuple juif de mener, comme le font toutes les autres nations, une existence indépendante dans son État souverain.

En conséquence, nous, membres du Conseil national, représentant la communauté juive de Palestine et le Mouvement sioniste mondial, sommes réunis en assemblée solennelle aujourd'hui, jour de la cessation du mandat britannique en Palestine, et en vertu du droit naturel et historique du peuple juif et conformément à la résolution de l'Assemblée générale des Nations unies.

Nous proclamons la création de l'État juif en Palestine qui portera le nom d'État d'Israël.

Nous déclarons qu'à compter de la fin du mandat, à minuit, dans la nuit du 14 au 15 mai 1948, et jusqu'à ce que les organismes de l'État régulièrement élus entrent en fonction, conformément à une Constitution qui sera élaborée par une Assemblée constituante d'ici au 1er octobre 1948, le Conseil national agira en qualité de Conseil provisoire de l'État, et l'Administration nationale fera fonction de gouvernement provisoire de l'État juif, qui sera appelé Israël.

L'État d'Israël sera ouvert à l'immigration des Juifs de tous les pays où ils sont dispersés ; il veillera au développement du pays au bénéfice de tous ses habitants ; il sera fondé sur les principes de liberté, de justice et de paix ainsi que cela avait été conçu par les prophètes d'Israël ; il assurera une complète égalité sociale et politique à tous ses citoyens, sans distinction de religion, de race ou de sexe ; il garantira la liberté de culte, de conscience, d'éducation et de culture ; il assurera la protection des Lieux saints de toutes les religions, et respectera les principes de la Charte des Nations unies.

L'État d'Israël est prêt à coopérer avec les organismes et les représentants des Nations unies pour l'application de la résolution adoptée par l'Assemblée générale le 29 novembre 1947 et à prendre toutes les mesures nécessaires pour la mise en place de l'Union économique sur l'ensemble de la Palestine.

Nous demandons aux Nations unies d'aider le peuple juif à édifier son État et d'admettre Israël dans la famille des nations.

Victimes d'une agression caractérisée, nous demandons cependant aux habitants arabes de l'État d'Israël de préserver les voies de la paix et de jouer leur rôle dans le développement de l'État, sur la base d'une citoyenneté pleine et égalitaire et d'une juste représentation dans tous les organismes et les institutions — provisoires et permanents — de l'État.

Nous tendons notre main en signe de paix et de bon voisinage à tous les États qui nous entourent et à leurs peuples, et nous les invitons à coopérer avec la nation juive indépendante pour le bien commun de tous. L'État d'Israël est prêt à apporter sa contribution au progrès du Proche-Orient dans son ensemble.

Nous demandons au peuple juif de par le monde de se tenir à nos côtés dans la tâche d'immigration et de développement et de nous aider dans le grand combat pour la réalisation du rêve des générations passées : la rédemption d'Israël.

Confiants en l'Éternel Tout-Puissant, nous signons cette déclaration en cette séance du Conseil provisoire de l'État, sur le sol de la patrie, dans la ville de Tel-Aviv, cette veille du shabbat, 5 Iyar 5708, 14 mai 1948.

ÉPILOGUE

LES DIX COMMANDEMENTS
EXODE XX, 1-17

« Moi, Yahvé, je suis ton Dieu, qui t'ai fait sortir du pays d'Égypte, de la maison des esclaves. Tu n'auras pas d'autres dieux en face de moi.

Tu ne te feras pas de statue ni aucune forme de ce qui est dans le ciel en haut, ou de ce qui est sur la terre en bas, ou de ce qui est dans les eaux au-dessous de la terre.

Tu ne te prosterneras pas devant eux et tu ne les serviras pas : car moi, Yahvé, je suis ton Dieu jaloux, châtiant la faute des pères sur les fils, sur la troisième et sur la quatrième génération pour ceux qui me haïssent, mais qui témoigne fidélité à des milliers pour ceux qui m'aiment et observent mes Commandements.

Tu ne prononceras pas en vain le nom de Yahvé, ton Dieu ; car Yahvé ne laisse pas impuni celui qui prononce son nom en vain.

Tu te souviendras du jour de shabbat pour le sanctifier. Pendant six jours tu œuvreras et tu feras tout ton travail ; mais le septième jour est un shabbat pour Yahvé, ton Dieu. Tu ne feras aucun travail, ni toi, ni ton fils, ni ta fille, ni ton serviteur, ni ta servante, ni ton bétail, ni ton résident qui est dans tes Portes. Car en six jours Yahvé a fait le ciel, la terre, la mer et tout ce qui s'y trouve, mais il s'est reposé le septième jour. Voilà pourquoi Yahvé a béni le jour du shabbat et l'a sanctifié.

Tu honoreras ton père et ta mère, afin que tes jours se prolongent sur le sol que Yahvé, ton Dieu, te donne.

Tu ne tueras point.

Tu ne commettras pas l'adultère.

Tu ne voleras pas.

Tu ne déposeras pas contre ton prochain en témoin mensonger.

Tu ne convoiteras pas la maison de ton prochain ; tu ne convoiteras pas la femme de ton prochain, ni son serviteur, ni sa servante, ni son bœuf, ni son âne, ni rien de ce qui est à ton prochain. »

BIBLIOGRAPHIE[1]

[1] Les très nombreux ouvrages cités dans les notes de bas de page du présent livre ne sont pas repris ici.

BARNAVI Élie (sous la direction de), *Histoire universelle des juifs*, Paris, Hachette, 1992

BARUK Henri, *Civilisation hébraïque et science de l'homme*, Paris, Éd. Zikarone, 1965

BAUER Julien, *Les Juifs ashkénazes*, Paris, PUF, Que sais-je ? 2001 ; *Les Juifs hassidiques*, Paris, PUF, Que sais-je ? 1994

BECKER Jean-Jacques et WIEWORKA Annette (sous la direction de), *Les Juifs de France de la Révolution française à nos jours*, Paris, Liana Levi, 1998

BENAMOZEGH Élie, *Morale juive et morale chrétienne*, Florence, Casa Éditrice « Israël », 1925

BENBASSA Esther et ATTIAS Jean-Christophe, *Dictionnaire de civilisation juive*, Paris, Flammarion, 1997, deuxième édition revue et corrigée, 1998 ; *Le Juif et l'Autre*, Le Relié, collection « Ose savoir », 2002 ; *Les Juifs ont-ils un avenir ?*, Paris, Jean-Claude Lattès, 2001 et réédition en collection « Pluriel », octobre 2002

BENBASSA Esther, *Histoire des Juifs de France*, Paris, Le Seuil, collection « Points Histoire » (n° 232), 2000 (nouvelle édition)

BENBASSA Esther et RODRIGUE Aron, *Histoire des juifs sépharades, de Tolède à Salonique*, édition revue et augmentée, Le Seuil, collection « Points Histoire » (n° 315), 2002

BENSIMON Doris, *Les Juifs dans le monde au tournant du XXIe siècle*, Paris, Albin Michel, 1994

Bible. Ancien Testament, 2 vol. Paris, Gallimard, La Pléiade, 1956

BOURDREL Philippe, *Histoire des Juifs de France*, Paris, Albin Michel

CALIMANI Riccardo, *Destins et aventures de l'intellectuel juif de France 1650-1945*, Privat, 2001

CHEVALIER Yves, *L'Antisémitisme : le Juif comme bouc émissaire*, Éditions du Cerf, 1988

CHOURAQUI André, *La Pensée juive,* Que sais-je ? PUF, 1975 ; *Histoire du Judaïsme,* Que sais-je ? PUF, 1979
COHEN Hermann, *L'Éthique du judaïsme*, Paris, Éditions du Cerf, 1994
Dictionnaire de civilisation juive : auteurs, œuvres, notions, Larousse, 1997
Dictionnaire encyclopédique du judaïsme, Paris, Laffont, 1996
EISENBERG Josy, Armand ABECASSIS, *Et Dieu créa Ève*, Collection « À Bible ouverte », II, Présence du Judaïsme, Albin Michel, 1979 ; *Histoire moderne du peuple juif : d'Abraham à Rabin*, Stock, 1997
EPSTEIN Simon, *Histoire du peuple juif au XXe siècle,* Paris, Hachette, 1998
EPSTEIN Isidore, *Le Judaïsme : origines et histoire,* Payot, 1980
FACKENHEIM Emil, *Judaïsme au présent,* Paris, Albin Michel, 1992
FONTETETTE François de, *Histoire de l'antisémitisme,* Que sais-je ? 1982 ; *Sociologie de l'antisémitisme,* Que sais-je ? 1984
GILBERT Martin, *Les Juifs. La traversée du siècle,* Paris, Calmann-Lévy, 2002
GOLDBERG Sylvie Anne, LEMAIRE André, WIGODER Geoffrey, *Dictionnaire encyclopédique du judaïsme,* Paris, Éditions du Cerf - Robert Laffont, 1996
GRYNBERG, Anne, *La Shoah : l'impossible oubli,* Gallimard/Découvertes, 1995 ; *Vers la terre d'Israël,* Gallimard/Découvertes, 1998
GUGGENHEIM E., *Le Judaïsme dans la vie quotidienne,* Paris, Albin Michel, 1992
HADAS-LEBEL Mireille, *Le Peuple hébreu. Entre la Bible et l'Histoire*, Paris, Gallimard, 1997
HAYOUN Maurice-Ruben, *Le Judaïsme moderne,* Que sais-je ? 1996
IBN GABIROL Salomon, *Livre de la Source de Vie,* Aubier Montaigne, 1970.

IBN PAQUDA Bahya, *Introduction aux devoirs des cœurs*, trad. A. CHOURAQUI, 1950

JOHNSON Paul, *Une histoire des Juifs*, Paris, Lattès, 1989

KLEIN Théo, *Le Manifeste d'un Juif libre*, Paris, Liana Lévi, 2002

KUPFERMINC Victor, *Les Juifs*, Le Cavalier Bleu, collection « Idées reçues », 2001

Le Talmud de Babylone, 6 vol., trad. SCHWAB, Paris

Le Talmud, éd. A. STEINSALTZ (bilingue hébreu-français)

Le Zohar, 2 tomes, 1981

Les Droits de l'Homme et l'éducation, actes du congrès du centenaire de l'Alliance israélite universelle, UNESCO, 21-24 juin 1960, Paris, PUF, 1961

Les Juifs d'Espagne : histoire d'une diaspora : 1492-1992, Liana Levi, 1992

LOEWENTHAL Elena, *Le Judaïsme*, Liana Levi, 1998

MAÏMONIDE Moïse, *Le Sentier de la Rectitude*, trad. WOLF et POLIATSCHEK, PUF, 1956 ; *Le Guide des égarés*, Verdier, collection « Les Dix Paroles », 1983 ; *Le Livre de la connaissance*, Quadrige-PUF, 1990

MARX Karl, *La Question juive* (1843), Union générale d'éditions, « 10-18 », 1968

Maximes des Pères (*Abboth*, tradition juive)

MENDELSSOHN Moïse, *Jérusalem*, Les Presses d'aujourd'hui, 1982

NEHER André, *Les Prophètes d'Israël*, PUF, 1955

OUAKNIN Marc-Alain, *Symboles du judaïsme*, Paris, Assouline, 1999

PHILIPPE Béatrice, *Être juif dans la société française*, Éditions Montalba, 1979 et Poche Pluriel n° 8372, 1981

PHILON d'Alexandrie, *De Opificio Mundi*, Éditions du Cerf, 1961 ; *Quod omnis probus liber sit*, Éditions du Cerf, 1974

POTOK Chaïm, *Une histoire du peuple juif*, Paris, Presse Pocket, 1996

SARTRE Jean-Paul, *Réflexions sur la question juive* (1954), Paris, Gallimard, 1963

SCHILLER Friedrich, *La Mission de Moïse*, Œuvres complètes, Hachette, 1860

SCHNAPPER Dominique, *Juifs et Israélites*, Paris, Gallimard, 1988

SED-RAJNA Gabrielle, *L'ABCdaire du Judaïsme*, Paris, Flammarion, 2000

STRACK H.L., STEMBERGER, *Introduction au Talmud et au Midrash*, Éditions du Cerf, 1986

SZAFRAN Maurice, *Les Juifs dans la politique française*, Paris, Flammarion, 1990

TRIGANO Shmuel (sous la direction de), *La Société juive à travers l'histoire*, 4 volumes, Paris, Fayard, 1992

UNTERMAN Alan, *Dictionnaire du judaïsme, Histoire, mythes et traditions*, Paris, Thames et Hudson, 1997

WASSERSTEIN Bernard, *Les Juifs d'Europe depuis 1945. Une diaspora en voie de disparition,* Paris, Calmann-Lévy, 2000

WIGODER Geoffrey, *Art et civilisation du peuple juif*, Paris, Vilo, Tomes I et II, 1973 ; *Dictionnaire encyclopédique du judaïsme,* La Pochothèque

WINOCK Michel, *La France et les Juifs : de 1789 à nos jours,* Paris, Le Seuil, 2004

YERUSHALMI Yossef Haïm, *Zakhor : Histoire juive et mémoire juive,* Paris, Gallimard, 1991

CET OUVRAGE
A ÉTÉ ACHEVÉ D'IMPRIMER
SUR ROTO-PAGE
PAR L'IMPRIMERIE FLOCH À MAYENNE
EN MARS 2007

Imprimé en France
N° d'impression : 67874
Dépôt légal : mars 2007
ISBN : 978-2-35369-012-1
ISSN : 1956-4007